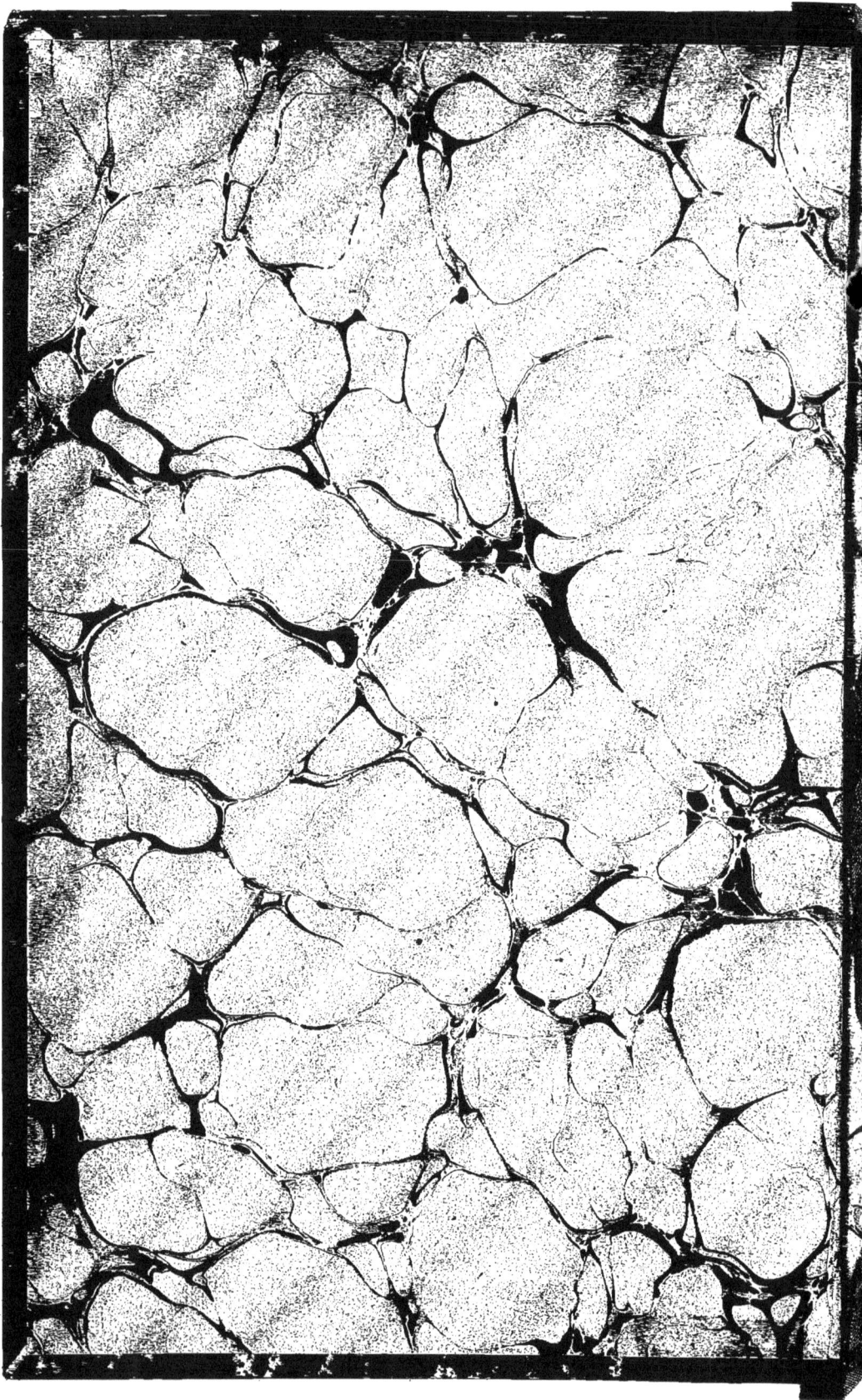

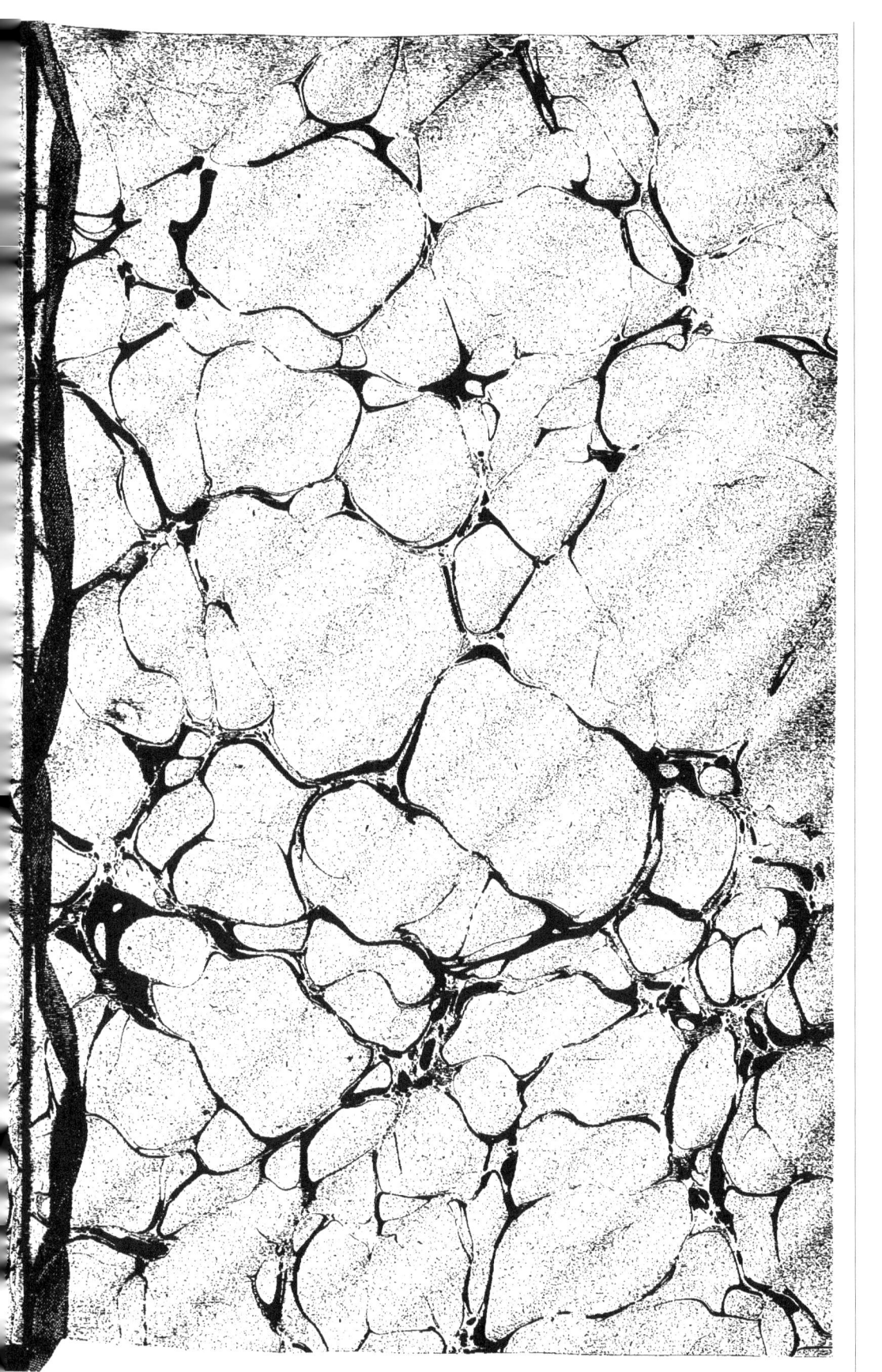

FACULTÉ DE DROIT DE PARIS

THÈSE *358*

POUR LE

DOCTORAT

SOUTENUE PAR

Paul HUBERT-VALLEROUX

AVOCAT A LA COUR IMPÉRIALE DE PARIS

PARIS

ANCIENNE MAISON GUSTAVE RETAUX

PICHON-LAMY ET DEWEZ LIBRAIRES-ÉDITEURS

— 15, RUE CUJAS, 15 —

1860

FACULTÉ DE DROIT DE PARIS

DES

SOCIÉTÉS PARTICULIÈRES
EN DROIT ROMAIN

DES

ASSOCIATIONS OUVRIÈRES
(SOCIÉTÉS COOPÉRATIVES)

ET DE LEUR SITUATION LÉGALE EN FRANCE

EN DROIT FRANÇAIS

THÈSE POUR LE DOCTORAT

SOUTENUE

le Mercredi 11 Août 1869 à 7 heures

PAR

Paul HUBERT-VALLEROUX

AVOCAT A LA COUR IMPÉRIALE DE PARIS

Président: M. PELLAT

SUFFRAGANTS :
{ MM. DE VALROGER
DUVERGER } PROFESSEURS
LABBÉ
GLASSON } AGRÉGÉ

PARIS

ANCIENNE MAISON G. RETAUX
PICHON-LAMY ET DEWEZ, LIBRAIRES-ÉDITEURS
15, RUE CUJAS, 15

1869

(C.)

PRÉFACE

—

Le présent travail différant, d'une façon assez sensible, de la grande majorité des thèses, je crois utile de le faire précéder de quelques explications relativement au sujet que j'ai choisi et à la manière dont j'ai traité ce sujet.

L'épreuve écrite que la Faculté exige des candidats au doctorat peut être envisagée de deux manières bien différentes : ou comme une formalité dont il importe de se débarrasser au plus tôt : ou comme une œuvre ayant un double objet ; d'abord obliger le candidat à prouver, par un exemple, sa capacité juridique ; ensuite, s'il se peut, remplir un but d'utilité générale, en contribuant à élucider une question nouvelle ou peu connue. C'est à ce second point de vue que je me suis placé. L'association ouvrière (plus connue sous le nom de Société coopérative) est un fait récent; mais important déjà et appelé à le devenir encore plus dans l'avenir. Une loi spéciale en Prusse et en An—

gleterre ; en France deux projets successivement élaborés et aboutissant enfin à un titre de loi (24 juillet 1867) montrent assez que les législateurs ne sont pas restés indifférents au développement de cette idée. J'ai cru qu'un tel sujet, dont parlent beaucoup de gens et que fort peu connaissent, était digne d'examen et d'étude. Bien placé pour connaître ces sociétés et leur organisation, j'étais encore poussé par un motif d'affection et pour l'idée et pour les hommes qui l'ont propagée et mise en pratique. J'espère cependant ne lui avoir jamais sacrifié la vérité, impérieux devoir pour qui veut être tout ensemble jurisconsulte et historien.

Quant au mode de procéder, j'ai suivi une marche inverse à celle que l'on prend d'habitude. D'ordinaire on expose un sujet de droit et l'on examine accessoirement les hypothèses qui, dans la pratique, se réfèrent à ce sujet. J'ai pris, au contraire, une situation pratique, des sociétés d'un certain genre, et j'examine les lois qui règlent cet état de chose. De là deux parties dans ma thèse : d'abord exposition du sujet c'est-à-dire principe et organisation des associations ouvrières, ensuite examen des lois dans leur rapport avec ce sujet.

Comme le programme exige une question de droit

romain j'ai traité « *des sociétés particulières* » matière à laquelle nos législateurs ont beaucoup emprunté. Mais il va sans dire qu'il n'y a point relation complète entre les deux questions de droit romain et de droit français, puisque la société coopérative est toute récente.

Tel est mon plan. Mais avant de livrer ce travail à l'appréciation de mes juges et (s'il s'en trouve) de mes lecteurs, je dois faire deux observations qu'il importe de ne pas perdre de vue. Voici la première : j'ai dû parler plusieurs fois des hommes et des choses de notre époque, je crois n'en avoir dit que ce qui était indispensable. J'ai toujours eu soin, lorsque j'attaquais les institutions, de ne point mettre les personnes en cause. Un principe peut être vicieux sans que l'on doive rendre, même ceux qui en profitent actuellement, responsables d'un état de choses qu'ils n'ont pas créé.

Ma seconde observation est celle-ci. J'ai été quelque peu mêlé au mouvement que j'ai retracé et je parle de plusieurs choses pour en avoir été témoin. Ce serait là mon excuse si l'on trouvait trop ambitieux ou le choix du sujet ou les observations et réflexions que j'ai cru bon d'exposer.

DES

SOCIÉTÉS PARTICULIÈRES

EN DROIT ROMAIN

———

L'union fait la force ; c'est en vertu de ce principe que
se sont formées les sociétés politiques d'abord, les associations entre particuliers ensuite. Les forces de l'homme
étant nécessairement bornées, ce n'est qu'en les joignant
à celles de ses semblables qu'il obtient des résultats
auxquels seul il n'aurait jamais pu atteindre. L'association est donc aussi vieille que le monde, mais c'est
seulement depuis l'époque romaine que nous avons des
données précises sur les sociétés entre personnes privées,
c'est alors seulement que nous trouvons une législation
complète sur la matière.

Mais les sociétés peuvent être fondées en vertu de mo-
biles bien divers ; elles peuvent avoir un but de bienfai-
sance, un but politique ou venir uniquement du désir
d'accroître sa fortune.

C'est de ce dernier genre de société que les législateurs romains et les nôtres, leurs imitateurs en cela, ont cru devoir s'occuper. Pour toutes les autres, les règles géné= rales sur le droit d'association et sur la liberté des con- ventions leur ont paru suffisantes. C'est uniquement en vue des sociétés faites dans un but intéressé qu'ils ont édicté une suite de dispositions spéciales soit pour limiter les conventions privées, soit surtout, pour en tenir lieu et les suppléer au besoin.

Ces sociétés de gain, — les seules dont nous ayons à nous occuper — peuvent affecter deux formes : associa- tions de personnes ou associations de capitaux. Cette distinction est, de nos jours, bien tranchée par la division en sociétés par actions ou en commandite où l'argent seul est intéressé et sociétés civiles ou en nom collectif où la considération des personnes est, au contraire, toute puissante. Les Romains pa- raissent l'avoir connue aussi car il est bien difficile de croire que les sociétés de banquiers, de publicains, d'as- surance ou de prêt à la grosse aient été autre chose que des associations de capitaux. Mais ces sociétés étaient régies par des dispositions spéciales et placées ainsi dans une situation toute particulière. Quant aux associations de personnes, les jurisconsultes ne citent guère que des associations de marchands ou de spéculateurs. Rien ou presque rien sur les sociétés d'artisans. Ce silence s'ex- plique. Dans les premiers siècles de Rome, les artisans libres étaient peu nombreux et surtout peu considérés, appartenant presque tous à la classe des affranchis. Ils étaient, d'ailleurs, formés en *colléges* et soumis, par suite, à une organisation spéciale qui devait être (car nous avons peu de documents à ce sujet) assez semblable à celles des corporations du Moyen Age. Nous savons seulement que sous l'Empire, surtout dans les derniers temps, cette organisation était devenue très-oppressive. Sans doute, les choses se sont passées à Rome comme en France ; les *collegia,* à l'origine, ont dû être pour les Plébéiens un moyen de lutter, en s'unissant contre la puissance de l'aristocratie. Ces essais ont été réglementés à Rome par Numa comme ils devaient l'être plus tard en France par Saint Louis et enfin, lorsque la puissance d'un seul annulant la noblesse détruisit le motif qui avait fait naître les *collegia,* ceux-ci furent conservés par les empereurs, comme un instrument commode de tyrannie. Ils servirent à enchaîner à leur profession des hommes que la pesanteur toujours croissante des charges publiques poussait à délaisser tout travail régulier et toute position stable. Au surplus, les lois sur les sociétés ordinaires ne s'appliquaient pas au *collegia* nous n'avons pas, malgré l'intérêt incontestable qu'offre un pareil sujet, à nous y arrêter plus longtemps. Examinons donc la législation relative aux sociétés ordinaires, c'est-à-dire non réglementées par des lois spéciales.

CHAPITRE I

Nature du contrat de société

La société est un contrat par lequel deux ou plusieurs personnes unissent leurs efforts ou mettent une chose en commun afin de partager le bénéfice qui pourra en résulter.

Quatre éléments, suivant Pothier, sont nécessaires à la validité de ce contrat : 1° consentement des parties contractantes; 2° bonne foi; 3° réalisation d'un apport réciproque ; 4° espoir de partager des bénéfices.

1° *Consentement*. — La société était un des rares contrats consensuels admis par le droit romain. D'ordinaire il fallait pour s'obliger employer les formes strictes et solennelles édictées par le vieux droit civil. Ici, rien de semblable, le seul consentement suffit et ce consentement peut même être tacite et résulter de tout acte qui, aux yeux du juge, établira suffisamment l'intention d'entrer en société. C'est un contrat du droit des gens admis dans la législation civile par ce courant puissant qui tendait à délaisser, au profit de l'équité naturelle, les rigueurs du droit quiritaire. Par suite, c'était un contrat de bonne foi c'est-à-dire qu'au lieu d'être liés par des règles étroites, les juges pouvaient apprécier, suivant l'équité, les obligations réciproques des parties.

2° *Bonne foi.* — Elle est exigée sous deux rapports : d'abord de la part de chaque associé vis-à-vis des autres, ensuite de la part de tous quant à l'objet de la société.

1° De la part des associés entre eux.—La société romaine étant, nous l'avons dit, une société de personnes et non de capitaux, les qualités individuelles des sociétaires ont été la raison déterminante de la formation du contrat. C'est parce que l'on avait confiance en ses futurs associés que l'on s'est joint à eux, c'est parce qu'on leur supposait des aptitudes spéciales, c'est parce qu'on espérait, avec leur concours, atteindre le but proposé. Si donc il y a eu des manœuvres dolosives, si l'on n'a été amené à contracter que par suite d'artifices habilement pratiqués, si, en un mot, on a choisi, par suite de ces menées, un homme que l'on eut repoussé si on l'eut connu tel qu'il est réellement, s'il en est ainsi, la société est nulle, car ce qui doit lui servir de base a manqué à savoir : un choix fait sciemment et librement.

2° Quant au but de la société. — *Societas*, dit Paul (L. 3 § 3 D. *pro socio*), *si dolo malo,* (c'est la première hypothèse) *aut fraudendi causa,* (c'est celle dont nous nous occupons) *coita sit, ipso jure nullius momenti est.* On le voit, la loi romaine, après avoir déclaré nulle la société faite en fraude de quelque associé, prononce aussi la nullité de la société contractée dans un but illicite, c'est-à-dire contraire aux lois ou à l'ordre public. C'est ainsi que Cicéron (*pro Plancio*) parlant de troupes de brigands « *non societa-*

tes, dit-il, *sed conjurationes putandæ sunt.* » Dans de telles
sociétés, le gain obtenu ne se communique pas(L. 53 D. P.
S.); mais si ce gain a été partagé, l'action en répétition
n'est pas admise. C'est l'idée qui a guidé les législateurs
du code civil lorsqu'ils ont traité des jeux et paris. Il y a
là un acte honteux dont le juge ne doit pas avoir à s'occuper et que l'on ne doit même pas avouer en justice, on
refuse donc toute action basée sur un fait semblable. La
loi civile ne peut sanctionner une reconnaissance indirecte de faits que la morale réprouve et que les lois crimi-
nelles punissent (L. 54 D. P. S.).

Nous trouvons, cependant, un texte qui ordonne la restitution des objets gagnés d'une manière illicite et partagés
entre les membres de la société. Les co-associés supportent
même une part de la peine (L. 55, D.) s'ils ont connu le délit.
Y a-t-il donc contradiction entre ce texte et la loi 57 qui,
d'une manière très-formelle, prononce la nullité de toute
société illicite? Il est plus probable, ainsi que le fait observer M. Troplong, qu'il s'agit, dans les lois 54 et 55, d'une
société valablement constituée et qui aurait commis, acci-
dentellement, quelque acte illicite. Ici, en effet, la position
est bien différente, il y a une situation régulière et un
acte illicite et nous avions, tout à la fois, dans la
première hypothèse et un acte illicite et une situation
illégale.

3° *Apport réciproque.*—Cette condition est tellement de
l'essence de la société qu'il est inutile d'en démontrer la
nécessité. Les jurisconsultes romains étaient fort larges

à ce sujet ; l'apport pouvait consister en objet meubles ou immeubles, en argent ou en industrie. Fidèles à leur idée que la société est une réunion de personnes et que les qualités des sociétaires sont plus nécessaires que les capitaux les législateurs avaient fait à l'apport en travail la part la plus honorable et la plus large : « *Sæpe opus* ; *pro pecunia valet* » dit la loi 71, plaçant ainsi l'apport en industrie et l'apport en argent sur la même ligne. La loi 29 § 1 va plus loin ; elle met le travail au-dessus du capital.

Lorsque l'apport consistait en quelqu'objet, ce pouvait très-bien être une chose commune aux contractants qui transformaient ainsi leur état d'indivision en une société. L'apport peut aussi consister en une chose future. Mais ici, remarquons le bien, si l'objet périt avant l'époque fixée pour le commencement de la société, le contrat ne se forme pas. Celsus nous donne un exemple de ceci (L. 58 D.). Je possède un cheval, mon voisin en a trois semblables aux miens, je m'associe avec lui pour vendre' mon cheval avec les siens. Les quatre chevaux forment un attelage et atteindront ensemble un prix supérieur à celui qu'ils auraient si on les vendait séparément. Mon cheval meurt avant le jour de la vente, la perte est pour moi seul, car en contractant avec mon voisin, je n'ai pas abdiqué la propriété de mon cheval, je n'ai mis en société que la destination vénale. Il y avait société pour la vente non pour la propriété des chevaux.

4° *Espoir de bénéfices communs.* — Nous avons dit que la poursuite d'un gain quelconque était essentielle au contrat de société. Il faut, de plus, que le bénéfice obtenu se partage entre tous les associés, non pas d'une manière égale, ceci n'est pas exigé, mais de telle sorte que personne ne soit exclu. La société où l'on privait un des membres de tout bénéfice était dite *léonine* par allusion à la fable de Phèdre où le lion, en société avec d'autres animaux, s'attribue à lui seul le profit obtenu par les efforts de tous. Logiquement, il y a deux sortes de sociétés léonines : celle où l'un des associés n'a aucune part des gains et celle où l'un des associés supporte seul toutes les pertes. C'était à la première de ces sociétés que les Romains donnaient le nom de léonine. Celle-là seulement était prohibée.

La nécessité d'une participation à des bénéfices communs fait qu'il n'y a pas de société dans l'espèce suivante. Deux laboureurs ont l'un et l'autre un cheval et il leur en faut deux pour labourer le petit domaine que chacun possède. Ils conviennent qu'ils se prêteront mutuellement leur cheval. Il n'y a pas là société, dit Doneau, car les bénéfices réalisés ne sont pas communs, ils restent à chacun des contractants. Une telle convention rentre dans la classe des contrats innommés, c'est-à-dire de ceux que le droit civil ne réglait pas d'une façon spéciale comme la vente, le louage, etc. Si, au contraire, ces chevaux étaient employés à labourer un champ commun, il y aurait réellement société, le bénéfice serait commun comme le fonds de terre et se partagerait entre les cultivateurs.

Ainsi, le contrat de société consistait, pour les Romains, dans une association de personnes, la « fraternité » était le premier devoir des associés. Ceux qui prenaient part au contrat mettaient en commun leurs capitaux ou leur industrie ; ce dernier mode était considéré comme répondant mieux que le premier à l'idée que l'on se faisait de la société et de l'intimité de but et d'action qui sont de son essence. Il importe de ne pas perdre de vue ces deux caractères de la société ; union de personnes, apport possible en travail ; c'est ainsi seulement que nous pourrons expliquer certaines règles qui sortent du strict droit commun.

Restent à examiner deux difficultés, l'une spéciale au droit romain, l'autre commune à toutes les sociétés sous quelque législation que ce soit. La première est de savoir si la société romaine formait une personne morale comme nos sociétés commerciales.

La solution n'est pas douteuse pour celles qu'autorisait une loi spéciale et qui avaient avec le pouvoir d'étroits rapports : sociétés pour la ferme des impôts ou pour l'exploitation des mines. La question se pose au sujet de ces sociétés plus modestes, formées entre commerçants ou entre artisans et régies par la loi commune.

On peut invoquer pour l'affirmative un texte de Florentinus (L. 22, D. *de fidej.*) où le jurisconsulte voulant faire comprendre la personnalité d'une hérédité jacente, la compare à un municipe, à une décurie, à une société
« *hereditas personæ vice fungitur sicuti municipium et*

decuriæ et societas.» Les municipes et les décuries étaient
— on ne l'a jamais contesté — des personnes morales,
or, on met la société sur le même rang, c'est donc qu'elle
aussi a son individualité propre.

Ulpien s'explique d'une façon identique (L. 3, § 4 *de*
bon. poss.). « *A municipibus et societatibus et decuriis et*
corporibus bonorum possessio agnosci potest. » Pour Ulpien, comme pour Pomponius, la société était donc bien
une personne morale et Paul, dans le titre même
qui règle notre matière, considère la société (65, § 14, D.)
comme distincte des associés dont elle est, tour à tour, la
créancière et la débitrice.

L'opinion contraire peut être soutenue cependant. Et
d'abord Ulpien et Pomponius ont-ils entendu parler des
asociations privées ou de ces grandes sociétés vectigaliennes ou minières dont la richesse et le crédit égalaient
et surpassaient même ceux de bien des municipes ? Quant
au texte de Paul, il n'y faut voir qu'une commodité de
langage; ne sommes-nous pas habitués à employer, chaque
jour, de ces expressions impropres sans doute, mais qui
rendent mieux la pensée de celui qui parle qu'un mot rigoureusement exact ? Lorsqu'il s'agit des obligations d'un
seul membre vis-à-vis les autres, il est tout simple que
l'on considère cet associé seul comme ayant affaire à la
société et réciproquement. C'est ainsi que l'on parle des
obligations de la société envers les associés et des associés envers la société et cependant quelle action existe
dans tous ces cas ? Une action purement personnelle, l'ac-

tion *pro socio* qui permet à un membre d'agir contre chacun des co-associés ; mais nulle action donnée à un gérant
comme représentant une personne morale. Les tiers eux-
mêmes ne peuvent actionner que les associés avec qui ils
ont traité ou chacun des sociétaires en particulier ; ils ne
trouvent pas devant eux une individualité tangible, responsable comme le pouvait être une personne morale forcément représentée par quelqu'un, ainsi que cela se fait
dans nos sociétés commerciales. On peut donc soutenir que
— sauf les exceptions indiquées — la société romaine ne
constituait pas une personne morale.

La seconde difficulté, et celle-ci commune à toutes les
législations, consiste à bien préciser les limites qui séparent la société des autres contrats : communauté, vente,
louage, etc. La distinction à établir est parfois si délicate
que les jurisconsultes romains eux-mêmes, juges consom-
més pourtant en pareille cause, hésitent souvent en présence des difficultés à résoudre.

La communauté ressemble fort à une société et, par
exemple, quelle décision donner dans des espèces comme
celles-ci ? Deux voisins, sachant qu'une propriété encla-
vée entre leurs deux domaines est à vendre, s'entendent
pour l'acheter afin d'en conserver chacun la moitié. Il y a
bien là ce qui caractérise la société but commun, gain à
faire, consentement mutuel ; cependant peut-on sérieusement regarder comme société et donner le nom d'un contrat qui suppose une intimité assez étroite, à cette convention qui a pour but de conduire à l'indivision d'une

pièce de terre ? Que décider en présence d'espèces semblables, quel est le signe qui sépare la communauté de la
société ? Sera-ce la présence d'un contrat écrit, d'une déclaration formelle ? Mais nous avons vu que l'on peut
former des sociétés tacites (31, D.). La vraie différence,
c'est que la communauté est un état passif et la société un
état de choses actif. La première suppose des personnes
se trouvant, par suite de quelqu'événement fortuit succession ou autres, co-propriétaires d'une chose commune.
L'indivision n'étant pas avantageuse, la loi voit cette situation avec défaveur ; la meilleure mesure à prendre lui
paraît être le partage, elle tolère la communauté, elle ne
l'encourage pas. La société, au contraire, a pour but un
résultat à atteindre, d'ordinaire une richesse à créer,
elle met en mouvement des efforts, des capitaux qui sans
cela seraient restés inactifs, elle mérite donc la protection
de la loi, aussi est-elle vue avec faveur. Quant à discerner,
dans une espèce donnée s'il y a communauté ou société,
c'est affaire d'appéciation pour les juges. Ils devront
chercher s'il résulte des termes du contrat, des faits de
la cause, que les parties aient eu l'intention de s'associer,
ils devront s'attacher, en un mot, à découvrir s'il existe
ce qu'Ulpien appelle si proprement l'*affectio societatis :*
Il n'y a pas d'autres règles à donner sur ce point.

La société et le mandat, voilà deux contrats dont les
rapports sont fort éloignés ; néanmoins il existe, dans la
pratique, des combinaisons qui les rapprochent tellement
qu'il devient quelquefois assez difficile de les distinguer.

— Ulpien, par exemple, pose l'espèce suivante (L. 44, D.)
Je vous donne une pierre précieuse pour la vendre; il est
convenu que si vous ne la vendez que mille vous me
compterez la somme entière, si, au contraire, vous la
vendez davantage, le surplus sera pour vous. Est-ce là
une société? Ulpien dit : oui, s'il résulte des circonstances que l'intention des parties a été de s'associer.
C'est donc, comme dans l'hypothèse précédente de com-
paraison entre la société et la communauté, une question d'appréciation. — Il est vrai que le même Ulpien
nous donne, dans une hypothèse semblable, une solution
différente (L. 13, D. *de præscript. verbis*), mais c'est
pour ce motif, tout particulier à la législation romaine,
que le mandat est gratuit ; or, dit-il, celui qui est chargé
de vendre ayant un bénéfice éventuel, il n'y a pas
mandat dans l'espèce. Le mandat était-il salarié? Il n'y a
qu'à revenir à la première décision ; il y a ou non société
suivant que l'on rencontre ou que l'on ne rencontre pas
l'*affectio societatis*.

Le louage, différent en beaucoup de points de la
société, s'en rapproche quelquefois de manière à rendre
la distinction difficile. Le contrat avec le colon partiaire,
celui que l'on a fini par réglementer sous le nom d'em-
phythéose offre plus d'une analogie avec la société, ne
trouve-t-on pas, en effet, apport en nature du propriétaire, apport en travail du colon et cela pour obtenir des
récoltes qui se partageront entre les contractants? Mais
la plus grande difficulté s'élève au sujet du louage d'ou-

vrage. L'ouvrier fournit son travail et le propriétaire sa chose, quelquefois même l'ouvrier fournira le travail et une partie de la matière. Ou bien il s'agit d'un négociant qui, pour stimuler le zèle de ses employés, leur assure une partie de ses bénéfices. Sont-ils ses commis ou ses associés ? Que décider dans tous ces cas ? Toujours la même chose ; qu'il y aura lieu d'apprécier ; ce sont là des questions de fait.

Il serait difficile de confondre le prêt et la société. La distinction délicate à établir quelquefois est facile, cependant, grâce aux exemples modernes d'actions et d'obligations, de commanditaires et de créanciers.

CHAPITRE II

Diverses sortes de sociétés

Les Romains distinguaient cinq sortes de sociétés qui peuvent toutes se placer sous les deux dénominations de sociétés générales et de sociétés particulières.

Les sociétés générales sont ainsi nommées parce qu'elles comprennent la mise en commun de tous les biens des associés, ou, au moins, une quotité fixe et considérable de ces mêmes biens. On distinguait :

1° Société *universorum bonorum* qui comprend tous les biens présents et futurs des associés.

2° Société *universorum quæ ex quæstu veniunt.* Elle se compose de tout ce que les associés acquièrent par leur travail et leur industrie, à l'exclusion de tout ce qui leur advient par succession legs ou donation.

C'est surtout à propos de ces sociétés que l'on peut craindre une confusion entre ce contrat et la communauté. Tout résultera des circonstances et de la situation réciproque des parties. Si la propriété commune vient d'une succession ou donation, par exemple, il y a communauté, car l'indivision est involontaire, elle résulte de circonstances fortuites. Si, au contraire, la chose a été mise en commun avec ou sans contrat, mais volontairement, il y a société.

Les sociétés particulières, les seules dont nous ayons à nous occuper, étaient de beaucoup les plus fréquentes à Rome et ce sont presque les seules aujourd'hui. Elles étaient de trois sortes :

1° Société *unius rei*, dans laquelle les parties mettent en commun une ou plusieurs choses pour les exploiter ensemble.

2° La société *unius negotiationis* qui a pour but une entreprise déterminée. Remarquons bien que cette entreprise peut durer fort longtemps comme, par exemple, l'exploitation d'un fonds de commerce ou l'exercice d'une industrie; ce que l'on considère ce n'est point la longueur de l'entreprise, mais le but de l'association.

3° La société *vectigalium* formée par des capitalistes qui se rendaient adjudicataires de la ferme des impôts.

La première de ces sociétés se rapproche beaucoup aussi de la communauté, il faut lui appliquer ce que nous avons dit précédemment de la distinction à faire. En pareille matière, c'est toujours l'*affectio societatis* que l'on doit rechercher.

La société *unius negociationis* est vraiment le type de l'association régie par la loi, parceque c'est elle surtout (on pourrait presque dire elle seule) qui offre d'une manière bien complète les véritables caractères du contrat de société. La société *unius rei* rentre dans la classe des sociétés universelles. Ce sont, en définitive, de part et d'autre des communautés de convention. La différence entre les deux contrats est difficile à saisir; elle est bien marquée, au, contraire, dans la société *unius negotia-tionis*.

Les règles que nous allons étudier sur l'administration de la société, sur les rapports des associés entre eux etc. s'appliquent d'une manière à peu près exclusive à la société *unius negotiationis*.

C'est dans la même classe que l'on doit faire rentrer la société vectigalium. Il s'agit, en effet, d'un but unique à atteindre: la perception des impôts dans une province contre avances faites au gouvernement. Deux différences, toutefois, en dehors de celles qui ont déjà été signalées, les avaient fait mettre dans une classe à part. C'étaient des sociétés de capitaux et non des sociétés de personnes et, par suite, la société pouvait continuer entre les associés primitifs et les héritiers d'un membre défunt ce qui ne se pouvait dans une société ordinaire où le choix des personnes est le fondement du contrat. D'ailleurs, les règles de la société *unius negotiationis* sont applicables à la société vectigalienne.

Si les contractants n'ont pas désigné le genre de société qu'ils entendaient fonder on présume la société d'acquèt (L. 7. D.) c'est à dire la société *omnium bonorum quæ ex questu veniunt*. Il ne faut pas, toutefois, donner à cette règle une portée exagérée; la loi 7 s'appliquera toutes les fois qu'il y aura doute sur la manière d'user de biens mis en commun, mais on consultera, avant tout, les circonstances de la cause et les intentions des contractants. Si, par exemple, deux artisans ont loué ensemble un atelier et les instruments de leur profession; si deux commerçants ont acheté à frais commun une certaine quantité de marchandises, on ne supposera pas une société d'acquèt. Il y a là une société tacite, mais bien déterminée dans son caractère, une société *unius negotiationis.*

CHAPITRE III

Engagements des associés entre eux et à l'égard des tiers

Nous avons fait connaître les principes généraux sur les caractères essentiels que devait avoir le contrat de société. Nous avons vu comment le législateur romain a divisé ce contrat en sociétés particulières et sociétés générales et chacune de ces divisions en plusieurs sections; il nous reste à examiner comment ces sociétés fonctionnent ce qui se réduit à rechercher quels sont les devoirs: 1° des associés entre eux ; 2° des associés à l'égard des tiers.

SECTION I

ENGAGEMENTS DES ASSOCIÉS ENTRE EUX

Nous comprenons sous ce chef, les règles sur: 1° L'époque où commence la société et sa durée; 2° la mise ou apport des associés; 3° l'administration; 4° les devoirs des associés vis-à-vis les uns des autres; ce § comprendra ce que l'on désigne ordinairement sous ce double titre: devoirs des associés envers la société; devoirs de la société envers les associés. Cette distinction existera dans l'ordre où seront classées les matières, mais on n'emploiera pas ces titres qui ont l'inconvénient de rappeler l'idée de personne morale et de faire considérer la société comme distincte des associés. — 5° Les conventions relatives à la part de chaque sociétaire dans les bénéfices. — 6° Le droit des sociétaires de se donner un croupier et les conséquences qui dérivent de l'usage de ce droit.

1° *Époque où commence la société; sa durée.* — La société commence, si rien de contraire n'a été stipulé, au moment du contrat ou au moment de la mise en activité de l'affaire, si aucun contrat n'a été fait. Toutefois, on avait permis, pour rendre hommage au principe de la liberté des conventions, de stipuler que la société commencerait après un certain temps ou sous condition. Cette dernière concession avait été longtemps en suspens, bien des jurisconsultes refusant d'admettre la société dont l'existence dépend d'un événement incertain, Justinien avait tranché la question et l'opinion de Paul avait reçu force de loi: « *Societas*, dit-il, (*L.* 41. *D.*) *coïri potest vel sub tempore, vel sub conditione.* »

Si aucune stipulation n'a eu lieu au sujet de la durée, elle est censée faite pour la vie des associés. — Nous retrouvons toujours cette idée que la société est une association de personnes. — à moins qu'il ne résulte de la nature même ou des termes du contrat qu'on a entendu la borner à un terme plus court, par exemple à l'accomplissement d'une seule affaire ou qu'on a contracté pour avoir la puissance d'un droit ou d'une chose dont la durée est nécessairement limitée.

2° *Apport*. — Le premier devoir d'un associé est de s'acquitter de l'obligation sans laquelle la société ne peut pas se fonder, c'est-à-dire l'apport de sa mise. Cette mise peut consister ou dans la propriété d'une chose ou dans sa jouissance seulement ou dans la communication de son industrie.

La tradition c'est-à-dire la livraison de la mise n'est pas nécessaire pour donner au contrat sa perfection. Seulement, celui qui s'est engagé à faire cet apport est débiteur des autres qui ont action contre lui pour l'obliger à exécuter son obligation. — Cette mise en société emporte-t-elle aliénation de la chose ? On pourrait, pour la négative, invoquer un texte d'Ulpien (L 13 1 *D de Prescript verbis*) « Personne ne cesse, en mettant sa chose en société, d'en être propriétaire». Mais Paul *(L. 4 § 1. D)* et Gaius (L. 2 D) déclarent nettement le contraire et c'est leur opinion qui doit prévaloir, car Ulpien veut dire seulement: on n'aliène pas sa chose en ce sens qu'on garde sur elle un droit de co-propriété et l'espoir légitime de la retrouver une fois la société dissoute.

Les fruits de la chose promise appartiennent à la société du jour du contrat (L. 38 § 9. D *de usuris*) car ils suivent le sort de la propriété.

Lorsqu'on a promis d'apporter en société la jouissance d'une chose, on est tenu de mettre cette chose à la disposition de ses co-associés et la société exerce sur elle un droit très semblable au droit d'usufruit.

Quand l'apport consiste en industrie, il ne peut s'agir, comme précédemment, d'une tradition une fois faite ; la mise est constante elle se renouvelle à chaque instant il ne peut donc être question d'examiner ici, en détail, les règles relative à cette sorte d'apport; elles trouveront leur place au titre des devoirs réciproques des associés.

3° *Administration* — Nous venons de voir comment la société se constitue. Une fois l'apport effectué, voyons comment elle fonctionne.

La société, supposant une certaine intimité de personnes, il est naturel que l'égalité soit présumée; si donc le contrat est muet sur le mode de gestion, tous les associés ont des pouvoirs égaux et bornés, seulement, par la nécessité de rester dans les limites indiquées par le genre d'affaires qui se traite et par l'obligation de respecter les droits d'autrui. Mais, d'ordinaire, le contrat réglait les pouvoirs réciproques des divers membres et plaçait un gérant à la tête des affaires. — Les sociétés de publicains, si connues pour leur étendue et leur influence, avaient, presque toujours, des chefs appelés *magistri* à cause du rang important qu'ils occupaient et de la diligence que leur imposait leur charge (27 D *de Verb. signif*). Ils représentaient la société activement et passivement comme nos gérants de sociétés commerciales. Le titre *Pro Socio*, d'ailleurs, ne dit rien de ces *magistri* non plus que des gérants de toute autre société. Les lois 5 et 59 qui parlent des sociétés de publicains sont muettes en ce qui touche leur administration et, parmi les espèces très nombreuses et très compliquées que résout le titre *Pro Socio* le seul qui soit spécialement consacré à notre matière, pas une n'a trait'aux questions d'administration. C'est que les législateurs avaient pensé, qu'en pareille matière, l'autorité de la loi n'a pas à intervenir, que c'est aux contractants de fixer eux-mêmes les conditions de leurs engagements et le mode de gestion qui leur parait le plus conforme à leurs intérêts. Le gérant, s'il y en a un, est considéré comme simple mandataire et on lui appliquera les règles ordinaires du mandat. C'est donc au titre traitant du mandat et des conventions privées que nous pouvons trouver quelques règles sur le point qui nous occupe. On peut dire, d'une manière générale, que le gérant à les pouvoirs que lui confère le contrat qui l'a nommé, sinon les pouvoirs ordinaires d'un mandataire.

Lorsque les sociétaires n'ont rien stipulé, relativement à l'administration, ce qui sera rare, ils sont censés s'être donné, les uns les autres un droit égal d'administrer. Seulement, comme il faut que la volonté de chaque membre soit respectée, ce pouvoir général et atténué par une règle fameuse devenue axiome de droit : *In pari causa melior est causa prohibentis* (L. 28 D. Comm. Divid). Entre pouvoirs égaux celui-là est préféré qui veut maintenir l'état de choses primordial, celui qui existait lorsqu'on a formé le contrat. Cette règle a reçu une extension consacrée par l'usage, mais non inscrite dans la loi; il est évident que le texte ne s'applique qu'au cas de simple administration, c'est-à-dire lorsqu'il s'agit, par exemple, de louer une maison ou une ferme, de faire des actes d'entretien journalier etc. Comme il n'y a pas innovation sur la chose, mais exercice d'un droit nécessaire, on comprend que chaque associé puisse et doive agir d'office, sauf poursuite des autres s'il avait manifestement agi contre l'intérêt commun. Cependant, il faut bien fixer une limite au droit même de simple administration. Que ces questions soient résolues à la majorité des voix, rien de mieux, lorsqu'il est possible d'avoir une majorité ; mais supposons deux sociétaires : qui fixera leurs droits respectifs ? En pareil cas la loi 28 doit recevoir son application car elle n'est, après tout, qu'une règle d'équité.

L'hypothèse spéciale visée par cette loi et sur laquelle il ne peut y avoir de doute est celle d'une innovation sur la chose sociale. Ainsi, deux associés sont propriétaires d'un terrain sur lequel l'un des deux veut faire élever une construction, l'autre a droit de s'y opposer (L. 27 § 1 D. *de serv. præd.*). Mais, remarquons le bien, si l'associé ne peut agir en présence d'une prohibition, il n'a pas à demander d'autorisation, il agira donc, sauf opposition d'un autre membre, et celui qui a laissé s'accomplir l'innovation n'est plus fondé à réclamer ensuite. Si donc le sociétaire qui construisait sur le terrain commun a pu achever paisiblement les travaux qu'il avait entrepris, son co-associé ne sera pas admis à réclamer lorsque l'ouvrage sera achevé à moins, cela va sans dire, qu'on n'ait agi à son insu.

La distinction — plutôt théorique que pratique — qui

vient d'être établie entre les actes d'administration pure et simple et les faits d'innovation se retrouve aussi en matière de sociétés industrielles et commerciales, seulement les faits d'innovation peuvent être de bien des sortes. Ainsi supposons une société formée pour l'exploitation d'une forge — société d'artisans ou de maîtres peu importe — l'un des associés prend une mesure quelconque pour favoriser la livraison des objets fabriqués, ou faciliter les achats des matières premières ; on ne peut voir là qu'un simple acte d'administration. Si, au contraire, il voulait introduire une fabrication nouvelle, changer la destination de l'atelier il y aurait évidemment innovation. Autre hypothèse : supposons une société de marchands, l'un d'eux propose d'entrer en relation avec une place nouvelle y aura-t-il oui ou non innovation ? Ceci dépendra des circonstances. S'agit-il d'une maison considérable faisant des ventes nombreuses dans un grand nombre de lieux ? Augmenter ses débouchés n'est qu'un acte de bonne administration. Est-il question, au contraire, d'une société de commerçants qui vendent eux-mêmes et dont le déplacement serait nécessaire pour l'opération projetée ? L'un d'eux peut très bien s'opposer au voyage de son associé dont la présence lui semble nécessaire dans le lieu où la société fonctionne : il y aurait là innovation. Au surplus, toutes ces espèces ne se présenteront guère en pratique car on trouvera rarement des gens assez impudents pour entreprendre en commun une affaire sans avoir fait, à l'avance, leurs conventions. La loi, cependant, doit prévoir ce défaut de convention et c'est alors, c'est aux sociétés de fait, que s'appliqueront les règles qui viennent d'être posées.

4° *Devoirs réciproques des associés.* — On divise, d'ordinaire, les obligations des sociétaires en deux parties : Obligations des associés envers la société et obligations de la société envers ses membres. Cette division est juste lorsque la société est personne morale, mais elle ne peut être, ainsi que je l'ai déjà fait remarquer, qu'une cause d'erreur dans les sociétés ordinaires où il n'y a que des individus séparés, liés entre eux, il est vrai, par certains devoirs qui découlent naturellement du contrat de société, mais sans que ce contrat ait eu pour effet de créer une personnalité juridique, un être abstrait, indépendant, en droit, des associés.

Les divers membres de la société ont action les uns contre les autres pour s'obliger mutuellement à remplir leurs devoirs, soit ceux qui ont été stipulés, soit ceux qui découlent naturellement du contrat. Ils peuvent charger de ce soin un gérant véritable mandataire, mais on ne peut pas dire qu'il y ait, d'un côté des associés, de l'autre une société personne abstraite ayant des droits et des devoirs différents. Laissons donc cette distinction, elle n'a pas sa raison d'être.

Le premier devoir des associés est d'effectuer leur mise. Nous avons déjà examiné ce qui concerne cette obligation ; quant aux autres, elles peuvent toutes se renfermer dans cette maxime: Agir avec fraternité et bonne foi Il ne reste, ceci posé, qu'à parcourir des espèces afin de faire voir les divers cas d'application de cette règle.

Le but de la société étant la poursuite d'un bénéfice, chaque sociétaire doit faire part — doit communiquer suivant l'expression romaine — à ses collègues tout le gain qu'il a pu faire dans le genre d'entreprise objet de la société. S'il se livre à quelque spéculation ou travail particulier, les fruits en sont pour lui seul, sauf, bien entendu, le droit des sociétaires d'exiger une indemnité si leur co associé avait, pour son intérêt personnel, négligé les affaires de tous. — Quant aux bénéfices illicites, rappelons quel était à ce sujet la décision des lois romaines. Si le bénéfice n'avait pas été partagé, les autres associés n'avaient pas droit d'en exiger la communication; il ne provenait pas de l'affaire sociale. — Si, au contraire, il avait été distribué, l'associé coupable n'avait pas droit de répétition, car, ainsi que le dit Pothier: *In pari causa turpitudinis potior est causa possidentis.*

L'associé peut n'avoir pas à communiquer de bénéfices, par exemple s'il n'a fait que gérer ou travailler dans l'affaire. Il y a lieu, alors, d'appliquer la théorie des fautes. Les commentateurs divisent, par rapport au soin que l'on doit mettre à leur exécution, les contrats en trois classes : 1º Ceux où l'on exigeait de l'associé une vigilance égale à celle qu'il mettait à ses propres affaires ; ces contrats étaient, d'ordinaire, ceux où les deux parties avaient un intérêt réciproque ; 2º les contrats où l'on exigeait d'une partie une vigilance supérieure à celle qui lui était habituelle ; c'étaient les contrats faits dans l'intérêt de cette partie toute seule, comme, par exemple, le prêt à usage ; on livre à quelqu'un un objet pour s'en servir sans rémunération. On conçoit que l'on soit très-sévère pour l'appréciation de la faute ; 3° les contrats où l'on n'exige qu'un soin assez superficiel. Ce sont ceux qui sont faits dans l'intérêt d'une personne autre que celle dont on apprécie la responsabilité, un dépôt par exemple : on conçoit que le dépositaire qui rend un service gratuit soit traité avec beaucoup d'indulgence.

La société rentre évidemment dans la première classe des contrats (Just. Instit. *de societate* 59,) puisqu'elle est faite dans l'intérêt de toutes les parties contractantes. L'associé est donc tenu de mettre aux affaires de la société le soin qu'il apporte aux siennes propres. Peut être les affaires sont-elles mal conduites même en prenant cette base d'estimation, mais les sociétaires ont à se reprocher d'avoir choisi un co-associé peu diligent.

Remarquons bien que les jurisconsultes romains ne distinguent pas entre la faute *in committendo* et la faute *in omittendo* (L. 52, § 11, D.). La première consiste dans un fait dolosif, la seconde dans une simple négligence. En général, dans les contrats de bonne foi on doit compte de ces deux sortes de fautes, parce qu'on est tenu d'apporter tous ses soins à l'exécution.

Toutefois, la rigueur des règles qui viennent d'être posées est adoucie par deux dispositions : l'une commune à tous les contrats de bonne foi, l'autre particulière au contrat de société.

En aucun cas, les associés ne sont responsables des dommages que l'on ne pouvait ni prévoir, ni éviter. Le propriétaire d'un troupeau le livre à un paysan qui s'engage à le soigner et à le nourrir moyennant une part déterminée dans le produit du troupeau, laines et croît· Le troupeau est enlevé de vive force par des brigands armés ; le sociétaire paysan n'est pas en faute. Il en serait tout autrement si le troupeau avait été volé sans violence aucune, car alors il y aurait défaut de vigilance de la part de son gardien.

Autre atténuation : on sera plus indulgent sur l'appréciation de la faute à cause de la fraternité qui doit régner entre les associés, ou, tout au moins, on sera plus sévère sur les preuves à exiger, et les présomptions seront toujours en faveur de l'associé. Si, par exemple, un objet commun est trouvé au domicile d'un associé on présumera toujours qu'il avait voulu s'en servir et non le détourner ; car il est naturel qu'il ait voulu user de la chose commune. De même si l'associé se trouve redevable envers les autres, sans faute ni dol, on se montrera plus facile pour lui. Cette indulgence cesse s'il a diverti ses biens pour ne pas payer ; il a lui-même, dans ce cas, rompu le pacte fraternel, cause unique des ménagements que l'on gardait envers lui.

Nous trouvons, mais dans une hypothèse différente, une application de ce même principe de fraternité qui

sert de base aux obligations des sociétaires. Les associés avaient un débiteur commun, par conséquent ils
avaient droit chacun à une part de la créance. L'un
d'eux reçoit cette part, puis le débiteur devient insolvable ; celui qui a reçu sa part doit la mettre en commun,
la communiquer à ses associés. Il ne faut pas que le
hasard, ou peut-être la connivence, favorisent un membre
de la société au détriment des autres, tout gain ou perte
doit être commun.

Nous avons parcouru les cas dans lesquels l'un des
associés est obligé envers les autres pris en masse ce que
l'on désigne quelquefois d'une façon impropre sous le
nom des devoirs des associés envers la société. Avant de
passer à l'hypothèse inverse, celle où tous les associés
sont tenus envers un seul, c'est-à-dire, pour employer
l'expression commune, aux devoirs de la société envers
un associé, nous avons à rechercher dans quel cas un
associé doit les intérêts des sommes qu'il paie aux autres
sociétaires et dans quel cas, enfin, il doit outre cela des
dommages-intérêts.

L'associé doit l'intérêt des sommes dont il est tenu
d'opérer la restitution dans trois cas : 1° Lorsqu'il a,
au nom de la société, prêté à intérêt l'argent commun.
S'il l'avait prêté en son nom propre, les intérêts seraient
pour lui seul (L. 7, § 1, D.), car, dit-on, puisque seul il
a couru les risques (en cas de perte de la somme il aurait
dû la rembourser à la société) il doit seul en retirer des
bénéfices. Décision singulière et à laquelle on était arrivé

par une considération plus subtile que logique. L'associé, disait-on, doit les intérêts des sommes qu'il a détournées pour ses dépenses personnelles, mais peut-on assimiler ce placement de l'argent social, même en son nom, au fait d'un homme puisant dans la caisse sociale pour entretenir sa maison ? La stricte équité doit faire répondre : oui. La différence, en effet, n'est que dans les apparences. Que j'emploie cet argent à mes dépenses courantes ou que je l'emploie à me faire un revenu qui sera affecté à ces mêmes dépenses, n'y a-t-il pas, des deux côtés, emploi à mon profit des sommes dont j'aurais dû user dans l'intérêt de tous ? Si l'on veut aller au fond des choses, la situation n'est-elle pas exactement la même ? N'y a-t-il pas de part et d'autre manquement grave au devoir d'associé ? N'y a-t-il par une faute dont la prestation d'intérêts est la compensation, et qui, par suite, est due dans les deux hypothèses ? Constatons cependant que les jurisconsultes romains avaient donné une solution toute contraire.

2° L'associé en faute doit les intérêts des sommes qu'il a détournées de la société soit pour s'en servir, soit afin d'en priver ses cô-associés (L. 4, § 60, D. et L. 1, § 1, D. *de usuris*). L'obligation est tellement évidente qu'il est inutile de s'y arrêter.

3° Quand un associé a été mis en demeure de payer ce dont il est débiteur envers les autres, les intérêts courent contre lui (L. 60, D.), qu'il s'agisse de son apport ou des bénéfices réalisés.

L'associé coupable peut, outre les intérêts légaux devoir

à ses co-associés des dommages à titre d'indemnité.

Les dommages-intérêts sont dus et dans les trois cas qui viennent d'être énumérés et, de plus, toutes les fois qu'un associé a usé du fonds social même autrement que pour ses dépenses privées. Nous trouvons donc ici un correctif à cette disposition qui ne condamnait pas aux intérêts le sociétaire qui avait placé en son nom propre une somme appartenant à la société. Il devra, au moins, des dommages. Quant au mode de fixation, rien dans la loi ; c'est une question de fait, remise à l'appréciation des tribunaux.

Une dernière règle au sujet des sommes dues par l'associé comme réparation de sa faute. Il ne peut les compenser avec le gain que son industrie ou ses soins auraient procuré à la société (L. 26, § 26, D.) « *Non compensatur*, dit Ulpien ; *compendium cum negligentia.* » La raison en est bien simple : ces profits ne lui appartiennent pas, ils sont à la société ; dès lors, la société ne lui doit rien et la matière manque à la compensation.

Passons maintenant aux obligations des sociétaires pris en masse envers un de leurs co-associés considéré individuellement ou, en d'autres termes, aux obligations de la société vis-à-vis des sociétaires.

La créance d'un associé contre les autres peut venir de trois causes: 1° Des déboursés faits pour la société ; 2° des obligations contractées de bonne foi pour les affaires communes; 3° des pertes inséparables de la gestion sociale. Ces trois causes de créance, s'expliquent par une raison commune. L'associé qui travaille dans un intérêt social est un véritable mandataire de la société. A ce titre, il doit être rendu indemne de tout ce que l'exécution bonne et loyale du mandat leur a fait perdre.

La première action du sociétaire concerne ses déboursés. — Il a fait un voyage dans l'intérêt social, on ne lui avait pas remis de fonds ou ceux qu'on lui a remis étaient insuffisants, on doit le rembourser des sommes qu'il a prélevées sur sa propre bourse et cela, alors même, qu'un autre associé eut pu faire le voyage à moins de frais. Il suffit que la dépense ait été faite de bonne foi, les co-associés sont en faute de n'avoir pas choisi un négociateur plus soigneux, un associé plus économe.

Ces avances produisent intérêt de plein droit, il ne faut pas que les uns soient moins favorablement traités que les autres; l'égalité doit régner avant tout.

Paul arrive à ce résultat, dans sa loi 67, par un raisonnement très-habile. Un sociétaire emprunte pour venir au secours de tous; évidemment on lui doit les intérêts de cette somme puisque lui-même sera tenu de les payer et que les co-associés doivent le rembourser intégralement de ses dépenses. Cet associé au lieu d'emprunter cet argent le prend dans sa caisse, la situation n'est-elle pas la même au fond? Car cet argent ne fut pas resté improductif entre les mains de son propriétaire, on lui doit donc les intérêts qu'il aurait gagnés s'il eut prêté son argent à des tiers, au lieu de l'avancer pour le compte de la société.

Un associé est encore créancier des autres, lorsqu'il a

contracté quelqu'obligation pour le compte de ses co-associés. — Voici un exemple cité au Digeste (L. 67.) Un associé vend, en son nom, mais avec l'assentiment de tous, une chose sociale, puis l'acheteur est évincé, il poursuit en garantie son vendeur et triomphe. Ce dernier doit être indemnisé par ses co-associés des suites de la condamnation. Il en est de même lorsqu'un membre a contracté quelqu'emprunt pour dégager une chose de la société ou pour opérer, à temps, quelqu'achat avantageux (L. 67. § 2.) et cela, alors même que l'opération n'aurait pas réussi pourvu - cela va sans dire - qu'il n'y eut aucune fraude de la part du sociétaire et qu'il ait mis, dans cette affaire, un soin égal à celui qu'il accorde aux siennes propres.

Enfin, troisième cas de créance : un associé a subi des pertes en gérant l'affaire de tous. Ainsi une société de marchands de bestiaux envoie l'un de ses membres vendre une certaine quantité de bœufs. En route il est blessé par un de ces animaux en voulant l'empêcher de fuir ; les autres sociétaires devront l'indemniser de ses frais de maladie (L. 60, § 1 et 61, D.).

Cette solution avait pourtant été contestée. Des deux écoles qui, à Rome, partageaient les jurisconsultes, l'une, celle des Proculéiens, prétendait que, dans ce cas, l'associé malade n'avait droit à rien parce que la société n'était pas la cause directe de sa blessure. C'était méconnaître le principe que tout, en matière de société, doit s'interpréter de bonne foi. L'autre école, celle des Sabiniens, dont l'o-

— 35 —

pinion a été adoptée par Justinien, soutenait que le risque
étant inhérent à l'opération sociale, la société devait répa-
rer le dommage. Et c'était justice ; le bénéfice aurait été
pour tous si le troupeau était arrivé sans encombre ; il en
a été autrement sans que le sociétaire soit en faute, que
la perte aussi soit commune.

Voici une autre espèce, un peu différente de la précédente, et qui montre le soin avec lequel les jurisconsultes
avaient prévu toute difficulté. — Un sociétaire, chargé de
faire un voyage dans l'intérêt commun, est attaqué par
des voleurs qui le dépouillent non-seulement de l'argent
social mais (et c'est ici que nous trouvons une nuance
nouvelle) des bagages qui lui appartenaient en propre
(L. 52, § 4, D.). Quant à l'argent de la société, pas de doutes,
la perte est commune. Mais que décider à l'égard des objets qui étaient sa propriété personnelle ? La perte en sera
supportée par la société, répond la loi ; on doit indemnité, pourvu, toutefois, que le sociétaire eut emporté seulement ce qui lui était nécessaire. D'où il suit, que s'il
avait emporté trop d'argent ou s'était fait accompagner
d'un plus grand nombre d'esclaves qu'il ne lui en fallait,
la perte portant sur le superflu resterait à sa charge. Il en
serait de même, à plus forte raison, si l'associé avait
pris une route notoirement peu sûre. Il y a, dans ce cas,
une circonstance particulière qui pourrait le priver de
toute indemnité, c'est qu'il peut être en faute.

Si l'un des associés était insolvable, l'indemnité qui
peut être réclamée dans les cas que nous venons d'exa-

miner se répartirait entre tous les autres sans distinguer entre le sociétaire créancier et ceux qui sont débiteurs. Soit cinq sociétaires ; l'un d'eux fait une dépense dans l'intérêt commun, il a donc action contre tous, mais l'un de ceux-ci est insolvable ; il peut réclamer à chacun des autres un quart de la portion que devait acquitter l'insolvable, l'autre quart reste à sa charge. En effet, c'est là une perte qui doit, comme tout autre dommage, se répartir entre tous les membres de la société.

Ajoutons que jamais un associé ne peut demander réparation d'un dommage-indirect de même qu'il n'a pas à communiquer le gain qu'il retire indirectement de sa participation à la société. Ainsi, par suite de mon association avec quelques autres personnes, je m'attire l'inimitié d'un personnage influent, les dommages qui peuvent en résulter me sont personnels, je n'ai aucune action pour m'en faire indemniser. Et réciproquement, si la société m'a procuré quelque relation dont je retire, pour mes propres affaires, un évident avantage, je n'aurai rien à communiquer, de ce chef, à mes co-associés.

Il ne me reste plus, pour terminer, qu'à dire quelques mots relativement à la manière dont les membres d'une société doivent user d'une chose commune. — Les règles, en pareille matière, sont simples et toutes d'équité. S'il n'y a pas eu de conventions, chaque sociétaire peut se servir des choses appartenant à la société, pourvu qu'il les emploie à la destination que leur assigne l'usage ou leur nature propre et qu'il ne s'en serve pas contre l'intérêt de la société, ou de manière à empêcher ses co-associés d'en user suivant leur droit (L.52, § 13,D.). Tous ont un droit égal à la chose commune. Un objet, en effet, n'est pas mis en société pour le service personnel de ses membres ; quelle serait alors l'utilité de la société ? La chose est mise en commun, ou parce que les associés ne pouvant l'acquérir séparément se sont unis pour l'avoir et alors il est juste que tous en jouissent, ou parce que cette chose y entre comme instrument industriel destiné à procurer des bénéfices au moyen de l'exploitation de tous; dans ce cas, l'intérêt social domine l'intérêt individuel et l'exclut même au besoin.

Enfin, chaque associé peut obliger les autres à faire, avec lui, les dépenses qui sont nécessaires pour la conservation de la chose sociale (L. 12, D. *com. divid.*). Cette règle est la consécration des idées les plus élémentaires. Quand une chose, pour un motif quelconque, a été mise en commun, chacun doit contribuer aux dépenses nécessaires pour l'entretenir et la conserver ; le plus vigilant peut y contraindre les autres. Et, remarquons-le bien, il ne s'agit pas d'un de ces cas d'administration où la majorité fait loi, il y a obligation, un seul sociétaire peut donc contraindre tous les autres. Ils ne sont pas maîtres, en effet, à moins d'accord unanime, de laisser périr la part qu'ils ont dans la chose commune, car, en agissant ainsi, ils léseraient le droit de leurs co-associés. Si la société a des profits communs, elle a aussi ses charges que tous doivent supporter.

Ceci, toutefois, ne doit s'entendre que des réparations indispensables et non des dépenses somptuaires, ces dernières ne sont pas obligatoires non plus que le rétablissement de la chose commune qui viendrait à être détruite, il s'agit des réparations d'entretien, et de cela seulement.

5° *Parts des associés dans les bénéfices.* — Nous avons vu comment une société s'établit et fonctionne. Cette société, si elle est bien dirigée et que rien ne vienne entraver sa marche, fera des bénéfices; comment les répartir si rien n'a été stipulé? C'est une question très-délicate et sur laquelle les jurisconsultes romains étaient loin d'être d'accord. Justinien a introduit dans le Digeste plusieurs passages contradictoires, il faut donc exposer ces diverses opinions.

Un texte d'Ulpien (L. 29, D.) déclare formellement que les parts seront égales lors même que les mises ne le seraient pas; « *Si non fuerint partes societati, adjectæ, æquas eas esse constat.* » On suppose que si les parties ne se sont pas expliquées, c'est qu'elles ont voulu s'en remettre au principe d'égalité base du contrat qui doit être suivi toutes les fois qu'on n'y a pas expressément dérogé. Comme on le voit, l'apport en argent et l'apport en industrie sont placés sur la même ligne. Décision plus juste assurément que celle du Code civil français qui met la valeur personnelle au dessous des capitaux, car, ainsi que l'avaient bien remarqué les jurisconsultes romains, la capacité personnelle est la première condition de réussite dans une entreprise.

Suivant d'autres textes(L. 6 L, 80 D.) la part dans les bénéfices était proportionnelle à l'apport; il devient ici très-difficile de fixer la part de l'industrie à côté de la part du capital. Mais ce qu'il y a de certain, c'est qu'aucune loi ne regarde l'apport en travail comme inférieur à l'apport en argent; le contraire est même dit d'une façon très formelle ainsi que je l'ai constaté.

Tel était le mode de répartition relatif aux bénéfices et aux pertes (car il va sans dire qu'il y avait égalité des deux parts) lorsqu'il n'y avait pas eu de conventions; les parties pouvaient donc fixer autrement leurs droits respectifs aux bénéfices et leurs obligations aux pertes. Mais avaient elles toute latitude pour cela? Le principe de la liberté des conventions était-il ici complet et absolu? Sur ce point, nous avons vu, déjà, qu'il y a une sorte de convention qui n'est point permise; c'est celle qui priverait entièrement de bénéfices l'un des associés.

Si l'on n'a exprimé que la part dans le gain ou dans la perte, la part correspondante est égale. Mais cette part peut-on, en dehors de la restriction qui vient d'être exposée, la fixer librement? Cette question avait paru douteuse aux jurisconsultes romains et quelques uns dominés par l'idée d'égalité essentielle, en effet, en pareille matière prétendaient que la part dans les bénéfices devait être proportionnelle à l'apport. D'autres se ralliaient à la règle ordinaire: liberté des conventions. Il est contraire à la nature du contrat de société fait en vue d'un gain à atteindre, qu'un associé soit privé de tout bénéfice; la pro-

hibition du pacte léonin est donc juste et rationnelle.
Mais, en dehors de cela, quel motif pour restreindre la liberté des sociétaires? Cet avis avait prévalu, c'est celui
que Justinien consacre dans ses Instituées (L. III t. XV
§ 52). Et il en donne la raison. Comment apprécier la part
en industrie et quelle fixation meilleure que celle qui est
faite par les intéressés eux-mêmes? Ajoutons que l'ad-
jonction d'un associé peut être d'un si grand avantage
pour la société, soit qu'elle ne puisse marcher sans lui,
soit que, fonctionnant déjà, elle ait besoin d'aide pour
sortir d'une situation désespérée, qu'il soit juste et même
avantageux de lui faire des conditions toutes spéciales. Il
est donc licite de donner à un associé une part autre que
celle qui serait en proportion avec son apport; on peut
même stipuler qu'il ne sera tenu d'aucune perte. Les juges
auront à apprécier, toutefois, si la part de bénéfice concédée
n'est pas tellement minime qu'on y puisse voir l'évidente
intention de frauder la loi et de rétablir le pacte léonin.

On peut encore valablement convenir, dans l'acte de
société, que les parts seront fixées ultérieurement par une
personne déterminée. Dans ce cas, les parties sont censées
n'avoir voulu s'en rapporter qu'à la volonté de cette
personne. D'où cette première conséquence: la société est
nulle si l'arbitre vient à mourir avant d'avoir rendu sa
décision, car l'existence de la société était subordonnée à
une condition devenue irréalisable. On peut, d'ailleurs,
choisir pour arbitre soit un associé, soit un tiers.

Mais la décision de cet arbitre est-elle susceptible de

recours? Question qui revient à celle-ci; l'arbitre choisi a-t-il tout pouvoir comme l'arbitre qui remplace le juge grâce au consentement des parties? Les légistes décidaient que c'était un arbitre dans le sens non juridique du mot, c'est-à-dire que ses décisions pouvaient être cassées par les juges ordinaires.

Une dernière remarque. Quelle que fut la fixation des parts, la répartition n'avait lieu qu'à la fin de la société ou après le résultat définitif de l'opération à accomplir. On formait une masse de tous les biens, on la balançait avec une masse de toutes les pertes et c'était l'excédant seul qui donnait lieu à partage.

6° *Croupier.*— Un associé ne peut faire entrer quelqu'un dans la société sans la volonté des autres membres, mais il peut, sans leur autorisation, se donner à lui-même un associé pour le genre d'affaire qu'il fait dans la société. C'est ce sous-associé que l'on désigne, dans le droit moderne, sous le nom de croupier; mot expressif qui fait voir que cet individu n'est, pour ainsi dire, pas une personne par rapport à la société, mais qu'il n'a de rôle que comme agissant derrière et avec le sociétaire qui l'a choisi Au surplus, le croupier est, pour celui qui l'a élu, un véritable associé, il y a entre eux une société soumise aux règles ordinaires.

Par rapport à la société primitive, la position du croupier est ainsi déterminée. — Soient trois associés P, S, T. T se donne un croupier et celui-ci, Q, fait des bénéfices; il n'en doit compte qu'à T lequel à son tour doit communiquer ce gain à ses associés, P et S. Ceux-ci n'ont aucune action contre Q qu'ils ne connaissent pas; mais indirectement ils profiteront de ce qui, par son moyen, a été acquis avec le fonds social. De même, si ce Q commet une faute quelconque, elle sera réputée commise par T, que P et S pourront forcer à réparation, car ils n'ont aucune action contre Q qui leur est complétement étranger. Et T ne peut se libérer en abandonnant son action, il doit indemniser ses co-sociétaires; il est en faute d'avoir choisi un auxiliaire indigne de confiance (L. 23. D).

Rappelons, ici, la règle posée plus haut que le dommage causé à la société ne se compense pas avec le gain qu'on a pu lui procurer. La question avait parue douteuse lorsqu'il s'agissait du croupier. Toutefois, la plupart des auteurs s'étaient prononcés pour une solution semblable à celle qui intervient au sujet des associés. N'est-il pas vrai que les gains obtenus par un associé sont communs, tandis que les pertes par lui causées sont propres? Quelle est donc la raison de distinguer? Et pourquoi si la règle s'applique envers T pour son fait propre, pourquoi serait-elle lettre morte lorsqu'il s'agit du fait d'un tiers dont T est responsable ?

Si Q fait quelques dépenses dans l'intérêt de la société, ou reçoit de ce chef quelque dommage, T aura action contre ses co-associés P et S pour obtenir une indemnité, nous n'avons, ici, qu'à suivre les règles posées précédemment en nous rappelant seulement que pour P et S, Q est un étranger et que T seul peut agir contre eux.

— 43 —

SECTION II

ENGAGEMENTS DES ASSOCIÉS VIS-A-VIS LES TIERS

Je viens d'exposer les obligations des associés les uns envers les autres, il faut, maintenant, rechercher les obligations de ces mêmes sociétaires envers les étrangers qui ont traité avec eux.

Puisque la société est faite pour obtenir un résultat que les forces individuelles seraient impuissantes à atteindre, n'est-il pas naturel que l'on songe à offrir aux tiers, par la présence d'un groupe, des sûretés qu'ils ne trouveraient pas chez un individu isolé? L'idéal en pareille matière est donc la solidarité, mais c'est un idéal effrayant. Les sociétaires consentent volontiers à travailler ensemble, à conclure certaines opérations dans le but commun, mais il leur répugne d'être tous responsables des actes d'un seul, celui-là fut-il investi de toute leur confiance: la solidarité doit donc être volontaire, elle ne peut résulter du fait seul de contracter société. Dans notre droit moderne, la solidarité est, en effet, volontaire et alors on prévient les tiers par publication. A Rome le système de publicité était inconnu et la solidarité était ou stipulée ou légale. La loi l'imposait à deux sortes de sociétés les sociétés de Banque ou *argentariæ* (L. 27 *de Pactis*); et les sociétés de Publicains; (L. 9, § 4 D *de publicanis*); pour ces dernières, toutefois, la chose est douteuse. Cette décision toute exceptionnelle avait été introduite: « *propter utilitatem publicam* » elle s'expliquait par la situation où se trouvaient ces sociétés. La liaison intime qu'elles avaient avec le pouvoir exigeait qu'on eût des règles particulières. D'ailleurs, les grands avantages qui leur étaient concédés compensaient bien l'obligation qui pesait sur chacun des membres. — La loi qui autorisait la formation de quelqu'une de ces sociétés servait, pour ainsi dire, de publication et de garantie.

Quant aux sociétés ordinaires, on peut supposer trois cas dans lesquels les tiers ont traité avec des associés. — 1° Le sociétaire a traité en son nom propre — 2° Il a traité au nom de la société avec ou sans pouvoirs. — 3° Tous les sociétaires ont traité à la fois. Quel est, dans ces diverses circonstances, l'étendue de l'obligation contractée; ou, pour mieux dire, contre qui le tiers créancier a-t-il action ?

1° *Hypothèse.* — Un sociétaire a contracté en son nom propre. Lui seul est obligé ; tout associé, en effet, a, nécessairement, en dehors de la société, des obligations de toutes sortes. La société doit rester complétement étrangère à cela ; d'où cette règle de bon sens, qu'un associé contractant en son nom, n'oblige que lui-même.

Mais si l'argent a été versé dans la caisse sociale, les tiers ne peuvent-ils s'en prendre à la société, n'ont-ils pas l'action *in rem verso* ? (mot à mot : pour ce qui a été versé, sous-entendu dans la société). Il faut répondre : non.

Lorsqu'un emprunteur a reçu les fonds promis, s'informe-t-on de l'usage qu'il a jugé bon d'en faire ? Cherche-t-on en quelles mains ces fonds sont passés ? Le créancier avait devant lui une personne seule, il lui a fait des avances, il n'a action que contre celle avec laquelle il a traité et dont il a suivi la foi. De quel droit prétendrait-il actionner des tiers qui ont, il est vrai, des rapports étroits avec son débiteur, mais qui pour lui sont des étrangers ? « On ne s'informe pas, dit Cujas, où l'argent est allé, mais qui l'a demandé, qui a contracté. »

Y a-t-il doute sur la question de savoir si l'associé a entendu traiter pour lui seul ou comme associé ? On décidera qu'il est censé avoir contracté pour lui seul, car on est toujours présumé traiter pour soi plutôt que pour autrui.

2° *Hypothèse.* — L'associé a contracté au nom de la société : *nomine sociali*. De deux choses l'une ; ou il a traité dans la limite de ses pouvoirs ; ou il les a excédés. Dans le premier cas, la société est responsable de tous les engagements contractés. Les tiers, en effet, n'ont rien à se reprocher. Le créancier s'est présenté à eux comme délégué d'une société, il a prouvé son mandat. — Si ce mandat était tacite, ce serait aux créanciers à en démontrer l'existence ; preuve difficile mais non impossible ; — tandis que les associés, au contraire, sont en faute d'avoir mal choisi leur représentant. Ils auront, il est vrai, un recours contre lui, mais peu importe aux tiers, ils n'ont point à s'occuper de cela ; la société est leur débitrice et ils peuvent, en conséquence, agir pour le tout contre chacun des membres qui la composent.

Relativement au droit respectif des associés et notamment à la différence qui existe entre les actes d'administration et les actes de disposition, il faut se reporter à ce qui a été dit plus haut dans la section relative à l'administration de la société. Inutile de revenir à présent sur ce sujet.

Si, au contraire, l'associé a agi sans pouvoir ou en dehors de ses pouvoirs, mais au nom de la société, le créancier aura contre la société l'action *in rem verso,* action très aléatoire, car il est quelquefois difficile de prouver que les sommes remises ont passé dans la caisse sociale. Lorsque le débiteur avait des pouvoirs réguliers, le créancier avait action non contre le représentant, mais contre les représentés ; ici, il n'y a plus ni représentants ni représentés, mais le créancier ne croyait pas, comme dans l'hypothèse première, traiter avec une personne individuelle, il savait qu'il avait une société devant lui. Il n'a pas pris garde que le contractant dépassait la limite de ses pouvoirs, aussi n'a-t-il aucun recours contre les autres sociétaires, mais il a connu l'existence de la société, le débiteur a traité avec lui comme associé d'où l'action *in rem verso.*

3º *Hypothèse.* — Les associés ont contracté tous ensemble. — Tous, alors, sont obligés, mais de quelle manière ? Si les sociétaires ont stipulé la solidarité ou un mode quelconque de répartition de l'obligation, on suivra, cela va sans dire, la convention. Mais si rien n'a été dit, chacun des membres de la société est tenu pour sa part virile ; le contractant, en effet, a dû croire que la part de tous était égale puisque l'égalité est de la nature du contrat.

Pour la société de banques *(argentariæ)* nous avons vu que la solidarité était de droit.

CHAPITRE IV

Dissolution de la société

Nous venons de voir, successivement, comment la société se fonde et comment elle fonctionne. Nous allons
examiner, à présent, de quelle manière elle finit. Ulpien
donne une classification très-nette des modes de dissolution en les rangeant sous trois chefs : *Dissolvitur societas : ex personis ; ex rebus ; ex actione.*

Mode de dissolution: ex personis.—La société est dissoute
par la mort d'un de ses membres, à moins de stipulation
contraire. La société est, avant tout, une réunion de personnes, c'est parce que l'on connaissait le caractère et la
capacité de ses co-associés que l'on a traité avec eux. On
savait, on espérait tout au moins, avec leur aide, arriver
au but final ; cet aide venant à manquer, le but que l'on
se proposait devient impossible à atteindre et, par conséquent, la société n'a plus de raison d'être. Que si les
contractants ont jugé que le concours de tous ses membres
n'était pas indispensable au succès de la société, la mort
de l'un d'entre eux ne rompra pas l'union des autres. Mais
peut-on stipuler que l'héritier du défunt prendra sa place?
Cette convention serait valable en droit français. A Rome
on la déclarait illicite (L. 52, 59, D) et la raison, c'est que
la société est et ne saurait être qu'une association de per-

sonnes, or il est contraire à la nature d'un tel contrat que l'on puisse s'engager à l'avance à prendre pour co-associé une personne que l'on ne connaît pas au moment où l'on contracte.

Il y a, toutefois, une exception à la règle qui vient d'être posée, c'est au sujet d'un genre de société que, plusieurs fois déjà, nous avons vu sortir du droit commun: les sociétés de publicains ou vectigaliennes. On peut stipuler que l'associé défunt est remplacé par son héritier. C'est que la raison mise en avant pour justifier la décision précédente n'existe plus ici ; nous avons non pas une société de personnes, mais une société de capitaux. Car les membres de la société n'agissent guère eux-mêmes, ils fournissent des fonds et l'affaire est gérée par des *magistri* ou directeurs ; c'est notre société anonyme. On comprend qu'ici les personnes ne soient pas en cause; ce qui importe, c'est de conserver les capitaux ; or aux mains de qui passe l'avoir du sociétaire? aux mains de son héritier. La clause qui fait entrer ce dernier en société est donc parfaitement rationnelle et elle devait être très-fréquente en pratique. Ajoutons qu'à la raison tirée de la nature spéciale de cette société et de l'intérêt de ses membres, pouvait s'ajouter un motif politique. Il importait à l'État que la société de traitants, qui avait envers lui des obligations si étroites, ne fût pas exposée à une dissolution imminente et présentât, au contraire, une surface et des chances de durée en échange des nombreux avantages qui lui étaient concédés.

Autre disposition particulière aux sociétés vectigaliennes. En cas de mort de l'un des associés, elles continuent
de plein droit (et non plus comme tout à l'heure s'il y a
une clause expresse) entre les survivants.

Le principe que la mort d'un associé dissout la société
doit recevoir une restriction fondée sur la bonne foi. Si la
mort de cet associé survient avant que le contrat ait reçu
même un commencement d'exécution, et si l'objet de la
société se réalise peu après; si, par exemple, deux individus s'étant associés pour faire une acquisition, elle est
opérée par l'un des deux quelques jours après la mort de
l'autre, il faudra, pour se prononcer sur l'existence de la
société lors de l'achat, user d'une distinction. L'acqué-
reur ignorait-il la mort de son co-associé ? la société est
réputée avoir existé; il en serait autrement si, à l'époque de
l'acquisition, il avait connu cette mort. (L. 65 § 10 D.).

Quant aux sociétés de publicains, la mort d'un simple
associé, ai-je dit, ne dissout pas la société, mais il en
serait autrement de la mort du gérant (L. 50 D.) C'est sur lui
que repose toute l'affaire et si la personne des sociétaires
n'est pas en jeu, si leurs capitaux les représentent, il n'en
est pas de même du gérant, c'est lui qui administre les
capitaux, c'est parce qu'ils avaient confiance dans sa capacité personnelle que les autres sociétaires ont contracté; lui mort, les conditions qui avaient présidé à la formation de la société n'existent plus. Il faut, pour que la
société subsiste, ou l'unanimité des contractants, la dissolution étant dans leur intérêt ils peuvent renoncer à se

prévaloir de leurs droits, ou une stipulation dans l'acte primitif, cette stipulation fait loi.

A côté de la mort naturelle se plaçait, en droit romain, comme cause de dissolution d'une société, la *capitis diminutio*, sorte de perte ou de diminution de la personalité juridique et que Domat avait rendu par le mot de mort civile qui exprime assez bien l'idée romaine au moins dans quelques cas..

On distinguait trois sortes de *capitis diminutio*. — La grande; le citoyen perdait la liberté — la moyenne, il perdait le droit de cité (exercice des droits politiques et civils qui, à Rome, ne différaient guère les uns des autres) — la petite, il perdait ses droits de famille. La *familia* étant une organisation toute juridique, on pouvait, au moyen de l'adoption, passer d'une famille dans une autre, ce qui vous donnait souvent une tout autre capacité politique, comme si par exemple un plébéien entrait dans une famille patricienne. On pouvait même sortir de sa famille sans entrer dans aucune autre. Suivant l'idée romaine, la personnalité étant transformée, les droits, tant obligations que créances cessaient d'exister puisque l'être juridique qui possédait ces droits ou contre qui on pouvait les faire valoir n'existait plus. Pour ce motif, la société était primitivement dissoute par les trois *Capitis Minutiones*. — Mais, peu à peu, on avait trouvé excessif l'effet de la petite *capitis minutio*; il était inique qu'un homme pût fruster ses créanciers par un changement de condition qui ne regardait que lui et ne ressemblait en rien à la mort civile, puisque souvent il améliorait la position de celui qui en était l'objet. On avait donc dépouillé peu à peu la petite *minutio capitis* des effets que lui attribuait l'ancienne législation vis-à-vis les tiers. Pour en revenir au point qui nous occupe, elle n'opérait plus dissolution de la société. Celui qui avait subi cette *capitis diminutio* gardait dans la société son rang et ses droits, (L. 67 D.).

L'aliénation mentale était, d'après Justinien, une cause de dissolution, mais non pas de plein droit comme pour la mort ou la *capitis minutio*. Il faut que le curateur de l'associé atteint de folie la demande, car il peut, dans l'intérêt de son administration des biens du fou, préférer la continuation de la société. Disposition très-conforme, sans doute, à l'intérêt du sociétaire atteint de démence, mais peu avantageuse pour ses collègues et tout à fait contraire à ce principe que l'on ne peut être obligé d'accepter pour associé celui que l'on n'a pas choisi. Aussi, Justinien donne aux autres associés le droit d'exiger la dissolution. Une telle renonciation ne saurait passer pour frauduleuse et intempestive.

Autre cause de dissolution. L'*egestas* d'un associé, c'est-à-dire l'état d'une personne qui ne peut plus faire honneur à ses engagements et dont vraisemblablement le passif excède l'actif. C'est la faillite ou plutôt la déconfiture puisque cet état de chose n'était pas régi par une législation spéciale. La raison de cette disposition est simple; on suppose que personne ne peut raisonnablement consentir à prendre pour associé un insolvable, afin de partager avec lui les bénéfices espérés et de supporter seul toutes les pertes. On doit donc assimiler à l'*Egestas* toute situation qui prive l'associé de sa fortune et le met hors d'état de contribuer, pour sa part, aux charges sociales, telle est la *bonorum venditio* (Gaïus, Comment. 3, § 154) vente en bloc du patrimoine d'une personne à la poursuite soit du fisc, soit d'un créancier particulier. Sous Justinien la *bonorum venditio* avait été remplacée en partie par la *publicatio* sorte de confiscation qui, au fond, produisait les mêmes effets. La cession de biens, bénéfice accordé aux débiteurs malheureux qui se libéraient en abandonnant leurs biens à leurs créanciers, dissout aussi la société. Bien entendu, l'associé, cause de la dissolution peut, s'il le veut, reformer une société nouvelle avec ses anciens collègues, l'*Egestas* ne lui ôte pas ce droit, elle dissout seulement la société ancienne qui est réputée n'être plus dans les conditions normales.

Reste un dernier mode de dissolution *et personis* : c'est la renonciation. L'unanimité des sociétaires peut, cela est évident, dissoudre la société soit formellement soit tacitement (L. 64 D. *pro socio*). La preuve sera facile au premier cas ; elle résultera, dans le second des circonstances; mais le contrat peut-il être rompu par la volonté d'un seul, c'est-à-dire un associé peut-il, à sa fantaisie, sortir de la société ? Grave question, car si la liberté humaine a droit au plus grands égards, elle ne saurait aller jusqu'à la négation des engagements pris, jusqu'à la ruine de ceux qui, de bonne foi, ont contracté avec vous. La retraite d'un seul peut rendre impossible la continuation de la société et causer un grave préjudice à tous. La question qui se pose est donc celle de savoir jusqu'où peut aller la liberté des conventions et quel est ici le point précis ou les droits individuels doivent céder devant les droits d'autrui.

Si la durée de la société n'a pas été fixée, on conçoit que chacun puisse se retirer, car nul ne peut engager à perpétuité sa liberté d'action et la société impose, quelquefois, des obligations très-strictes. De plus, la nature même du contrat exige, entre les membres, une confraternité étroite; or peut-on s'engager, vu la variabilité de l'humaine nature, à nourrir à perpétuité de pareils sentiments ? Le premier de ces motifs est parfaitement suffisant, mais le second conduit à cette conséquence que l'on peut se retirer de la société même s'il n'y a qu'un engagement temporaire et c'était la décision des juristes romains. Ils admettaient la retraite d'un associé dans tous les cas, que la société fut contractée pour toujours ou pour un temps déterminé. On voit bien en quoi une disposition pareille sauvegarde la liberté du démissionnaire et respecte ses affections, mais que devient le droit des co-associés ? Les jurisconsultes avaient essayé d'y pourvoir en déclarant que la renonciation devait être faite de bonne foi et non d'une manière intempestive. Mais jusqu'où peut aller le défaut de bonne foi ? Dans quelles circonstances la renonciation sera-t-elle faite à contre temps ? Au lieu d'une règle de droit immuable et absolue nous sommes obligés de recourir à ces appréciations de fait toujours multiples et variables. Ici l'esprit ingénieux des jurisconsultes avait multiplié les espèces. Ainsi l'associé a renoncé afin de garder pour lui le profit d'une entreprise qu'il poursuivait dans l'intérêt commun ; le bénéfice, s'il y en a, sera pour la société ; les pertes, au contraire, resteront au compte du démissionnaire, (L. 65, § 3, D.).

La renonciation est donc frappée d'une nullité relative, c'est-à-dire que les autres sociétaires peuvent annuler ou valider la renonciation selon qu'ils y trouvent leur avantage. De même, si les affaires sociales, après le départ du renonçant, ont donné des bénéfices, le démissionnaire n'y aura aucun droit, tandis qu'on pourrait le forcer à contribuer aux pertes. Cependant, les lois romaines appliquent cette règle de nullité relative seulement à l'opération que le renonçant a voulu ou garder pour lui seul ou laisser à la charge de ses collègues, c'est là seulement qu'il y a fraude et la fraude seule explique la décision qui vient d'être énoncée.

La renonciation est intempestive dit Paul (L. 65 § 5, D.) lorsque les choses ne sont plus entières et qu'il importe à la société que la dissolution soit différée. Lors même que l'associé aurait avantage à se retirer, il doit attendre un moment plus opportun. L'intérêt de la société passe avant celui d'un sociétaire : *Semper enim non id, quod privatim interest unius ex sociis servari solet, sed quod societati expedit.* » Quant à la question d'opportunité, elle est remise à l'appréciation des juges ; ses effets sont les mêmes que ceux déjà décrits au sujet de la renonciation de mauvaise foi, c'est-à-dire que la société peut, suivant son intérêt, tenir la renonciation pour bonne ou pour non-avenue. L'associé, suivant l'expression de Paul, (L. 65, § 3 et 6, D.) *a se socios liberat, non se ab aliis.*

Mais ces mêmes lois qui défendent de mettre obstacle à la faculté de renoncer, permettent de stipuler que chaque associé pourra se retirer à son gré quand même sa retraite serait inopportune. Concession singulière et dont on se gardera bien d'user, car sans l'unité de fait et la continuité d'efforts pour y atteindre, pas de société possible.

La dissolution peut toujours être demandée pour inexécution des conventions ; que cette inexécution soit volontaire comme si l'on manque de faire un apport promis ou que l'on néglige de remplir ses obligations, ou bien qu'elle soit causée par force majeure, par la survenance d'une maladie ou d'une infirmité grave par exemple, car la société ne peut subsister sans une suite continue d'efforts communs et de bons rapports réciproques. Les juges devront donc prononcer la dissolution lorsqu'il sera évident que l'harmonie nécessaire à la prospérité sociale est brisée et que les conditions indispensables à la réalisation du but commun n'ont pas été remplies. Il y a, seulement, deux différences très-sensibles entre le cas où les conditions n'ont pas été remplies par dol et celui où l'inexécution provient de cas fortuits. Dans la première hypothèse, l'associé coupable doit des dommages-intérêts comme châtiment et il ne peut demander la dissolution, ce droit est réservé exclusivement à ses co-associés; dans la seconde hypothèse, il ne peut être question d'infliger une peine puisqu'il n'y a pas de faute et, de plus, la demande en résolution peut être intentée ou par les collègues ou par l'associé cause de la rupture du lien social, c'est du moins ce qui résulte d'une espèce posée par Ulpien (L. 16, D.). La discorde sera aussi une cause suffisante de dissolution (L. 14, D.)

Une disposition d'équité avait été introduite pour le cas de renonciation en l'absence d'un sociétaire. Le gain alors était commun et la perte était personnelle au renonçant et réciproquement le gain fait par l'absent, ou à lui advenu lui était personnel, la perte, au contraire, était commune.

Ajoutons, enfin, que, d'après les lois romaines, la renonciation pouvait être faite par un mandataire et il ne s'agit pas ici d'un mandat spécial, il suffisait d'un mandat général pourvu qu'on n'y eut pas introduit une clause prohibant la renonciation. De même la renonciation peut être valablement signifiée au mandataire d'un associé absent, elle a, dans ce cas, la même valeur que si elle avait été faite à lui-même, pourvu toutefois qu'elle ait été ratifiée par le mandataire (L. 68, § 8, D.)

Modes de dissolution : ex rebus. — La société se dissout forcément lorsqu'elle est devenue sans objet et, par conséquent, lorsque périt la chose dont l'exploitation avait été le but de la formation du contrat. Nous devons

assimiler à la perte matérielle, à la destruction, la transformation de la chose lorsque cette transformation a eu
pour effet de la faire sortir du commerce, c'est-à-dire la
rendre non susceptible de propriété privée ce qui arrive
lorsqu'elle devient religieuse ou sacrée ; la confiscation
produit encore le même effet. S'il y a plusieurs objets
dans la société, la destruction de l'un n'entraînerait
pas dissolution à moins que cet objet ne fut indispensable à la continuation de la société ou constituât
l'apport entier d'un associé, car alors une des conditions
de la formation du contrat fait défaut, puisque l'un des sociétaires n'a pas fourni d'apport. Il faut supposer que l'objet
a péri avant la mise en société, car après l'apport il est
devenu propriété de tous et alors ou cet objet est seul ou
il y en a d'autres. Dans l'une ou l'autre de ces hypothèses,
il y a lieu d'appliquer ce qui a été dit précédemment.

Si l'usufruit seulement avait été mis en société même
décision, bien qu'ici la propriété reste au sociétaire qui a
fait l'apport. Si la jouissance de cet objet était le seul but
de la société, l'objet détruit, la société n'aurait plus de
raison d'être ; s'il y avait plusieurs objets, la perte de l'un
n'altérerait pas le contrat.

L'arrivée de la condition dissout *ipso jure* et forcément
la société fondée sous condition résolutoire.

L'accomplissement du but en vue duquel avait été
formée la société est aussi une cause de dissolution. Quelques marchands se sont unis pour une entreprise de commerce ; la négociation menée à bonne fin, la société

n'existe plus, car elle n'a plus de raison d'être. Les sociétaires gardant toujours le droit d'en créer une nouvelle, ou semblable, ou ayant des attributions différentes.

Quand la société est créée pour durer jusqu'à une certaine époque, la dissolution n'a pas lieu de plein droit au terme indiqué, l'arrivée de ce terme permet seulement à chacun des sociétaires de faire prononcer, ou plutôt constater la dissolution. Mais on ne saurait, en pareil cas, parler d'inopportunité ni de mauvaise foi.

Modes de dissolution: ex actione. — Ce mode de dissolution est indiqué dans deux lois du Digeste (L. 63, § 10, et L. 65, D.). Mais il est difficile de comprendre le sens exact de cette expression. Ulpien, auteur de la première loi, ne donne aucune explication ; il se borne à dire que la société se dissout « *si actio interierit.* » Paul ajoute quelques développements à la décision posée dans la loi 65. Suivant lui, la société est dissoute *ex actione* lorsqu'il y a novation ou litis contestation. Ce sont deux modes d'extinction des obligations romaines, modes particuliers au droit romain et qui exigent quelques explications.

L'obligation est un lien de droit qui lie une personne ou plusieurs envers d'autres. Celle qui peut obliger, la créancière, a droit ou d'exiger l'accomplissement de l'obligation ou d'en faire remise, elle peut aussi renoncer à son ancienne obligation et en accepter une nouvelle au lieu et place de celle-là; c'est ce qu'on appelle la *novation*. Par le fait seul de la novation, l'ancienne obligation est éteinte. Si donc les associés ont changé la nature du lien qui les unissait, si, par exemple, il est convenu que je continuerai comme employé l'œuvre que j'avais entreprise comme associé, il est bien évident que la société est dissoute.

Quant à la *litis contestatio*, il y avait là un effet de droit propre aux lois romaines. Lorsque deux parties se présentaient en justice et que leur affaire était en état d'être jugée, — état que l'on désignait sous le nom de *litis contestatio*, — le droit en litige cessait d'exister et était de suite remplacé par un autre ; le droit pour les parties d'obtenir une décision judiciaire. Ce second droit faisait bientôt place à une troisième qui naissait du jugement, lequel attribuait à l'un des contestants soit la propriété soit la créance en litige. La *litis contestatio* avait donc pour effet d'éteindre l'obligation ancienne, elle produisait le même effet que la novation. Seulement, il est impossible de concevoir comment ce mode d'extinction des créances a aussi le pouvoir d'anéantir la société à moins que l'on ne suppose — et rien n'autorise à restreindre ainsi la portée de la loi 65 — qu'il s'agissait dans l'espèce d'une demande totale en reddition de comptes, c'est-à-dire d'une action tendant à dissoudre la société.

CHAPITRE V

Droits et obligations des héritiers d'un sociétaire

Lorsqu'une personne vient à mourir, elle laisse derrière elle non seulement des biens inertes, mais des droits acquis ou éventuels et des devoirs qu'elle s'était engagée à remplir. Il faut, pour exercer ces droits et remplir ces obligations, une personne nouvelle qui endosse, pour ainsi dire, la personnalité juridique de celle qui vient de disparaître. D'où la nécessité d'un successeur ou héritier dont la plus grande utilité, aux yeux de la loi, n'est pas de recueillir la fortune du défunt, mais de faire valoir ses créances et surtout de répondre aux actions qui devaient être dirigées contre lui. Quelle est, en matière de société, la situation d'un héritier ?

Écartons, tout d'abord, le cas, assez rare, où l'héritier prend dans la société la place de celui auquel il succède, et voyons la situation ordinaire. La société, par le fait de la mort d'un de ses membres, est dissoute, sinon totalement, au moins à l'égard de celui qui vient de disparaître, c'est-à-dire à l'égard de ses héritiers. Il faut, alors, distinguer entre les actes accomplis avant le décès et les actes survenus postérieurement.

Les premiers sont des faits acquis sur lesquels la mort

5

de l'associé ne peut avoir aucune influence. Toutes les actions actives ou passives qu'ils engendrent passent aux héritiers (L. 65, § 9, D.). Il y aura une sorte de liquidation partielle, à la suite de laquelle les héritiers recevront tout ce qu'aurait eu leur auteur, si la société avait été dissoute entièrement, c'est-à-dire sa part du fonds social et sa portion de bénéfices. Par contre, ils devront, s'il y a lieu, contribuer aux pertes, comme y aurait contribué celui qu'ils représentent.

Quant aux actes survenus après le décès, il en est autrement. Le défunt peut avoir commencé une opération avant sa mort, ses héritiers sont tenus de l'achever sauf s'ils sont réputés incapables. Ainsi cette obligation n'existe pas à l'égard des mineurs, des femmes, elle cesse même à l'égard des héritiers quels qu'ils soient, lorsque le défunt remplissait une fonction exigeant des capacités spéciales. Les héritiers, dans ce dernier cas, sont tenus seulement de faire connaître le décès de leur auteur aux autres membres de la société, et de pourvoir, en attendant, à ce qu'exigent les circonstances.

Les bénéfices et les pertes de l'opération conduite à fin par les soins de l'héritier seront communiqués, et l'on considère le début et non la fin de l'opération (L. 21, § 2, D.). Mais ceci ne s'entend que de ce qui était commencé ; les héritiers ne doivent rien entreprendre de nouveau.

Il peut y avoir, lors du décès, des entreprises commencées par des associés autres que le défunt, les héritiers ont droit aux bénéfices résultant de ces entreprises, mais seulement à ceux qui sont une suite nécessaire de ce qui avait précédé la mort (L. 65, § 2, et L. 68, § 8, D.). Quant aux fruits produits par la chose commune, on doit les partager entre tous. Les fruits d'une chose, dont la jouissance seule était mise en société, appartiennent du jour du décès, au propriétaire de cette chose, puisque, dès ce moment, la société n'existe plus. — Inutile d'ajouter qu'il faut dire des pertes ce que nous avons dit des bénéfices.

Nous avons supposé, jusqu'ici, des actes commencés par les autres associés avant le décès de leur collègue, que doit-on dire des actes qui ont été faits après ce décès ? On appliquera les règles du mandat. Si les associés ont agi dans l'ignorance de la mort, l'opération nuit ou profite aux héritiers (L. 65, § 10, D.), sinon elle n'a aucun effet à leur égard.

Ce que nous venons de dire de l'effet, des actes accomplis après la mort du sociétaire à l'égard des héritiers, est vrai aussi de ces mêmes actes en ce qui concerne les tiers. Rigoureusement, la société n'existant plus, les tiers ne devraient avoir affaire qu'à un individu et non à un groupe. Ainsi, celui qui, dans ces conditions, a traité avec le gérant au nom de la société, devrait n'avoir de recours que contre ce gérant seul et non contre ceux qui lui ont donné pouvoir. Mais, à cause de la bonne foi qui doit régner dans toute opération, et dans l'intérêt même de la société dont le crédit serait fort ébranlé si un événement tout intérieur devait diminuer les sûretés des créanciers, on décidait que les contrats passés avec des tiers, ignorant la dissolution, sont aussi valablement faits que si la dissolution ne s'était pas produite. Pour eux, la société reste entière, et, par suite, ils ont actions contre les héritiers, de même que les héritiers ont leur part de la créance existant contre ces tiers.

CHAPITRE VI

Actions qui naissent du contrat de société

Nous avons terminé ce qui concerne les règles sur la constitution, lés modes de fonctionnement et de dissolution du contrat qui faisaient l'objet de notre étude; il reste à parler de la manière dont les sociétaires doivent agir pour faire reconnaître, en justice, les droits qu'ils ont, ou croient avoir contre leurs co-associés.

Dans notre droit moderne, ces questions sont agitées à part et contenues dans un document législatif spécial, le Code de procédure. Les Romains traitaient toujours de la manière de faire valoir ses droits après avoir traité des droits eux-mêmes ; la procédure au lieu d'être à part, comme dans notre droit, faisait partie de leur Code civil ou plutôt les distinctions que nous avons introduites entre es diverses sortes de Codes civil, pénal, etc., et entre les divers ordres de juridictions administrative, commerciale, etc., n'existaient pas à Rome ; il n'y avait qu'une loi et qu'une juridiction organisée de la manière suivante.

Dans les premiers temps, la justice était rendue par les magistrats chargés de l'administration politique, Consuls et Préteurs, comme celà se voit dans toutes les sociétés naissantes. La manière d'agir, la procédure comme nous dirions aujourd'hui, était compliquée de formes strictes et obscures. Les patriciens connaissaient seuls ces formes, en sorte que les plébéiens étaient obligés de recourir à eux, moyen sûr de reserrer les liens qui unissaient les clients aux patrons. Mais, à mesure que le pouvoir de l'aristocratie diminuait, les formes anciennes tendaient aussi à disparaître. L'exemple des étrangers que l'on jugeait d'après l'équité naturelle, puisque le droit strict était réservé aux citoyens, concourut aussi à diminuer les rigueurs de la vieille législation quiritaire. D'autre part, les consuls, absorbés par les soins de la politique, étaient obligés de négliger leurs fonctions de juge précisément lorsque l'accroissement de la population et l'extension des affaires multipliaient les procès. C'est ainsi que, par degrés, on arriva à la procédure dite *Formulaire.*

On distingua d'une façon très-nette, la *position* et le *jugement* d'une affaire. Le juge de la position était le préteur, c'est devant lui qu'on se présentait d'abord. La nature de l'affaire bien déterminée et le point en litige bien constaté, le préteur renvoyait les parties devant un jury avec une formule (d'où le nom de procédure formulaire) indiquant la question à juger. « S'il y a eu vente et que A, l'acheteur, ait payé B le vendeur, attribuez l'objet en litige à A, sinon renvoyez-le. » Et, afin de donner plus de facilités aux plaideurs, les préteurs avaient fini par exposer sur un tableau nommé l'Album la liste de toutes les formules ou actions (les deux mots avaient fini par exprimer la même chose) qui pouvaient être délivrées. On comprend que le choix de ces formules était d'une grande importance. Si, par exemple, on avait à faire reconnaître l'existence d'une convention considérée comme vente par la loi et que l'on demandat une formule relative au louage, on perdait son procès, car avant d'examiner si la convention existait réellement, le jury avait à résoudre une première question : la convention dont il s'agit, à la supposer fondée, continue-t-elle une vente? Or, dans notre espèce, il devrait répondre négativement. Voilà pourquoi les lois romaines, après avoir traité un sujet quelconque, parlaient, aussitôt après, de l'Action (ou des Actions) dont il convenait de se servir. Quelles sont donc les actions relatives au contrat de société, voilà ce que nous allons examiner.

En général, tout contrat donne naissance à deux actions de même nature, mais diverses dans leurs effets; le vendeur n'a pas la même action que l'acheteur parce que leurs obligations sont différentes. En matière de société, au contraire, les associés, ayant tous des droits et des devoirs semblables, il n'y a qu'une seule et même action pour tous: l'action : *Pro Socio*. Mais, remarquons-le bien, cette action n'est donnée que s'il y a vraiment société et non un état se rapprochant de la société. Deux personnes ont acheté une chose en commun, mais non pour la garder, elles se sont unies seulement pour éviter la surenchère. Suivant les jurisconsultes romains, il y avait là communauté, non société, donc pas d'action *Pro socio*. Un incapable (mineur non autorisé par exemple) agit en commun avec un majeur ; il n'y a pas contrat

puisque la capacité de contracter fait défaut ; il y a un
état de fait qui donne lieu à une action spéciale dite de
gestion d'affaire. Au seul contrat de société est réservée
l'action *Pro Socio*.

A QUI ET CONTRE QUI EST DONNÉ L'ACTION PRO SOCIO

Elle appartient à chacun des membres de la société
contre tous les autres. Mais elle doit être dirigée contre
la personne que l'on avait en vue lorsqu'on a fait le contrat. Si, par exemple, j'ai fait société avec un fils qui a
contracté par l'ordre de son père (la famille romaine
était un agrégation juridique et politique accordant au
père des droits très-grands et imposant aux enfants une
soumission très-étroite) c'est contre le père que je devrais
intenter l'action. De même, si celui qui s'est engagé
envers moi était simple mandataire, c'est contre son
mandant et non contre lui que j'agirai. On ne peut pas
non plus agir indifféremment contre le premier venu
parmi ses associés. Je suis créancier de la société, moi,
sociétaire, je devrai agir contre celui de mes collègues
qui détient le fonds social et c'est, seulement, lorsque
j'aurais été payé, que les autres pourront, à leur tour,
actionner ce même détenteur pour obtenir ce qui doit
leur revenir, la société étant dissoute. (L. 65, § 14 D),

La même action *Pro socio* est donnée à l'héritier de
l'associé ou contre lui. J'ai dit, plus haut, dans quel
cas l'héritier peut agir contre les sociétaires ou être
actionné par eux,

QUAND PEUT ÊTRE INTENTÉE L'ACTION PRO SOCIO

Le plus souvent, l'action *pro socio* est intentée à la dissolution de la société pour faire rendre des comptes. Elle est aussi employée fréquemment pour obtenir la dissolution de la société; nous l'avons vu à propos des modes de dissolution *ex actione*. Mais cette action sert aussi, pendant la société, pour obliger un des membres à exécuter les obligations qui dérivent du contrat; comme à effectuer son apport; à partager le gain qu'il a réalisé dans l'opération commune; à laisser ses co-associés jouir de la chose sociale ; à exécuter les clauses du contrat ; en un mot, il suffit de se reporter au chapitre relatif aux engagements des sociétaires entre eux; pas une obligation qui ne soit garantie par l'action *Pro Socio*.

Si plusieurs personnes ont formé entre elles plusieurs sociétés distinctes, l'une de ces personnes peut-elle agir contre les autres et leur réclamer, par une seule action, l'exécution des obligations résultant des diverses sociétés qui existent entre elles? Oui, répondaient les jurisconsultes. L'action *Pro Socio* est, en effet, une action de bonne foi, on doit donc lui donner toute l'étendue que comporte cette qualification. Ceci, toutefois, est une pure faculté, on peut, si on le préfère, intenter autant de fois l'action qu'il y a de sociétés distinctes.

Ici se pose, incidemment, une question, toute spéciale aussi à la législation romaine, celle de savoir quelle ac-

tion on doit donner pour assurer l'exécution des pactes
joints au contrat de société. Voici ce qu'étaient ces pactes.
On nomme convention tout accord de volonté. Mais, pour
produire des obligations, il faut que la convention soit
reconnue par la loi. Elle prend, alors, le nom de contrat;
les conventions non reconnues sont de simples pactes. Les
contrats seuls sont pourvus d'action, ainsi le contrat de
société a l'action *Pro socio* ; quant aux pactes, ils n'obligent pas, suivant la rigueur du droit, donc ne sont revêtus
d'aucune sanction. Mais on avait décidé, peu à peu, que si
ces pactes étaient ajoutés à un contrat de bonne foi au
moment même de sa formation, ils seraient revêtus de
l'action qui garantissait l'exécution du contrat lui-même.
— Pour ces pactes donc pas de doute. Ainsi, une société
avait été formée et l'on était convenu que les parts seraient
reparties d'une certaine manière; voilà un pacte joint, de
suite ou *in continenti* ; on aura l'action *Pro socio* pour
le faire exécuter. Il y avait moins de certitude relativement aux pactes ajoutés après coup. Qu'il suffise de faire
connaître la règle générale en cette matière; la jurisprudence accordait une action à ces sortes de pactes lorsqu'ils
avaient reçu, de part ou d'autre, un commencement
d'exécution; c'était alors une action dite: *In factum* ou
de fait parce que le point de droit , s'il y a eu vente, s'il y a
eu louage etc. ne s'y trouvait pas. De plus, les préteurs qui
rendaient, comme nos anciens parlements, des décisions
législatives aussi bien que des décisions judiciaires,
avaient revêtu d'actions spéciales quelques-uns de ces

pactes. Les empereurs avaient fait de même dans leurs Constitutions (nos décrets actuels); les autres pactes restaient sans actions.

La principale action, en matière de société, est donc l'action *pro socio*, mais ce n'est pas la seule, on peut en avoir d'autres aussi. Et tout d'abord, l'action *communi dividundo* qui sert, ainsi que son nom l'indique, à obtenir le partage d'une chose commune, appartient à tout associé qui veut se faire délivrer sa part d'une chose sociale, il s'agit, par exemple, d'un objet ou d'une somme d'argent acquis par un associé ; les autres veulent obliger ce dernier à le leur communiquer.

Quelquefois, on peut employer, à son choix, ou l'action *pro socio* ou l'action *communi dividundo*, comme dans l'hypothèse qui vient d'être posée. Dans ce cas, l'usage d'une action, dit Proculus (L 38, § 1, D.) éteindra l'autre. Ce qu'il faut entendre en ce sens qu'on ne pourra, au moyen de l'une de ces actions, obtenir ce que l'on a déjà eu avec l'autre. On peut, après avoir usé de l'une de ces actions, intenter l'autre aussi (L. 43, D.), mais à condition de ne demander que ce que l'on n'avait pas déjà obtenu au moyen de la première. Par exemple, on intente l'action *pro socio* pour mettre fin à la société, puis, cette société dissoute, on intente l'action *communi dividundo* afin d'obtenir sa part du fonds social. Cette action ne fait pas double emploi avec la première, comme cela aurait lieu, si l'on avait déjà, par l'action *pro socio*, demandé le partage du fonds social en même temps que la dissolution de la société.

Il arrive, aussi, que l'on ne peut employer que l'une de ces deux actions. Exemple : L'action *communi dividundo* est très-suffisante pour obtenir le partage d'un objet matériel, mais elle est impuissante à donner le moyen de partager un droit incorporel, une créance ; l'action *pro socio* peut seule faire obtenir ce résultat. En effet, la société n'étant pas personne morale, toute obligation est contractée par un associé individuellement, il n'y a donc pas chose commune, conséquemment il ne peut être question de partage ; or, le seul but de l'action *communi dividundo* est de partager une chose commune. L'action *pro socio*, au contraire, permet de contraindre tout associé à faire raison à ses collègues de ce qu'il leur doit par suite du contrat qui les lie tous.

A l'inverse, on peut, au moyen de l'action *communi dividundo*, obtenir un résultat que l'on n'obtiendrait pas par l'action *pro socio*. — Il s'agit de faire attribuer à l'un des associés une portion, en nature, de la chose commune. L'action *communi dividundo* permet seule au juge d'attribuer ainsi la propriété d'une chose. L'action *pro socio* peut bien entraîner une condamnation, mais jamais une attribution de propriété.

L'action *pro socio* peut concourir aussi avec une action de la *Loi Aquilia*. Cette action était donnée contre quiconque avait, par son fait et sans droit, causé un préjudice matériel en tuant ou blessant un homme ou un animal quelconque. Si donc un associé a tué ou estropié un animal qui était propriété commune, il est tenu de l'ac-

tion résultant de la loi Aquilia (L. 47, § 1, D.): S'il a
lésé par là l'intérêt social (et il est difficile qu'en mettant
hors d'usage un esclave ou un animal commun il ne nuise
pas à la société) on a, à la fois, contre lui et l'action de la
loi Aquilia et l'action *pro socio*. Toujours avec cette condition que l'on ne peut obtenir par l'une ce que l'on a
déjà obtenu par l'autre. Si donc on a d'abord usé de l'action *pro socio* pour obtenir une somme représentant le
dommage causé, on peut, ensuite, intenter l'action Aquilia
parce que cette action oblige celui contre qui elle est dirigée à payer, comme châtiment, une somme double du
dommage, tandis que si l'on a, d'abord, intenté l'action
Aquilia on ne peut plus, ensuite, agir de ce chef par l'action *pro socio*.

Il peut encore arriver que l'action *pro socio* concoure
avec l'action *Furti* et la *Condictio furtiva*. Ces deux actions sont données au cas de vol contre le ravisseur d'un
objet quelconque (en droit romain le mot vol ne s'appliquant qu'au rapt; on ne volait que des objets mobiliers),
par conséquent contre tout associé qui déroberait une
chose commune. Nous l'avons dit, à cause de la fraternité qui préside aux relations des associés, on ne présumera pas facilement le vol, mais enfin il peut être prouvé.
On aura, alors, ces deux actions, l'action *furti* qui assure
au plaignant la chose et une indemnité représentant plusieurs fois la valeur de cette chose et la *condictio furtiva*
qui fait obtenir seulement la restitution de l'objet. On
peut, aussi, arriver à ce même but au moyen de l'action

pro socio. — Seulement on peut, après avoir intenté celle-ci, agir encore par l'action *furti* parce qu'elle vous assure davantage, tandis qu'on ne peut, après avoir usé de l'action *furti* où de la *condictio furtiva*, intenter encore l'action *pro socio* car elle ne donnerait rien au delà de ce que l'on a déjà obtenu.

On peut, aussi, dans un certain cas, agir ou par l'action *pro socio* ou par la loi de Marc-Aurèle. Voici ce que cette loi avait prévu. Un sociétaire répare un édifice commun, il le répare à ses frais. Il peut alors, au moyen de l'action spéciale créée par la loi de Marc-Aurèle, agir contre ses co-associés pour être payé de ses dépenses plus les intérêts ; l'action est munie d'un privilége qui le fera passer avant les créanciers personnels des autres associés.

S'il n'est pas payé au bout de quatre mois, il devient propriétaire de l'édifice restauré. Cette loi est faite dans le but évident d'avantager l'associé ; mais, comme il préfère ra peut-être une somme d'argent à la propriété d'une maison, il peut intenter l'action *pro socio* au moyen de laquelle le juge condamnera ses co-associés à lui payer ce qui, d'après son estimation, représentera la valeur des dépenses faites et la perte subie par le sociétaire qui a, pendant un certain temps, été privé de ses fonds.

Enfin, une dernière action concourt avec la *pro socio* c'est la *condictio ex lege*. Nous avons dit que le contrat de société se formait, à Rome, par le seul consentement des parties, contrairement à ce qui avait lieu pour la plupart des autres contrats où l'on exigeait un engagement en termes solennels. Les parties pouvaient, bien que ce ne fut pas indispensable, se lier avant d'entrer en société, par de semblables promesses; elles s'engageaient réciproquement à remplir certaines conditions et de cet engagement naissait une action spéciale, *la condictio ex lege*. (Savigny, *Oblig.* 572). Comme cela n'empêchait pas qu'il n'y eut société consensuelle, on avait deux actions : *pro socio* et *condictio ex lege*, seulement la première de ces actions était beaucoup plus large que la seconde, car on obtenait, au moyen de l'action *pro socio*, tout ce qui rentrait dans les obligations résultant de la société, tandis que l'on ne pouvait réclamer, avec la seconde, que la stricte exécution des promesses faites par l'autre partie au début.

Il ne me reste plus, pour avoir épuisé la matière, qu'à parler d'une disposition, toute spéciale aussi, aux lois romaines et désignée par les commentateurs sous le nom bizarre et très-barbare de *bénéfice de compétence.*

La douceur, la fraternité devant servir de règles aux rapports des sociétaires entre eux, on voulait que cette disposition se fit sentir jusque dans la condamnation prononcée contre un associé et, au lieu de faire exécuter la sentence rendue avec toute la rigueur qu'exigeaient d'ordinaire les lois, on ne condamnait l'associé que : *in id quod facere poterat*, c'est-à-dire dans la mesure de ses moyens. Mais ce bénéfice était refusé à celui qui niait sa qualité d'associé ou qui avait diverti ses biens pour ne pas payer. (L. 63, 57 et 67, D.) Le bénéfice est accordé au sociétaire malheureux et non au coupable de dol ou de fraude.

Ce bénéfice est personnel à l'associé puisqu'il découle de l'obligation de fraternité, obligation restreinte aux seuls membres de la société. Donc ni la caution ni le fidéjusseur (garant) de l'associé, ni ses héritiers ne peuvent l'invoquer. La caution et le fidéjusseur ont contracté une obligation et doivent la remplir. A quel titre réclameraient-ils un adoucissement? ils ne sont pas associés. Même raison pour l'héritier ; en acceptant la succession du sociétaire, il n'a pas dû compter sur une faveur personnelle à ce dernier.

Mais quand il y a lieu d'accorder ce bénéfice, comment se calculent les ressources de l'associé débiteur et le montant de la condamnation qui peut être prononcée contre lui? Le juge apprécie et il ne considère, pour cela, que l'actif brut de l'associé sans se préoccuper des dettes autres que les dettes sociales (L. 63, § 3 D.). Le juge se place, pour rechercher quelles sont les facultés de l'associé poursuivi, au jour où est rendue la sentence.

Dans cette estimation, on tient compte des diminutions de patrimoine survenues par faute, c'est-à-dire par simple négligence, mais on ne tient pas compte des diminutions survenues par dol. Ainsi, on considère les biens comme contenant encore ce qui a disparu par suite de fraude. Au contraire, s'il n'y a que faute on considérera le patrimoine dans son état actuel. Quand y a-t-il faute ou dol, en d'autres termes quelle est la limite qui sépare le dol de la faute? Ceci est laissé à l'appréciation des juges.

Une dernière observation. Le bénéfice de compétence libérait bien l'associé qui en était l'objet pour le présent, mais non pour l'avenir ; il restait donc tenu des obligations existantes sur les biens qui pouvaient postérieurement lui advenir. Mais la fraternité, suite naturelle du contrat, intervenait encore et on se contentait, pour garantie, de sa parole seule et sans que les créanciers pussent exiger de caution (L. 63, § 4, D.).

Nous avons achevé l'examen du contrat de société à Rome. Nous retrouverons une grande partie des règles qui viennent d'être exposées lorsque nous traiterons du droit civil français ; nous aurons à constater, aussi, quelques différences provenant de la diversité des mœurs et des besoins, ainsi que de la création d'un état de choses inconnu aux vieux jurisconsultes romains.

6

DES

ASSOCIATIONS OUVRIÈRES

ET

DE LEUR SITUATION LÉGALE EN FRANCE

EN DROIT FRANÇAIS

PREMIÈRE PARTIE

CE QUE C'EST QUE L'ASSOCIATION OUVRIÈRE

CHAPITRE I

Association industrielle

Les idées d'association sont aujourd'hui assez répandues parmi les ouvriers. La plupart du temps, ils ne se rendent pas bien compte des difficultés pratiques que présentent leur mise en exécution, mais l'indépendance, suite naturelle de l'association, est un idéal que les plus intelligents et les plus courageux tentent volontiers de transformer en réalité.

Les conditions à remplir pour arriver à ce résultat sont nombreuses. Il faut d'abord, la société étant avant tout société de personnes, que les futurs associés se connaissent bien entre eux, afin de ne compter que des hommes probes et capables et, aussi, afin de bien s'entendre, car l'union est indispensable pour réussir. Ensuite, il faut posséder un petit capital ; plusieurs sociétés se sont fondées sans cela, mais ce sont des exceptions et quand on commence, il faut mettre de son côté le plus de chances possible. Enfin il faut savoir à qui l'on confiera la direction de la société et de quelle manière la gestion doit être conduite. Pour y arriver, il est indispensable que les ouvriers disposés à s'associer commencent par former une société d'épargne. Tous restent dans leurs ateliers respectifs mais versent, chaque semaine, une certaine somme entre les mains de l'un d'eux chargé de la comptabilité. Les épargnes ainsi faites sont déposées dans une banque quelconque jusqu'au jour où elles sont assez nombreuses pour permettre à l'association de s'établir. Mais, tous ceux qui composaient, au début, la société d'épargne ne se trouveront pas à l'ouverture de l'atelier social ; les gens tièdes et peu consistants seront restés en route ; on aura moins de membres, on en aura de meilleurs. Puis, les sociétaires auront eu déjà un petit patrimoine à gérer, ils auront eu des assemblées, des discussions, ils sauront mieux ce qu'ils vont entreprendre et quelles difficultés ils doivent s'attendre à rencontrer ; il se sera révélé des aptitudes pour la direction du travail ou pour la gestion antérieure, et on risquera moins de faire un choix indigne. En un mot on agira en connaissance de cause (1).

Quelquefois, les associations suivent une autre voie. On réunit un petit capital et quelques sociétaires désignés par leurs camarades ou tirés au sort s'établissent de suite, tandis que les autres continuent à travailler chez leurs patrons. Puis, à mesure que les opérations s'étendent et que le travail augmente, ces derniers vont peu à peu rejoindre leurs camarades dans l'atelier social. C'est ainsi qu'à procédé notamment l'association des mégissiers qui est très-florissante aujourd'hui. Il faut ajouter cependant, que cette société était, au début, composée presque uniquement de contre-maîtres. L'autre voie est plus lente, mais elle est aussi plus sûre ; on évite ainsi bien des déceptions.

Est-il avantageux, dans l'intérêt même de la société, de lui faire des avances de fonds pour les débuts ? Les deux expériences tentées dans ce sens, l'une en 1848 avec les fonds de l'État, l'autre en 1863 avec l'argent des particuliers, semblent bien concluantes. Les fonds avancés ont été presque tous perdus pour les prêteurs, et les sociétés fondées ainsi n'ont pas d'ordinaire réussi aussi bien que celles qui ont commencé avec leurs propres ressources (2).

(1) La banque du crédit au travail imposait un stage de ce genre à toute société qui voulait lui emprunter des fonds ; elle ne fournissait pas tout le capital nécessaire aux débuts. Le moyen, d'ailleurs, n'avait pas été imaginé en 1863, l'*Atelier* le préconisait vingt trois ans auparavant.

(2) Lors de sa dissolution, la banque du Crédit au travail avait prêté à quarante-neuf associations. Sur ce chiffre, neuf ont tout

Que l'on fournisse à la société son capital de roulement, c'est-à-dire qu'on lui escompte ses effets, rien de mieux; c'est vraiment là l'utilité d'une banque populaire, mais le prêt direct ne doit être qu'accidentel et fait seulement aux sociétés existantes. Une association doit se fonder avec ses ressources; on n'apprécie que ce que l'on a édifié soi-même avec du temps et de la peine.

On doit ajouter aussi que toutes les sortes de métier ne sont pas propres à l'association au moins (je désire qu'on ne perde pas de vue cette restriction) dans les circonstances actuelles. Elle n'est guère possible que dans les professions qui exigent peu d'avances de capitaux, tailleurs, cordonniers, etc. Dans les états qui nécessitent de vastes ateliers et de puissantes machines, il n'y a de possible, actuellement, qu'une société entre ouvriers et patrons, le maître de l'usine intéressant ses ouvriers et leur donnant une part dans la propriété de l'établissement et, par suite, des bénéfices, ainsi que cela se pratique déjà en Angleterre.

Deux choses sont indispensables à la constitution d'une société: les ouvriers et les instruments de travail, le personnel et le capital; occupons-nous donc successivement de ces deux éléments.

Personnel. Le personnel est le premier et le plus nécessaire, car c'est lui qui met en œuvre le capital. Les asso-

rendu. Dix n'ont pas rendu et ne rendront pas: elles n'existent plus. Dix-huit doivent encore, mais ces créances sont fort aventurées, au moins pour partie.

ciés doivent donc avoir grand soin de se bien connaître
et c'est là, peut-être, le plus grand avantage du stage dont
je parlais précédemment. Le nombre des membres varie
beaucoup: la société des bijoutiers en doré n'en compte
que 8, celle des tailleurs (de la rue Turbigo) en a plus de
200, et il ne paraît pas que l'entente et la concorde soient
moins faciles avec un grand nombre qu'avec quelques-
uns seulement.(1)

Il est plus facile de commencer entre peu d'associés,
car les sacrifices qui sont souvent alors nécessaires exigent
une résolution et une entente qui sont rares; mais une
fois la société établie, le grand nombre des sociétaires.
n'est pas un obstacle à son déloppement et à son succès.

L'association étant essentiellement libre et volontaire,
on doit pouvoir se retirer à volonté et c'est ce qui a toujours lieu; le capital seul ne peut être retiré ainsi.
De même la société doit être ouverte, lorsque le travail à exécuter dépasse les forces des membres anciens; on doit y pourvoir en appelant de nouveaux
sociétaires. Mais il peut arriver que l'on ne rencontre personne digne d'être reçu dans la société, on ne

(1) Un des membres de cette dernière société qui a déjà fait
partie de plusieurs autres me disait : « L'expérience me fait croire
que l'association est plus facile avec deux cents associés qu'avec
cinq ou six. Dans ce dernier cas, chacun veut gouverner; c'est
un tiraillement perpétuel. (Il y a cependant de telles sociétés qui
vont bien). Dans la première hypothèse, au contraire, le pouvoir
est à l'assemblée générale où le bons sens de la masse l'emporte
toujours sur les idées de quelques ambitieux ou exagérés. » Mais
très-peu participent alors à la direction, autre inconvénient.

peut cependant refuser pour cela les commandes: puis, il
y a des moments de presse exceptionnels; or on ne peut
prendre des associés pour un mois, pour huit jours. On
emploie alors des ouvriers salariés travaillant au compte
de l'association comme ils travailleraient pour un patron;
on leur donne le nom d'*auxiliaires*.

On comprend que l'association ayant précisément
pour but de transformer la condition des travailleurs en
supprimant le salariat, l'emploi des auxiliaires ne doit
être qu'exceptionnel : Malheureusement, il est devenu
habituel et permanent dans beaucoup de sociétés et dans
quelques-unes le nombre des auxiliaires égale et dépasse
même celui des associés. (1) — Ces sociétés se sont *fer-
mées*, c'est-à dire qu'elles ne reçoivent plus personne.
Et dans ce nombre figurent plusieurs sociétés dont les
débuts avaient été difficiles et qui n'avaient réussi que
grâce à la patiente énergie de leurs membres (2). Ces
hommes qui ont été héroïques dans l'adversité, se
montrent égoïstes et personnels dans le succès prouvant
ainsi qu'il est moins difficile de supporter le malheur que

---

(1) La Société des maçons, par exemple, compte 80 membres et
plus de deux cents auxiliaires. La société des fabricants de voi-
tures comptait lorsque je l'ai visitée il y a deux ans, 11 associés et
70 auxiliaires.

(2) Je sais bien que les sociétés qui sont dans ce cas protestent
toutes du contraire. Leurs statuts, en effet, permettent de présenter
de nouveaux membres, mais on refuse tous ceux qui se présentent
et souvent sans avoir rien à leur reprocher. — J'ajoute que
je serai très-heureux d'être démenti, mais je voudrais l'être
par des faits, non par des paroles.

la bonne fortune. Quoi, dira-t-on, ces hommes devraient partager les fruits de leurs peines avec ceux qui ne les ont pas supportées? — Eh! que devient le principe sans cela? Pourquoi ces travailleurs sont-ils entrés en association, pour faire fortune ou pour servir une cause juste? Dans le premier cas, qu'ils cessent de se dire association ouvrière et d'en invoquer les principes, mais qu'ils se souviennent aussi qu'ils ont été souvent aidés, eux qui refusent aujourd'hui d'aider les autres, et par des camarades et par des hommes qui, sans être travailleurs manuels, les ont assisté d'argent et de conseils autant qu'ils le pouvaient. — Si au contraire, ils se sont associés pour faire triompher un principe et prêcher d'exemple, que leur reste-t-il à faire aujourd'hui qu'ils sont parvenus à l'indépendance sinon d'aider les autres à y arriver aussi et de se souvenir que l'effet d'une situation plus prospère est d'imposer de plus grands devoirs? — Mais que ces hommes deviennent, à présent qu'ils jouissent des bienfaits de l'association, société de patrons, qu'ils exploitent à leur tour le travail des salariés, voilà, certes, un exemple bien plus funeste pour l'idée que les accusations les plus injustes et les attaques les plus passionnées. Car ce qui nuit à une cause, ce ne sont point les aggressions ni les violences dirigées contre elle, c'est la désertion des principes par ses adhérents et leur mépris du devoir; or voilà ce que nous trouvons ici.

Dans les sociétés ouvertes, voici quelles sont les règles relatives à la réception de nouveaux membres. Les postulants sont présentés par un ou plusieurs anciens, qui répondent de leur capacité et de leur moralité, souvent on ajoute à cela une enquête faite par le conseil de la société, quelquefois aussi cette enquête remplace la présentation. Toujours on impose au postulant un stage dequelques mois, et, au bout de ce temps, on prononce sur son admisson en assemblée générale. Toutes ces précautions ont pour but de ne recevoir dans la société, que des membres capables et les ouvriers se montrent ordinairement très-rigoureux sur les qualités requises.

On peut, toujours, sortir de l'association et, de plus, il y a un cas de retraite forcée, c'est l'exclusion. La société considérée comme être collectif, a toujours le droit de rejeter de son sein les membres indignes, on ne manque jamais de le stipuler. Mais on a soin d'entourer cette mesure très-rigoureuse de garanties en faveur de l'accusé; rapport du conseil de surveillance; droit pour l'accusé d'être toujours entendu; majorité exceptionnelle pour prononcer l'exclusion, etc.

En cas de décès d'un sociétaire, sa part dans le fonds social est remboursée à ses héritiers, jamais ceux-ci ne prennent sa place dans l'association. Quelquefois cependant, les statuts permettent aux veuves ou aux enfants mineurs, ou même aux démissionnaires pour cause de vieillesse, de laisser dans l'association le capital qu'ils auraient droit de retirer, afin de participer aux résultats des opérations comme si le propriétaire de ces fonds continuait à faire partie de la société. Dans tous les cas, on a soin de stipuler que les héritiers ne peuvent exiger aucun déplacement des livres et papiers de la société, et sont obligés de s'en rapporter au dernier inventaire.

Presque toujours, les membres des associations sont tous placés sur un pied d'égalité parfait, cependant il en est quelquefois autrement. Ainsi, l'association des maçons, compte des membres travailleurs et capitalistes, et d'autres capitalistes seulement. Dans les bénéfices, une part est attribuée au capital, l'autre à la main-d'œuvre. Les sociétaires de la première classe touchent un dividende des deux côtés, ceux de la seconde n'ont droit qu'à la part afférente au capital. Les uns et les autres ont voix délibératives dans les assemblées. La Société des Lunetiers a des *sociétaires* et des *adhérents* tous travailleurs, mais les seconds n'ont que part consultative dans les assemblées et ne participent aux bénéfices, — clause singulière, — qu'au prorata de leur capital. — Ces dispositions, d'ailleurs, sont exceptionnelles.

Capital. Connaissant ce qui concerne les personnes, passons au capital. Nulle entreprise ne peut se fonder ni exister, sans un capital représenté par des instruments de travail, et une somme en espèce nécessaire au fonds de roulement. Le capital des associations est d'ordinaire très-faible en commençant, on fixe bien un apport que doit parfaire chaque sociétaire, mais on ne fournit guère au début qu'une partie minime de cet apport; le reste se complète : 1° par la retenue totale de tout dividende; 2° par une retenue de 1/5, 1/10 sur la rétribution de quinzaine qui joue dans les associations le même rôle que la paie chez un patron. L'apport varie d'ordinaire entre 500 et 2.000 fr. Lorsque la Société prospère, que ses affaires s'étendent, on augmente souvent le chiffre primitif, c'est ainsi que dans quelques sociétés, l'apport arrive jusqu'à 20.000 fr.. De plus, dans ces sociétés, les membres dont l'apport est complet, laissent souvent dans la caisse sociale leur dividende de fin d'année dont on leur paie l'intérêt comme à des prêteurs ordinaires, c'est-à-dire à 6 %. On comprend que, même sans tenir compte de ces sommes, le capital de ces sociétés s'élève souvent fort haut; celui de l'Association des Lunetiers dépasse 600.000 fr.

Les membres admis dans une société ancienne réalisent leur apport par ces retenues sur les bénéfices et sur la rétribution de quinzaine ; on n'exige aucun versement immédiat, sauf quelquefois celui d'une somme très-minime, (5 à 20 fr. d'ordinaire) plutôt à titre d'arrhe que d'anticipation sur l'apport.

Les démissions étant facultatives et les exclusions possibles, la mobilité du capital est une des conditions de l'Association. Tout démissionnaire ou exclu a droit à sa part dans le fonds social, mais pour éviter un découvert trop subit et trop grand, la Société se réserve toujours un certain délai (ordinairement deux ans) pour le remboursement, et la faculté, si les démissions étaient trop nombreuses, de ne pas payer, au total, au delà d'une certaine somme chaque année, les délais étant ainsi augmentés pour tous les ayant-droits. Quelquefois les démissionnaires subissent une certaine retenue (1).

Administration. Le mode d'administration des Sociétés varie assez peu : on trouve, presque toujours, un ou plusieurs gérants controlés par un conseil permanent et responsable devant leurs co-associés réunis périodiquement en assemblées générales.— Rigoureusement parlant, le maître, le patron c'est, ensemble des associés, mais comme tous ne peuvent gérer, on nomme un ou plusieurs sociétaires chargés d'agir au nom de la Société et de la représenter vis-à-vis les tiers ; ils ont, à cet effet, la signature sociale. Le gérant tient les écritures ou plutôt les fait tenir par un comptable étranger à la Société, c'est lui qui voit les fournisseurs et les clients, fait la correspondance et distribue le travail. Parfois, cependant, on nomme un chef d'atelier qui remplit le rôle de contremaître, comme le gérant celui d'un patron, il est même indispensable d'en nommer plusieurs lorsque la Société a plusieurs maisons ou exerce une profession qui exige la division des travailleurs en plusieurs escouades, comme celle de charpentier ou de maçon par exemple.

L'obéissance aux ordres du gérant est indispensable car jamais une maison divisée ne peut réussir et les rédacteurs de *l'Atelier* avaient bien raison de faire appel sans cesse

(1) Les démissions viennent quelquefois de l'âge avancé du sociétaire. On a proposé d'assurer à ceux qui arrivant à un certain âge auraient travaillé un certain temps dans la société un minimum fixe de rétribution. C'est une bonne pensée mais je ne sache pas qu'elle ait étéencore appliquée.

à la soumission volontaire; elle est malheureusement assez rare surtout au début. Les sociétaires s'indignent, après être entrés en association pour conquérir leur indépendance, d'avoir à obéir au gérant; ils envient sa position supérieure, sa tenue nécessairement plus soignée, l'indemnité qu'on lui donne pour les dépenses faites dans l'intérêt de tous. Si l'on a vu plusieurs fois des sociétés ruinées ou dissoutes par l'ambition du gérant et par son désir de s'approprier l'entreprise, on a vu, tout aussi souvent au moins, des gérants forcés de quitter la société par suite de l'injuste conduite des autres membres envers eux. On a été jusqu'à vouloir leur donner une rétribution inférieure à celle des autres sociétaires, en disant que les avantages de leur position compensaient cette injustice apparente. Aussi qu'arrivait-il? Le gérant se retirait et souvent on mettait à sa place non le membre le plus digne, mais celui qui s'était signalé en faisant le plus d'opposition, et la société manquant de direction, ne tardait pas à sombrer.

Il est tellement difficile de trouver des hommes capables de bien conduire une maison que l'on devrait s'estimer heureux d'en rencontrer qui consentent à accepter cette charge tout en se soumettant, en fait de rétribution, à la loi commune (les gérants ne reçoivent pas plus que les autres, sauf les indemnités pour déplacements et représentation). En effet l'incapacité des gérants et l'insubordination des sociétaires, voilà, à mon sens, les deux causes les plus actives de la chûte des associations.

Il ·y a d'ailleurs, en ce moment, une tendance très ac-
centuée à remplacer le gérant par un conseil ; le pouvoir
d'un homme par celui d'une assemblée. (1) Cette disposition d'esprit, si elle se réalisait, aurait un résultat fâcheux.

Une société de finance peut, sans inconvénient, être
régie par un comité, mais il n'en est pas de même d'une
entreprise industrielle et commerciale où l'unité de direction est indispensable. Or un comité sera souvent divisé;
puis ne pouvant être assemblé à tout instant, il mettra à
sa place un de ses membres qui, en réalité, exercera les
fonctions de gérant sans en avoir le nom, ni la responsabilité. Jusqu'à présent d'ailleurs, il n'y a qu'un gérant
et lorsqu'on en nomme plusieurs c'est qu'ils ont des attributions différentes.

Les sociétaires ont soin toutefois — et en cela ils ne
peuvent aller trop loin — de contrôler la gestion de la
manière la plus étroite. Le gérant, outre les comptes qu'il
doit à tous les sociétaires réunis en assemblées semes-
trielles, est tenu de faire connaître, à des termes très-rap-
prochés (souvent chaque semaine), l'état de la société à
une commission de contrôle ou de surveillance nommée
par l'assemblée. Presque toujours, une seconde commission dite Conseil de Gérance est placée près du gérant

(1) L'explication de cette tendance se trouve suivant moi dans
les préoccupations politiques qui dominent les esprits. Comment
en douter lorsqu'on trouve dans certains statuts des articles
comme celui-ci : « Les candidatures officielles sont formellement
prohibées » article sans application pratique, mais néanmoins, très
significatif.

pour l'assister de ses conseils dans les occasions difficiles. Ajoutons que les affaires les plus graves sont réservées à l'assemblé générale qui doit être alors extraordinairement convoquée.

Le gérant peut toujours être révoqué par l'assemblée et souvent on donne droit au conseil de surveillance de le suspendre provisoirement si les circonstances semblaient nécessiter cette mesure.

De plus, les statuts des sociétés contiennent toujours une clause fort sage, c'est la défense faite au gérant démissionnaire ou exclu de s'établir à son compte ou de prendre la direction d'un établissement du genre de celui qu'exploite l'association. D'ordinaire, cette défense est limitée à un certain temps (de 2 à 5 ans) réputée suffisant pour accréditer auprès des clients de la société un nouveau gérant. Quelquefois, pourtant, le délai est indéfini, mais alors la société s'oblige, comme celles des fabricants de limes par exemple, ou à lui donner une indemnité représentant la journée de travail minimum d'un ouvrier de la profession ou à lui rendre sa liberté.

La même obligation de l'observance d'un délai est imposée aux voyageurs associés par les rares sociétés qui en occupent.

Ajoutons, enfin, que dans les assemblées générales chaque membre n'a qu'une voix, quelle que soit sa fonction, le travail par lui fourni ou le capital qu'il a versé.

Fonctionnement.—Le travail s'exécute soit en atelier, soit à domicile suivant les habitudes de la profession, mais plus

. souvent en atelier. Ce travail est à la journée ou aux pièces toujours suivant la pratique reçue et, sous ce rapport, pas de différence entre les associés et les auxiliaires. Les règlements d'atelier sont faits en assemblées générales et toujours plus sévères que chez les patrons. On y punit l'ivrognerie, les voies de fait, les injures, les paroles ou desseins obscènes etc. Les peines sont l'amende et, en cas grave, l'expulsion de la société.De ce côté la surveillance s'étend hors des limites de l'atelier et les statuts contiennent souvent la clause suivante. « Les causes d'exclusions sont..: et en général, tout ce qui peut nuire à la prospérité de la société ou porter atteinte à son honneur. » Le côté faible du travail des associations, c'est le manque d'exactitude dans l'exécution des commandes. Les associés ne se sentant pas tenus « en prennent à leur aise » pour employer l'expression populaire et se négligent quelquefois. Ceci d'ailleurs, ne se trouvent guère que chez les jeunes associations, c'est un défaut dont elles se corrigent peu à peu et encore on ne le trouve pas chez toutes.

Partage des bénéfices. — Voilà donc la société organisée et fonctionnant; elle sera payée du prix de ses travaux, comment se distribuera cet argent ? En principe le revenu, déduction faite des dépenses et frais généraux : outillages, paiement des auxiliaires etc. devrait être distribué entre les associés, mais les ouvriers ne peuvent attendre la fin de l'année ou du semestre, en conséquence il est remis chaque quinzaine aux sociétaires une rétribution égale au salaire que reçoivent, dans le même corps

7

de métier, les ouvriers employés par les patrons et c'est, seulement, ce qui reste à la fin de l'année qui constitue le bénéfice. Une tendance malheureuse, mais assez fréquente est celle qui consiste à élever cette rétribution au dessus du salaire courant. S'il y a des bénéfices, on les a reçus par anticipation, diminuant de la sorte le fonds de roulement; s'il y a des pertes, le capital est entamé et il faut le reconstituer, c'est-à-dire, après tout, rapporter une partie de cette rétribution ; or il est souvent impossible de rapporter et il ne l'est jamais de moins prendre.

La somme à partager se divise, d'ordinaire, en trois parts; une au travail, c'est-à-dire tant par chaque journée ou par chaque franc de travail fourni suivant que l'on est à la journée ou aux pièces ; une au capital versé tant par franc et la troisième employée à former un fonds de réserve et souvent aussi un fonds de secours pour aider les membres malades ou âgés et, dans une certaine mesure, la famille des défunts. La proportion de la part respective du capital et du travail est habituellement comme de 2 à 3. Quant au fonds de réserve, c'est une partie souvent négligée dans les statuts et surtout dans l'exécution. Le prélèvement en sa faveur, lorsqu'il y en a un, n'excède guère 15 à 20 0/0 et on stipule toujours qu'il cessera lorsque ce fonds aura atteint le tiers ou le quart du capital social.

Il va sans dire que la distribution des fonds après chaque année ou chaque semestre, a lieu seulement sur le papier, les fonds ne sont pas remis de suite ; on se trouverait sans capital de roulement ; ils ne le sont qu'après un certain délai que fixe l'Assemblée. En pratique, surtout dans les sociétés anciennes, bien des sociétaires laissent leurs fonds dans la société, ils y trouvent un placement sûr et un intérêt supérieur à celui qu'ils toucheraient ailleurs.

Les statuts de plusieurs associations contiennent, en outre, diverses stipulations pour défendre de demander la dissolution avant l'expiration du temps fixé — trente ans en général. — On ajoute parfois : à moins qu'il n'y ait perte des 3/4 au 4/5 du capital social. On fixe souvent aussi, une majorité exceptionnelle pour modification à faire aux statuts. Enfin on stipule assez volontiers que les les discussions entre associés seront vidées par des arbitres.

CHAPITRE II

Sociétés de consommation

Le mode d'organisation varie beaucoup, on peut cependant ramener toutes les sociétés existantes à un
certain nombre de types uniformes, les différences, entre
les sociétés de chaque classe, devenant, alors, insignifiantes.

Et, tout d'abord, on trouve deux sortes de sociétés :
celles qui opèrent avec des jetons et celles qui suivent le
système de l'achat et de la vente des produits. Les premières, se bornent à faire une convention avec quelques
fournisseurs qui sont payés en jetons que rembourse la
société et sur lesquels il est fait une diminution de prix
convenue. De la sorte, on gagne quelque chose sur le prix,
mais rien sur la qualité et, bien au contraire, on est exposé
à voir le commerçant essayer de regagner, de ce côté, la
diminution qu'il a dû faire d'autre part. Ce système est
peu répandu et nullement à imiter.

Le second mode d'opération et le meilleur, consiste à
acheter des marchandises en gros pour les revendre au
détail. Ceci encore peut avoir lieu de deux manières différentes : ou en cédant aux sociétaires les marchandises
à prix de revient ou en les vendant au prix courant et en
leur remettant, à la fin de l'année, sous forme de bénéfice,

la différence entre le prix courant et le prix d'achat. Le second système me semble préférable au premier qui a l'inconvénient d'exposer à des pertes lorsque les tant pour cent ajoutés au prix de la marchandise, pour couvrir les frais généraux, se trouvent insuffisants et surtout d'exciter les membres de la société a prendre au magasin plus qu'il ne leur est nécessaire pour revendre à leurs voisins, ce qui entraîne les plaintes des détaillants lorsque la société ne paie point patente (1). Lorsqu'on vend au prix courant, ce dernier inconvénient n'est pas à craindre, le premier est peu redoutable et on obtient un grand résultat qui est d'amener l'épargne. Les dividendes à partager sont ordinairement fort beaux ce qui ne surprendra point si l'on considère que les détaillants gagnent jusqu'à 60, 80, 100 et même 127 0/0 (2).

Ces sociétés ont l'habitude heureuse de vendre au comptant, elles tiennent l'épicerie ou bien font de la boulangerie ou de la boucherie. On y ajoute, parfois, la vente des vêtements de travail, des tissus communs et des articles de ménages. D'ordinaire, les boulangeries sociétaires vendent le pain moins cher que les boulangers et de plus distribuent un dividende. C'est avec celà et avec l'épicerie

(1) Ceci est arrivé notamment au chemin de fer d'Orléans On a dù prendre des mesures pour empêcher les employés de revendre les objets à eux cédés à prix de revient par la compagnie.

(2) Déposition de M. Cochin dans l'enquête sur les sociétés coopératives. M. Cochin est un des organisateurs de la société de consommation instituée par la Cie du chemin de fer d'Orléans pour ses employés.

que l'on gagne le plus, par contre, ce sont les boucheries qui sont les plus difficiles à établir et donnent le moins de profit.

Une question souvent débattue est de savoir si les sociétés de consommation ne doivent vendre qu'à leurs membres ou si elles ont avantage à faire appel aux consommateurs étrangers. Les sociétés qui ont adopté le système des jetons ou de la vente à prix de revient ne peuvent vendre qu'à leurs membres, c'est seulement à propos des sociétés vendant au prix courant que la difficulté s'élève. En principe, la solution n'est pas douteuse, les sociétés ne doivent vendre qu'à leurs membres, mais en pratique elles ont trouvé avantage à vendre aux tiers afin de diminusr par là leurs frais généraux et, comme la question d'utilité est à peu près la seule à consulter ici, on fera bien d'imiter cet exemple. Quelquefois, on attire les acheteurs en leur promettant une part dans les bénéfices de fin d'année, d'autrefois on se contente d'offrir mesure fidèle et bonne qualité.

Si la plupart de ces sociétés réussisent, il ne faut point penser, cependant, que les échecs soient chose extraordinaire; là, comme ailleurs, il y a eu des déceptions, parce que là aussi il s'est trouvé des incapables entreprenant un commerce ou une manipulation auquel ils étaient complétement étrangers, parce que là aussi il y a eu des gérants infidèles et des circonstances malheureuses.

A Paris, l'énormité des frais généraux occasionnés par la dispersion d'une clientèle qu'il fallait servir à domicile, l'exiguïté des bénéfices possibles, suite naturelle d'une grande concurrence et, plus que cela, l'inexpérience des fondateurs, ont causé la chute de presque toute les sociétés qui ont tenté de s'établir. En Province, la concurrence est moindre et souvent il y a entente entre les commerçants d'une localité, puis les frais généraux sont minimes et l'on se connaît assez pour choisir de bons administrateurs et agir en connaissance de cause.

Organisation. — Voici comment ces sociétés se fondent d'ordinaire. Des citoyens, ouvriers ou non, s'entendent pour réunir, par souscription, un fonds destiné à l'établissement d'un magasin ou d'un four, la souscription a lieu d'ordinaire par parts égales, c'est-à-dire par actions. On observe pour l'admission pour la retraite des capitaux et des personnes ce qui a été dit plus haut au sujet des associations, mais on comprend, qu'ici, le choix des personnes a une influence bien moindre.

Souvent, les initiateurs de ces sociétés appartiennent aux professions libérales et il y a telle société où les ouvriers sont en minorité. Quelle que fut, d'ailleurs, leur composition ces sociétés ont, en général, été bien accueillies et leurs commencements ont été faciles. Il n'en a cependant pas été toujours ainsi et voici un exemple qui le prouve.

Quelques ouvriers de Charleval (Eure) résolurent de fonder une boulangerie. Ils réunissent une centaine de camarades, obtiennent quelques cotisations et louent une boutique avec un four. Mais les boulangers prennent l'alarme et, par leurs offres, décident le propriétaire à casser son bail, — Il faut chercher autre chose et, cette fois, on ne trouve qu'une boutique sans four, on la loue en stipulant un dédit de 200 fr. Les boulangers en offrent 400 au propriétaire lequel refuse parce que le bail lui était avantageux ; ils s'adressent à l'ouvrieur initiateur de l'entreprise et lui offrent 500 fr. pour abandonner ses camarades, il répond que sa conscience n'est pas à vendre. Enfin, la première fournée, cuite dans un four d'emprunt, est traînée à la boutique dans une brouette au milieu des huées de la canaille ameutée tout exprès ; sur la porte de leur boutique, les associés trouvent placardée une grande affiche « Société des Crève-de-Faim. » Ceci se passait en 1865 et, l'an dernier la Société avait déjà dû établir plusieurs succursales dans les villages voisins.

A Valence (Drôme) existait une société (1) l'*Universelle* établie dans le but de fonder des sociétés. Elle avait constitué plusieurs sociétés de consommation dont elle était non pas créancière, mais commanditaire. Elle les établissait avec un certain luxe, assurant que cela lui réussissait mieux et avait soin d'y annexer une bibliothèque, heureux exemple emprunté à l'Angleterre et que l'on imiterait souvent en France sans les entraves administratives qui nous lient les mains.

L'administration est confiée, soit à un gérant, soit à un conseil. Lorsque la société est composée d'ouvriers et

(1) Elle vient de se mettre en liquidation.

qu'elle débute, la vente est faite par les sociétaires alternativement, le magasin, alors, n'est ouvert que le soir. C'est
ainsi qu'a commencé la puissante société de Rochdale.
Plus tard, ou même dès le début lorsque les fonds versés
sont suffisants, la société a des employés salariés dirigés
par le gérant ou seulement surveillés par la commission
d'administration. Les fonctions sont ordinairement gratuites.

Relativement au partage des bénéfices, j'en ai dit assez
pour faire connaître les divers systèmes suivis. La société
de vente à prix de revient n'a d'autres bénéfices que l'excédant, sur les dépenses réelles, du prélèvement affecté aux
frais généraux. Dans les sociétés qui se servent d'employés, une partie des bénéfices est presque toujours
attribuée à ceux-ci ; c'est de bon principe et de bonne
politique.

CHAPITRE III

Sociétés de Crédit-Mutuel

Ces sociétés sont très-nombreuses à Paris et dans les départements ; la facilité de constitution, la réalité des avantages que l'on en retire, les nombreux exemples de succès expliquent ces progrès rapides. Comme ces sociétés sont souvent peu considérables et qu'elles ne manifestent pas leur existence au dehors, il est fort difficile de dresser sur ce point une statistique. Des hommes compétents estiment qu'il n'y a guère moins de trois cents sociétés de crédit mutuel à Paris. Il n'y en a pas autant dans le reste de la France (1), mais les sociétés de province deviennent de vraies banques populaires ayant un capital relativement assez élevé ; la banque de Colmar a 100,000 fr. celles de Montélimart et de Mulhouse autant, Strasbourg a 123,000 fr., Lille 150,000 etc. Les sociétés de Paris sont beaucoup plus modestes. Mais ce qu'il importe de constater c'est que, dans les départements comme dans la capitale, le mouvement s'étend et, sans faire de bruit, gagne chaque jour du terrain.

---

(1) On trouve à Lyon beaucoup de petites sociétés formées par des cotisations à dix centimes par semaine Elles font le prêt seulement et souvent le prêt gratuit. Mauvaise mesure qui ne se rencontre heureusement pas ailleurs.

Les sociétés de crédit mutuel et d'épargne (c'est leur titre habituel) peuvent se diviser en deux classes : les sociétés d'Épargne et les sociétés de Crédit proprement dites. — Les premières sont des sociétés faites en vue d'un but à obtenir par l'accumulation des épargnes, que ce but soit la fondation d'une association de production, ou que l'on prétende, seulement, se garantir contre les chômages. Ce qui caractérise ces sortes de sociétés, c'est qu'elles sont uniquement composées d'ouvriers et d'ouvriers de la même profession ; mais ces ouvriers ne formeront qu'un petit groupe dans le premier cas ; dans le second, au contraire, ils seront très-nombreux ; la société réunit alors, quelquefois, la majeure partie des ouvriers de la corporation. Les sociétés qui épargnent pour la production ne se connaissent guère les unes les autres et sont fort rares, celles qui épargnent en vue de se garantir contre les chômages sont nombreuses, au contraire, et s'occupent de fixer, par une organisation définitive, leur tendance à l'union et à la solidarité, tendance qui assure à une société, en cas de besoin, le secours de toutes les autres.

Les sociétés de Crédit sont aussi de deux sortes : les unes font le prêt seulement, les autres le prêt et l'escompte. Les premières sont composées presque exclusivement d'ouvriers qui cherchent, dans ces prêts, le moyen de pourvoir à des nécessités ordinaires, paiement de loyer, achat de meubles ou d'outils, etc. Les secondes sont composées d'ouvriers et de petits patrons ou commerçants, ces derniers en majorité. Les ouvriers ne cherchent guère qu'à emprunter, aussi sont-ils assez peu nombreux, les négociants et industriels cherchent surtout l'escompte de leur papier; soit que la société garde elle-même ce papier, soit qu'elle le fasse escompter au dehors (ce qu'elle s'empresse de faire, lorsqu'elle trouve un escompteur) après l'avoir endossé.

Organisation. — Voici, au surplus, comment s'organisent et se gouvernent ces sociétés, soit d'épargne, soit de crédit. Le personnel se choisit et se renouvelle comme il a été dit plus haut au sujet des associations. Quant au capital, il se compose d'un versement immédiat très-minime et de cotisations hebdomadaires ou mensuelles, assez faibles aussi. On fixe un minimum d'apport (1) et, presque toujours aussi, un maximum, car on craint de voir un sociétaire acquérir par son capital une influence dominante. Les cotisations sont recueillies par chaque sociétaire alternativement, et le versement constaté sur le livret que possède tout membre de la société. La recette est faite le samedi soir (jour de paie) ou le dimanche matin, le produit en est versé entre les mains du gérant ou du secrétaire, qualités souvent réunies sur la même tête ; les retardataires, sans excuses valables, paient l'a-

_____

(1) Voici une combinaison fort ingénieuse et quelquefois pratiquée. Un minimum est fixé, mais ce minimum augmente avec la quotité des services que l'on demande à la société. Ainsi, à chaque billet présenté à l'escompte au dessus d'une somme de... on retient par exemple 3 0/0 qui sont portés à l'actif du secrétaire escompteur. Son apport s'augmente ainsi, sans qu'il ait rien à verser.

mende. Certains membres versent, à ce titre, des sommes relativement élevées, mais sans se plaindre, parce qu'on reconnaît l'utilité de la mesure.

En cas de démission, exclusion ou décès, les sommes sont restituées dans un certain temps moins long, toutefois, que dans les sociétés de production, parce que les opérations sont à plus court terme. En aucun cas, les héritiers ne succèdent au défunt. La connaissance des personnes est aussi indispensable, ici, que dans l'association pour le travail, l'entente est tout aussi nécessaire ; il faut bien, lorsque l'on confie des fonds à quelqu'un, savoir à qui on les prête.

La société d'épargne est administrée, d'ordinaire, par un gérant qui se borne à surveiller la rentrée des cotisations et à déposer ces fonds dans un lieu convenu. Quelquefois, ces sociétés autorisent le prêt à leurs membres dans quelques cas rares, le gérant s'occupe, alors, de ce prêt et de son remboursement.

Les sociétés de crédit qui se bornent au prêt n'ont, d'ordinaire, qu'un secrétaire-gérant qui s'occupe, après sa journée, de répondre aux demandes et de tenir les écritures. Les sociétés qui font l'escompte ont presque toujours un conseil chargé d'admettre ou de refuser les demandes d'escompte. Ce conseil délègue un de ses membres pour tenir la caisse et les écritures, à moins qu'un comptable salarié ne soit chargé de ce soin. La nomination des administrateurs, ainsi que les décisions importantes, appartiennent toujours à l'ensemble des so-

ciétaires réunis en assemblées générales. Quelques
sociétés, dans un but de propagande, admettent à leurs
séances des étrangers.

La manière dont fonctionnent les sociétés de crédit est
bien simple. Les fonds recueillis sont employés, soit à
prêter directement, soit à escompter les effets apportés.
Les statuts fixent un maximum pour les prêts (d'ordinaire
le double de ce qu'on a versé). Dans ces limites, on a le
droit d'emprunter lorsqu'il y a des fonds en caisse, sinon
on attend qu'il en soit rentré, et, en fait, on est très-souvent obligé d'attendre. On rembourse par fraction et on a
pour cela des délais qui vont, parfois, jusqu'à deux ans et
demi. Quant à l'escompte, le conseil est juge de l'admission du papier proposé ; la quotité des admissions varie
suivant que la société peut ou ne peut pas faire escompter
son papier au dehors.

Les crédits mutuels ne fonctionnent guère que le soir
et à certains jours, car ils ont peu d'opérations à faire, et
les directeurs travaillent toute la journée dans leurs ateliers respectifs. Lorsque ces sociétés arrivent à former des
banques, elles ont des bureaux, des administrateurs (ou un
gérant) et des employés. Leurs opérations s'étendent alors,
elles font les recouvrements, reçoivent les dépôts, etc.,
comme toutes banques ordinaires.

Reste à parler du partage des bénéfices. Ils se composent
de l'intérêt des sommes prêtées ou des effets escomptés
ainsi que des amendes. Ils sont assez considérables,
d'abord parce que les frais généraux sont insignifiants,

les fonctions étant presque toujours gratuites, ensuite parce que les pertes sont rares. Comme on se connaît, on a soin de n'admettre que des gens solvables et de bon papier ; puis il y a un point d'honneur qui fait faire aux sociétaires les plus grands efforts pour se libérer ; au besoin les parents ou amis paieront pour eux. Les ouvriers, qui se montrent peu touchés des dettes de vingt ou trente mille francs, sont très-soucieux, au contraire, de payer de petites sommes de quatre-vingts à cent francs, parce qu'ils savent, au juste, ce qu'elles représentent de travail et de privations.

Pour les sociétés uniquement de prêt, la répartition des bénéfices est facile ; elle se fait au prorata du capital versé. La difficulté se présente lorsqu'il y a, à la fois, de simples prêteurs et des escompteurs. Les premiers revendiquent le bénéfice parce que, disent-ils, les membres admis à l'escompte sont par là suffisamment récompensés de leur participation à la société. « Nous pourrions, disent-ils, placer nos fonds ailleurs et eux ne trouveraient nulle part les conditions qu'ils rencontrent ici. » Les escompteurs trouvent la proposition fort injuste, « sans nous, répondent-ils aux bailleurs de fonds, il n'y aurait point de bénéfice (1). » En fait, les bénéfices sont, d'ordinaire, distribués en proportion du capital versé.

(1) Les bailleurs de fonds sont évidemment sacrifiés dans ces sociétés. Un moyen ingénieux de les retenir a été proposé, c'est le suivant. Les escompteurs garantiraient aux autres leur capital dans la société tant que la perte ne dépasserait pas le montant de leur propre apport. C'est seulement au cas où le capital escompteur serait absorbé que les autres subiraient une perte.

Quelquefois, on prélève sur les bénéfices une légère indemnité pour les administrateurs. Le fonds de réserve est stipulé dans les statuts des banques ; dans les crédits mutuels il est généralement omis.

CHAPITRE IV

Autres manifestations de l'idée coopérative

Les sociétés de consommation et de crédit ne sont qu'une des applications du principe ; il y en a d'autres, et l'on n'a pas épuisé toutes les combinaisons qui peuvent se présenter. Ainsi, en Angleterre et surtout aux États-Unis, on s'associe pour la construction de maisons qui sont payées par cotisations. Dans certaines parties du Jura, les agriculteurs sont unis, de temps immémorial, pour la fabrication en commun des fromages qui sont une des richesses du pays. Enfin, on trouve, aussi, en Allemagne surtout, des sociétés entre gens de même profession qui s'unissent pour l'achat en commun des matières premières et pour la vente en commun de leurs produits.

Ces deux derniers genres de société sont d'une réalisation facile et ont ceci d'avantageux qu'ils peuvent servir soit à des associations, soit à des ouvriers isolés artisans ou petits patrons. L'idée sur laquelle reposent ces sociétés est basée sur l'observation des faits. On sait que les objets, quels qu'ils soient, se vendent beaucoup plus cher en détail qu'en gros, parce que les frais généraux du vendeur sont toujours à peu près les mêmes que la vente soit faible ou considérable; on vend aussi plus

cher à un particulier peu connu auquel il faut faire crédit
qu'à une société dont la solvabilité n'inspire guère de
craintes. Les fabricants (association ou non, peu importe)
ont donc intérêt à s'unir pour faire acheter, soit par l'un
d'eux soit par des courtiers, la quantité de marchandises
nécessaire à tous, chacun ensuite reçoit la quantité qu'il
avait demandée ; il la paie le prix du gros plus une petite
fraction pour les frais généraux. De la sorte, il n'y a guère
de pertes à redouter; les seules que l'on pourrait craindre
viendraient de l'insolvabilité d'un membre survenue
entre la livraison de la marchandise et la remise du
prix.

J'ai parlé d'une société de ce genre formée pour l'a-
chat des engrais entre des cultivateurs de Gueltas (Mor-
bihan), voici comment elle procède. Tous les ans, à l'é-
poque voulue, chaque sociétaire désigne la quantité d'engrais qui lui est nécessaire, la demande totale est adressée,
par le gérant, au fournisseur de la société qui expédie
jusqu'à la gare ou au port le plus proche. Le gérant prévient alors les sociétaires, l'enlèvement étant à leur charge.
L'engrais est payable en sept mois ; chacun doit, au bout
de six mois, avoir versé son dû entre les mains du gérant.
S'il se trouvait quelqu'insolvable, sa part dans la commune
dette se répartirait entre tous proportionnellement au jour
de l'échéance, les fonds sont disponibles aux mains du
gérant.

L'association pour la vente en commun permet soit
aux associations ouvrières soit aux industriels de déposer

leurs produits dans un magasin entretenu à frais communs. Ils sont ainsi vendus au public à leur juste valeur et le fabricant n'est pas obligé de subir la loi du marchand qui profite de sa position gênée pour acheter à prix de revient et quelquefois même au dessous.

Un magasin de ce genre a été fondé, il y a deux ans, à Paris pour la vente des meubles. Cette industrie, toute parisienne, est exercée par des ouvriers isolés ou petits patrons qui travaillent chez eux. Très-souvent, l'ouvrier qui n'a pas d'avance et qui vient de finir un meuble ne trouve pas un acheteur de suite, alors, la faim le pressant, il est obligé de charger son meuble sur un crochet et d'aller l'offrir de boutique en boutique à des marchands qui, voyant son embarras, se gardent bien de payer l'objet à sa véritable valeur. Parfois, ce trafic est exercé par des marchandeurs, mais, d'une façon ou de l'autre, l'ouvrier perdra toujours. C'est pour éviter *la trôle*, ce fléau de l'industrie du meuble, qu'a été créé un magasin sur l'initiative d'un ouvrier, M. Pougheon. Les sociétaires y déposent leurs produits en indiquant le prix ; le gérant peut refuser les objets défectueux ou trop chers. Au prix indiqué, on ajoute une fraction pour les frais généraux et le total forme le prix de vente. La société garantit les objets sortant de ses magasins et, à cet effet, les marques de son cachet. Les garanties offertes sont telles que le premier client de cette société a été le greffier qui avait reçu dépôt des statuts constitutifs.

La difficulté consiste, ici, dans la nécessité de faire aux

ouvriers une avance sur le prix des meubles par eux déposés, car ceci exige des capitaux considérables. Il faut trouver une banque pour escompter les effets souscrits par les sociétaires en échange des avances qui leur sont faites. Les effets de cette société étaient escomptés jadis par le Crédit au travail ; ils n'ont jamais donné lieu à aucun retour.

Voilà quelques applications du principe, mais tout ce qui, même sans être société ouvrière proprement dite, tend cependant à grouper les travailleurs, à faire naître chez eux l'esprit d'initiative et à améliorer leur condition en exigeant quelques efforts de leur part, tout cela est digne d'encouragement et d'éloge. Ainsi, les sociétés formées, temporairement, entre ouvriers pour l'accomplissement d'un ouvrage déterminé, les participations, c'est-à-dire les parts dans le bénéfice accordées aux ouvriers par les patrons, sont de fort bon exemple parceque c est un premier pas vers l'affranchissement. On doit signaler d'une façon spéciale les sociétés entre ouvriers et patrons; les premiers devenant par l'acquisition d'actions co-propriétaires de l'atelier appartenant aux seconds; c'est pour les ouvriers des usines le seul moyen de devenir propriétaires de l'atelier où ils travaillent. Un essai de ce genre a eu lieu dans une mine d'Angleterre au grand avantage des deux parties, la même chose pourrait avoir lieu, dans le même but, en matière d'agriculture (1). En attendant

---

(1) Un cultivateur lorrain, M. Michel Greff, a eu l'idée de donner une part de bénéfice à ses ouvriers. La réforme n'a pas été sentie

mieux, les sociétés pour l'exploitation d'un domaine sont une excellente chose.

On trouve, quelquefois, réalisées en même temps deux sortes de sociétés; c'est ainsi que plusieurs associations s'appliquant à des industries similaires pourraient former une société pour l'achat des matières ou la vente des produits communs. C'est ainsi, que souvent les membres d'une association font en même temps partie d'une société de crédit ou d'une société de consommation, quelquefois même de toutes les deux. L'association des lithographes avait même organisé entre ses membres une société de consommation.

La société de Vienne (Isère) qui était seulement société de consommation à l'origine possède un établissement agricole à Beauregard auquel est joint une maison de sevrage, et une villa où les associés viennent passer le dimanche avec leur famille. On y a fondé, en outre, une bibliothèque et une école élémentaire pour les enfants. La société possède, comme plusieurs sociétés de consommation, un moulin et un magasin à farine. Elle exploite, de plus, une fabrique de drap et un magasin de charbon. Mais, qu'on le remarque bien, les ouvriers qui cultivent la ferme ou travaillent dans l'usine et dans le moulin sont salariés aussi bien que les autres employés comptables ou garçons de magasin. Ils reçoivent, il est vrai, une part des bénéfices, mais il n'y a point là

d'abord ; aujourd'hui on l'apprécie et elle produit les meilleurs effets. (*La Coopération* du 17 mai 1868.)

société de production comme on l'a dit quelquefois.

Résumé. — J'ai passé en revue les diverses sortes de sociétés coopératives et j'ai dit quelle était, à mon sens, leur utilité.

La société de crédit et surtout la société d'épargne méritent tous encouragements, parce que, souvent, elles préparent les voies à l'association ; la société de consommation peut aussi exercer une heureuse influence, surtout, lorsqu'au magasin de denrées alimentaires vient se joindre une bibliothèque ou un cercle pour la lecture et l'instruction. Toutefois, il ne faut pas que les louanges excessives prodiguées à cette dernière forme de société fassent perdre de vue le vrai but à atteindre. La société coopérative est bonne, mais à condition de ne venir qu'après l'association ou de se fonder là seulement où l'établissement de cette dernière est impossible. Ce que l'on doit chercher avant tout, c'est l'abolition du salaire, or la société de consommation ne porte pas atteinte au salaire et l'association le supprime. C'est là seulement qu'est la solution du problème, c'est donc là aussi, quelles que soient les difficultés pratiques, qu'il faut tendre, c'est là que l'on doit porter ses efforts et ses soins (1).

_____

(1) Ne pas oublier, à côté de cette revendication des principes, les précautions pratiques qui ont été recommandées plus haut. Je ne conseille pas l'imprudence.

DEUXIÈME PARTIE

SITUATION LÉGALE DE L'ASSOCIATION OUVRIÈRE EN FRANCE

CHAPITRE PREMIER

L'association ouvrière a-t-elle besoin, pour exister, d'une autorisation quelconque?

Si l'on se reportait simplement à la Constitution qui nous régit, la question serait aussitôt tranchée, puisque cette constitution déclare consacrer les principes de 1789, or le droit d'association est incontestablement contenu dans ces principes. Mais, en pratique, il en est autrement, et ce droit a été singulièrement limité par l'art. 291 du Code pénal et la loi du 10 Avril 1834 qui le complète. Suivant ces textes, toute association de plus de vingt personnes est prohibée ou, du moins, ne peut exister qu'avec l'assentiment du pouvoir. L'association ouvrière tombe-t-elle sous le coup de ces prescriptions?

Constatons, tout d'abord, que nous avons, au premier chef, tout ce qui constitue une association:

réunion habituelle (elle est même ici permanente)
de personnes qui se rapprochent afin d'agir dans
un but commun. Ceci posé, écartons la loi de 1834
qui, ainsi que le font très-bien remarquer MM. Chauveau
et Faustin Hélie (1), n'est qu'un supplément de l'article
291 et a eu pour but de frapper ceux qui tenteraient, en
s'unissant par groupe de moins de vingt personnes, d'élu-
der la loi. Les associations n'ont guère l'habitude de se
fractionner, nous trouvons là, d'ordinaire, un atelier
unique. D'ailleurs c'est l'art. 291 qui pose en principe la
prohibition, c'est donc à cet article que nous devons nous
attacher pour en examiner les termes et en rechercher
l'esprit.

Au premier abord, les associations paraissent évidemment tomber sous le coup de l'article fatal. Cet article
est tellement large « qu'on y comprend tout » (2) il
semble bien, dans sa définition, renfermer toute association quelle qu'elle soit. Et, en effet, où irait on chercher
une distinction ? Ce n'est pas dans le texte de la loi,
serait-ce dans son esprit ? Mais, si l'on exempte une forme
quelconque de société de la prohibition générale, toute
association illicite ou dangereuse s'empressera d'en
prendre l'apparence ; la loi, pour être effective, doit être
complète et n'admettre aucune exception. C'est ce que
l'on a fait bien remarquer dans la discussion qui précéda
le vote de la loi de 1834. La question posée à M. Guizot :

(1) Code Pénal t. III Chap XLII.
(2) Chauveau et Faustin. Hélie id.

« les associations littéraires tombent-elles sous le coup de la loi ? » fut par lui résolue d'une façon affirmative et pour le motif qui vient d'être indiqué, c'est que la prohibition serait illusoire si l'on admettait des distinctions. Les orateurs qui figurèrent dans le débat, eurent soin de réclamer une exception en faveur des sociétés commerciales ; on la refusa et toujours en vertu de la même idée. A quel titre admettrait-on une faveur spéciale pour des sociétés que la nature de leur personnel ne permét pas de considérer comme plus inoffensives que des associations de littérateurs ?

Ces considérations sont puissantes et je dois avouer qu'elles m'avaient touché ; cependant, un examen plus attentif m'a décidé en faveur de l'opinion contraire. Remarquons bien, en effet, que nous avons à examiner, ici, non la volonté et les déclarations des législateurs de 1834, qui n'ont fait qu'étendre une disposition antérieurement établie, mais la volonté et l'esprit des législateurs du Code pénal qui ont posé le principe, principe dont on a voulu, en 1834, assurer la stricte exécution, mais qui lui-même n'a pas été modifié. Or cet article 291 comment est-il conçu ? « Nulle association de plus de vingt personnes, *dont le but sera de se réunir tous les jours ou à certains jours marqués pour s'occuper d'objets religieux, littéraires politiques ou autres,* ne pourra se former qu'avec l'agrément du gouvernement et sous les conditions qu'il plaira à l'autorité publique d'imposer. » Il est question d'une société qui se réunit tous les jours ou à certains jours pour s'occuper d'objets littéraires, religieux etc., ceci découvre la pensée du législateur. On a songé aux clubs et l'on n'a pu avoir l'idée de proscrire une société dont les membres se réunissent d'une façon constante, habituelle, non pour traiter un sujet quelconque, mais pour accomplir un travail d'où dépend leur existence.

Cette interprétation se fortifie, d'abord des derniers mots de l'article « dans le nombre des personnes indiquées par le présent article, ne sont pas comprises celles domiciliées dans la maison où l'association se réunit », ensuite de la déclaration formelle des législateurs qu'ils entendaient proscrire les clubs. Il est donc évident que l'on a voulu prohiber les sociétés politiques et l'on a prévu qu'elles chercheraient à se cacher sous des apparences inoffensives. Mais aller au delà, mais comprendre dans la prohibition même des ateliers, parce qu'ils sont occupés par des travailleurs indépendants, c'est rendre la loi impossible en l'exagérant, danger que prévoyait et signalait son rapporteur M. Berlier. « L'action de se réunir pour parler d'objets religieux, littéraires ou politiques est de droit naturel et, si l'ordre public peut y apporter quelques restictions, elles doivent être renfermées dans de sages limites. Dans ce cas même, la modération est le premier devoir comme le premier besoin du gouvernement ; s'il comprime trop, on lui résiste. C'est déjà beaucoup que d'introduire dans notre législation une disposition qui n'y a jamais existé. » On le voit, l'art. 291, d'après ses auteurs eux-mêmes, devait être pris dans un sens restrictif. Or les stricts termes de cet article, ne s'appliquent pas évidemment à une société formée entre gens de la même profession pour l'exécution en commun de leur travail. En fait, les associations de plus de vingt membres n'ont jamais songé à demander d'autorisation et plusieurs existent ainsi depuis fort longtemps.

La jurisprudence ne s'est, à ma connaissance, prononcée qu'une seule fois sur la présente question et a déclaré l'art. 291 applicable. C'est au sujet de l'association fondée à Saint-Étienne entre des ouvriers rubanniers en 1841. L'association, qui s'était constituée par acte notariée et avait fait ses publications, fut poursuivie, d'abord, comme société secrète, on écarta bientôt ce chef d'accusation, ensuite comme société fondée pour la coalition et comme étant illicite vu le nombre de ses membres et le défaut d'autorisation. Par un jugement du 10 janvier 1842 (1), rendu après quatre jours de débats, le tribunal condamna les promoteurs, après avoir écarté le délit de coalition, mais « attendu que l'association des ouvriers se trouve être, dans ses statuts, en contravention avec les lois (quelles lois et comment ?) *et qu'elle ne s'est pas constituée avec l'autorisation prescrite* ». Appel fut interjeté par les condamnés et le ministère public. La première sentence fut confirmée(2) avec aggravation de peine pour les ouvriers.

Il est permis d'espérer qu'un pareil précédent ne se

(1) Cité par *l'Atelier* de janvier 1842.
(2) Id, de Février 1842.

reproduira pas et, bien que les termes du considérant soient formels, l'hostilité que régnait alors contre toute tentative venant des travailleurs, hostilité qui, fort heureusement, n'est plus à l'ordre du jour, la nouveauté de la tentative et le nombre des sociétaires (ils étaient environ cinq cents) tout cela explique la décision rendue en 1842 et montre aussi, qu'actuellement, une jurisprudence pareille n'est guère à craindre. Les juges redouteraient moins une société d'ouvriers et se souviendraient mieux des paroles de Berlier : «La modération est le premier besoin du gouvernement ; s'il comprime trop, on lui résiste ».

CHAPITRE II

Quelle est la situation des associations vis-à-vis la loi civile ?

Nos Codes remontent aux premières années du siècle, c'est-à-dire à une époque où l'association ouvrière n'était même pas connue théoriquement ; les lois qui nous régissent actuellement n'ont donc pas été faites en vue d'un pareil état de chose. Le gouvernement actuel s'en était préoccupé et avait fait rédiger un projet de loi qui sous le nom de : *Sociétés de coopération* devait régir les associations ainsi que les sociétés de consommation et de crédit mutuel. La loi fut retirée en présence de l'extrême répugnance des ouvriers pour toute législation spéciale (1) et, plus encore, devant l'impossibilité prouvée de trouver une définition qui put s'appliquer à toutes les sociétés issues du principe coopératif. On se borna donc, en 1859, à présenter à la Chambre, à la suite d'un projet de loi modi-

---

(1) En Prusse, au contraire, la loi spéciale a été reçue comme un bienfait. Ceci tient à ce que sa législation prussienne très-dure, en cela, considérait les sociétés populaires comme des réunions sans existence légale, si bien qu'elles ne pouvaient poursuivre un caissier infidèle. En France, au contraire, les associations ont adopté diverses formes: nom collectif, commandite etc. formes gênantes peut-être, mais supportables. L'idée de lois exceptionnelles, révoltait le sentiment égalitaire des travailleurs. On voulait un changement pour tout le monde ou rien.

fiant les anciennes formes de sociétés, une disposition spéciale intitulée : *des sociétés à capital variable* fait à l'intention des sociétés coopératives ; la variabilité de personnel et de capital étant, aux yeux des auteurs de la loi, le trait saillant de ces sociètés.

Toutefois, cette forme nouvelle étant accessible à tout le monde et n'étant obligatoire pour personne, il s'ensuit que les associations d'ouvriers ne sont régies par aucune disposition particulière, nous avons donc à examiner la loi commune et à voir les règles applicables au cas particulier qui nous occupe.

, La matière des sociétés est régie: 1° par un titre du Code civil (art. 1832 à 1873 incl.); 2° par un titre du Code de commerce (art. 18 à 64 incl.); 3° par la loi du 24 juillet 1867 qui est venue remplacer plusieurs lois successives. —Le principe dominant est celui-ci: les conditions d'existence de fontionnement et de dissolution des sociétés sont réglées par le Code civil; en d'autres termes c'est là le droit commun. Mais quelques sociétés sont dans une situation particulière; les règles qui les concernent sont contenues dans le Code de commerce et dans la loi de 1867. Pour tout ce que n'ont pas réglé ces textes, on recourt au droit civil. Il importe donc d'examiner la législation civile d'abord, la législation commerciale ensuite et la manière, enfin, dont les sociétés ouvrières peuvent s'accommoder de l'une ou de l'autre.

SECTION I

SOCIÉTÉS CIVILES

§ I. — *Nature de la Société*

La société est définie par l'art. 1832 : « un contrat dans lequel deux ou plusieurs personnes conviennent de mettre quelque chose en commun, dans la vue de partager le bénéfice qui en pourra résulter. » Cette définition est trop restreinte si l'on prend la société en général, mais elle suffit si l'on n'envisage que l'espèce de société réglementée par le Code, c'est-à-dire celle faite en vue d'un gain à obtenir, celle qui a un but intéressé et l'association ouvrière a pour but d'assurer une rémunération à ses membres en échange de leurs travaux.

Cinq conditions sont nécessaires pour la validité du contrat de société : 1° objet licite; 2° capacité des parties; ces deux conditions sont communes à tous les contrats; 3° apport réciproque; 4° intérêt commun; 5° bénéfices à réaliser. Il faut examiner chacune de ces conditions.

1° *Objet licite*. — Il n'y a pas à s'arrêter sur ce point. Il est évident que les associations ouvrières ont un but parfaitement licite qui est de permettre à leurs membres de gagner, par un travail commun, plus qu'ils n'obtiendraient par un travail individuel. Quant aux sociétés de consommation et de crédit mutuel, dont je parlerai accessoirement, il est certain aussi qu'elles ne présentent rien de coupable dans leur but non plus que dans leurs moyens. Inutile donc d'insister.

2° *capacité des parties.* — La société étant un contrat, la capacité de contracter est, ici, nécessaire. Or, en règle générale, toute personne est capable de contracter, sauf celles auxquelles la loi enlève ce droit, soit d'une manière absolue, soit d'une façon relative.

Parmi ceux que la loi a rangés dans la classe des incapables, figurent, tout d'abord, les étrangers. L'art. 8, qui accorde aux Français les droits civils, et l'art. 12, qui donne ces mêmes droits à l'étranger ayant permission d'établir son domicile en France, ne permettent pas de les reconnaître à l'étranger dépourvu d'une semblable autorisation.

Voilà donc l'étranger privé des droits civils, mais ces droits quels sont-ils? Il ne m'est pas possible, vu les limites du sujet, de traiter en détail une question semblable ; en voici les traits principaux.— Les commentateurs sont très-divisés; il n'y a pas moins de trois systèmes. Le premier soutient que les étrangers jouissent, seulement, des droits qui leur sont spécialement concédés par un texte ou par un traité. Les étrangers, alors, ne pourraient entrer en société à moins d'un traité spécial, car nulle disposition des lois françaises ne leur assure ce droit. Ce système est assurément le plus juridique, c'est le seul qui explique l'art. 11 combiné avec les art. 8 et 13. Mais est-il applicable, aujourd'hui que les relations entre divers pays se sont multipliées à l'infini? Est-il conforme à cet esprit d'égalité et d'unité de droits qui, fort heureusement, tend à prédominer de plus en plus dans les relations internationales? Allons plus loin, les conséquences rigoureuses que l'on en tire auraient-elles été approuvées des rédacteurs du Code civil? Un pareil système, s'il est très soutenable en théorie, n'est guère applicable en pratique.

Une seconde opinion prétend, au contraire, que la capacité de l'étranger est la règle; on peut lui dénier seulement les droits que lui enlève une disposition spéciale et expresse. Ce système, en contradiction flagrant, il faut le reconnaître, avec le texte de la loi et les raisons qui ont dicté ce texte, donnerait à l'étranger le droit incontestable d'entrer dans une société.

Un troisième système (qui est plutôt, à vrai dire, une combinaison) distingue les droits *civils* strictement refusés à l'étranger des droits *naturels* qu'on lui accorde parce que se sont des droits communs à tous les hommes et supérieurs aux lois particulières que peut édicter chaque peuple. Mais le droit de s'associer serait-il considéré comme un droit naturel? Là est le côté faible de cette troisième opinion; juste en principe, elle conduit, pratiquement, à l'incertitude et à l'arbitraire.

Constatons donc que la capacité de l'étranger non autorisé à fixer son domicile en France, est fort incertaine théoriquement du moins, car, en pratique, je ne sache pas que l'on ait jamais songé à dénier à un étranger le droit d'entrer dans une société fondée en vue du travail et nul ne s'aviserait de réclamer contre sa participation, comme actionnaire tout au moins, dans une société de capitalistes.

Quant aux français, et aux étrangers qui leur sont assimilés pour la jouissance des droits civils, ils ont incontestablement le droit de former société, à moins que leur capacité ne soit diminuée par une loi ou par un jugement.

D'après la loi, tout mineur est incapable de contracter valablement. Ce n'est pas que le contrat ne soit valable si le mineur le veut, mais il peut en demander la nullité, or placer les tiers sous le coup d'une demande, toujours possible, d'annulation du contrat, c'est leur ôter toute envie de traiter avec un mineur. Par conséquent, un mineur ne peut entrer dans une association, bien qu'on puisse être bon ouvrier et homme capable avant vingt et un an. Il ne peut même faire partie d'une société de crédit mutuel, ce stimulant à l'économie, cette préparation excellente à la vie publique et à l'association. Nous retrouvons là les conséquences funestes de ce système qui maintient l'enfant dans une complète ignorance du maniement des affaires jusqu'à un âge fixe, le même pour tous et qui, tout à coup, du jour au lendemain, le rend pleinement capable de tout sans lui avoir permis de rien apprendre.

Le législateur avait sans doute été frappé de ce vice

lorsqu'il a écrit le titre de l'émancipation. Mais nous retrouvons toujours la préoccupation dominante : on stipule surtout pour les fils de famille ou plutôt pour les fils de fortune. Que permet-on au jeune homme émancipé? De passer des baux, de toucher ses revenus, de faire, en un mot, les actes d'administration. Parmi les autres actes pour lesquels on exige l'autorisation du curateur, du Conseil de famille, du tribunal on ne prévoit pas notre hypothèse: contracter pour former une société. Auquel des actes indiqués par la loi convient-il de l'assimiler? S'il s'agit d'une société commerciale, le mineur émancipé devra, pour y entrer, remplir les formalités voulues pour exercer le commerce (art. 2 du Code de Co.) c'est-à-dire l'autorisation de son père ou de sa mère ou, à leur défaut, du conseil de famille et du tribunal et faire les publications exigées. Quant aux sociétés civiles, on ne peut être aussi rigoureux, parce que les risques sont moindres généralement. Il ne serait pourtant pas conforme à l'esprit du Code de laisser au mineur seul la faculté d'y entrer, car il y a là plus qu'un acte d'administration. Mais, comme en fait, la forme civile n'est guère accessible qu'aux sociétés de consommation et de crédit où les risques sont généralement minimes, je pense que l'on pourrait se contenter de l'autorisation du curateur sans recourir au conseil de famille, formalité presque toujours insignifiante en fait et qui, en droit, me semble inutile ici.

La seconde des incapacités, provenant du fait seul de la

loi, est relative à la femme mariée. Le principe, en cette matière, est la nécessité pour la femme de n'agir qu'avec l'autorisation de son mari ou du tribunal, si le mari ne veut ou ne peut autoriser. Bien que le Code ait énuméré les cas où cette autorisation est exigée et qu'il n'ait pas parlé des contrats, il n'a pas voulu soustraire la femme à l'obligation de se faire autoriser pour contracter. C'est ce qui ressort et de l'énumération que fait l'art. 217 et, mieux encore, de l'idée qui inspirait les rédacteurs du Code. Ils n'ont fait que traduire l'ancienne maxime « femme mariée ne se peut obliger » Pour former société, la femme mariée a donc besoin d'être autorisée par son mari et, à son défaut, par le tribunal.

Les incapacités provenant de jugement sont édictées ou comme peine ou comme protection pour celui auquel on les applique.

Comme protection, nous trouvons l'interdiction appliquée à ceux qui sont atteints d'insanité mentale. L'administration de leurs biens est remise à un curateur et eux-mêmes perdent tout droit de contracter. Il va sans dire qu'ils ne peuvent former société. On doit leur assimiler ceux qui, sans être interdits, sont enfermés dans une maison d'aliénés conformément à la loi du 30 juin 1838. Remarquons, toutefois, que les actes passés par les uns et les autres ne sont pas nuls de plein droit ; ils sont seulement annulables à la demande de l'interdit ou de ses ayants cause.

Relativement à l'individu pourvu d'un conseil judiciaire, on pourrait se demander si le fait de contracter société rentre dans la classe des actes qu'il peut faire seul ou dans celle des actes qu'il ne peut faire qu'avec l'autorisation de son conseil. Si l'article 513 est limitatif, il peut agir seul dans notre hypothèse, mais si l'on se réfère à l'esprit de la loi, on serait porté à exiger l'assistance du conseil puisqu'il y a un engagement qui peut conduire assez loin. Au surplus, la question n'aucun intérêt pratique; car on ne pourvoit d'un conseil que les faibles d'esprit et les prodigues et ni les uns ni les autres n'entrent dans des sociétés du genre de celles dons nous nous occupons.

L'incapacité, considérée comme peine, résulte de l'interdiction légale, laquelle accompagne forcément toute condamnation à la peine de mort, des travaux forcés à perpétuité ou à temps, de la déportation, de la détention, de la réclusion. L'interdit est incapable de s'obliger et, par suite, d'entrer en société et la nullité des actes, par lui passés, peut être demandée non plus par lui seul, mais par ceux qui ont traité avec lui.

Connaissant les personnes capables ou non d'entrer en société, voyons les autres conditions essentielles à l'existence de ce contrat.

3° *Apport réciproque.* — C'est ce que le Code exprime dans l'art. 1833 *in fine*: « Chaque associé doit y apporter ou de l'argent, ou d'autres biens, ou son industrie ». Ces termes sont larges et donnent une grande latitude. L'apport peut donc consister soit en capitaux (argent ou matériel) que ces capitaux soient mis dans la société en toute propriété ou en usufruit, soit en industrie, c'est-à-dire en travail. On peut même considérer comme apport le crédit d'une personne, mais à condition, toutefois, que ce crédit soit accompagné d'une coopération effective : contrôle, direction, etc. C'est ce qui ressort de la discussion engagée devant le Conseil d'État, au sujet de l'article 1833.

« M. Pelet dit:«qu'on peut apporter dans la société son nom et sa réputation lesquels doivent être considérés comme une mise. »

Ces paroles ne soulèvent aucune objection et l'article est adopté après ces mots de Berlier : « Au surplus et en thèse générale, un nom isolé de tout acte de la personne est une chose fort abstraite, au lieu que l'industrie est chose positive à laquelle il convient de s'arrêter ».

Je ne crois pas qu'il y ait lieu de discuter une question que soulève M. Troplong (1) à savoir si, au cas où les parties ont fait un apport en capital sans spécifier s'il s'agissait de la propriété ou de la jouissance, c'est la pleine propriété ou l'usufruit qui tombent en société. J'ai dit que la question me paraissait inutile, parce qu'en fait elle n'a jamais été soulevée. On a bien soin de stipuler la modalité de son apport, et, si l'on n'a rien dit, il est toujours bien entendu qu'il s'agit de la propriété. Jamais, par exemple, aucun ouvrier ne s'est avisé de faire considérer sa mise en argent comme étant un apport en usufruit.

(1) Sociétés I. 122.

Les textes sont muets sur cette question, mais elle est tranchée par l'universel consentement, si bien que la jurisprudence n'a jamais eu à la résoudre.

Il n'est pas nécessaire que les divers apports soient d'égale valeur ; l'inégalité dans les mises se compense par l'inégalité dans les parts de bénéfices. On n'exige pas, non plus, que les apports soient identiques et, en effet, nous avons vu, quelquefois, des sociétaires apporter du capital et du travail et d'autres du capital seulement. L'essentiel, en pareille matière, c'est que chaque sociétaire apporte quelque chose et que cet apport soit accepté par les autres. En fait, la mise est toujours le même dans les sociétés ouvrières; elle consiste en industrie et en argent.

Le capital apporté reste commun à tous les sociétaires tant que dure la société.

Ce capital peut être divisé en parties égales ou actions, que ces actions représentent des sommes versées, ou des apports en objets meubles ou immeubles, (on les nomme alors actions de capital) ou qu'elles soient l'équivalent de l'industrie de celui qui les souscrit (elles sont dites, dans ce cas, actions industrielles). L'avantage de ce mode de division du capital social est de permettre aux associés de céder leurs droits facilement et sans frais; et cela même indique qu'un pareil avantage n'est point fait pour les sociétés de travailleurs, où la personnalité des membres est presque tout et l'apport pécuniaire peu de chose. D'ailleurs, c'est surtout à propos des sociétés de commerce qu'il conviendra de parler de l'action; dans les

sociétés civiles, elle ne se comprend guère que dans quelques grandes sociétés de mines et immobilières qui devraient être commerciales, parce que leur but rentre évidemment dans la classe des actes commerciaux, et qui
ne sont civiles que par une anomalie inexplicable.

Une fois le capital formé par l'acte constitutif, rien ne
peut y apporter atteinte que le consentement de tous les
associés (1). Si l'on a stipulé que le fonds social serait
susceptible d'augmentation, tous savaient à quoi ils s'engageaient, par conséquent nul ne peut s'opposer à ce qui
est une suite naturelle du contrat. Il en est autrement
lorsqu'on n'a rien stipulé; le capital doit, à moins d'une
décision unanime, rester ce qu'il était. De quel droit, en
effet, demanderait-on à un membre de contribuer pour
une somme plus forte que celle qui avait été précédemment stipulée ? Peut être est-il dans l'impossibilité de le
faire et, quand il le pourrait, sur quel principe de législation ou d'équité s'appuierait-on pour le contraindre? Aussi
est-ce avec raison que M. Troplong, en rapportant un arrêt
fort ancien déjà, qui condamnait des actionnaires à augmenter le fonds social sur décision de la majorité, ajoute:
Cette décision ne serait qu'un hardi excès de pouvoir si
quelques circonstances particulières de la cause n'avaient
permis à la Cour de tirer de l'intention des parties la décision à laquelle elle est arrivée ».

Pour les retraits de capitaux, c'est une hypothèse que

(1) Troplong Ibid. I 181.

les statuts prévoient habituellement ; ils fixent, alors, les conditions du retrait ou le déclarent impossible. S'ils n'avaient rien dit, il y aurait là une question d'appréciation et de tempérament. L'entreprise exigeait-elle des immobilisations de fonds? la diminution du capital serait-elle dangereuse pour le succès de la société ? voilà ce que les juges auront à examiner. Quant à l'apport en industrie, c'est une question de retraite et de démission des sociétaires qui trouvera plus loin sa place.

4° *Un intérêt commun.* — Il va sans dire que la société, qui est fondée dans le but de procurer un avantage à ceux qui en font partie, manque d'une de ses conditions essentielles, si l'un de ses membres n'a plus d'intérêt dans l'entreprise. On a voulu, en exigeant cet intérêt commun, exclure, à l'imitation des lois romaines, le pacte dit léonin qui refuse à l'un des associés tout droit aux bénéfices. Il en est de même de la clause qui dispenserait un associé de toute participation aux pertes. Dans l'un et l'autre cas, une des conditions essentielles manquerait, le contrat serait vicié dans son essence.

Ici se pose une question. Un pacte léonin a été contracté ; ce pacte est nul cela va sans dire, mais rend-il nulle aussi la convention elle-même ? MM. Aubry et Rau se prononcent pour la négative (1). Suivant eux, ce n'est qu'une clause malheureuse, mais qui ne doit pas entraîner la nullité d'une convention parfaitement valable

(1) Aubry et Rau sur Zachariæ t. III § 376.

— 134 —

d'ailleurs. De même qu'en matière de testament, elle sera considérée comme non-avenue.

Je ne puis, en présence des précédents et de la manière même dont la question se pose, accepter cette solution. Il ne s'agit pas, en effet, d'une clause utile ; c'est une condition indispensable qui fait défaut. Dès lors, cette condition manquant, le contrat lui-même n'a aucune valeur (1). Cette décision, indiquée par les principes, était celle que donnait Domat (2) et il n'est pas probable que nos législateurs s'en soient écartés. Leur silence serait déjà une présomption très-forte en faveur des règles anciennes, mais nous avons, à ce sujet, des déclarations formelles.

« Il est contre nature, disait Treilhard dans son Exposé des motifs, qu'une société de plusieurs... se forme pour le seul intérêt d'une des parties... C'est d'une part la force, de l'autre la faiblesse: il ne peut y avoir entre elles aucun traité, parce qu'il ne peut exister ni liberté ni consentement. Or la société est un contrat consensuel, et la loi ne peut voir de consentement véritable dans un contrat de société dont un seul recueillerait tout le profit et dont l'intérêt commun des parties ne serait pas la base.» Le Tribun Gillet était encore plus formel: « Une telle convention serait nulle.»

Quant à l'analogie que l'on pourrait être tenté d'établir entre la présente hypothèse et celle d'un testament ren-

(1) Duranton XVII n° 422.
(2) Société IX.

fermant une clause illicite, elle n'est vraiment pas acceptable. Quel motif a porté le législateur à conserver le testament, tout en annulant la clause? Cette considération qu'il ne serait pas juste de punir le légataire de la faute commise par le testateur. Mais le contrat de société est l'œuvre de tous, pas un sociétaire qui n'y ait participé, au moins par son adhésion et qui, par suite, ne soit coupable.

On ajoute, quelquefois, une cinquième condition: *des bénéfices à réaliser*, mais cette condition se confond avec la précédente et n'offre pas, dans ses termes, une parfaite exactitude, car on peut fort bien s'associer pour supporter, ou plutôt pour éviter une perte, au moyen d'un travail ou d'une dépense communs. Les sociétés de secours mutuels se trouveraient en dehors de cette définition, car il n'y a là aucun bénéfice à espérer, tandis qu'il y a, évidemment, un intérêt commun. Et qu'on ne dise pas qu'au fond il y a toujours un gain à faire, parce qu'on gagne ce qu'autrement on aurait perdu; c'est là une subtilité sur laquelle je ne veux pas m'arrêter.

Les conditions essentielles à la formation, ou plutôt à l'existence de la société étant bien déterminées, une dernière question se pose, c'est celle de la personnalité des sociétés.

On est assez généralement d'accord pour reconnaître la personnalité des sociétés commerciales. En effet, on trouve là un fonds social distinct de la fortune des associés et sur lequel les créanciers de ceux-ci n'ont aucune prise; on trouve une organisation complète, réglée par la loi et, en un mot, tout ce qui peut constituer un personnalité fictive. Quant aux sociétés civiles, la question est très-douteuse et beaucoup plus controversée.

L'intérêt de la question est sensible. Si la société est personne morale, il en résulte: 1° que les biens composant le fonds social sont le gage exclusif des créanciers sociaux, lesquels sont payés par préférence aux créanciers des associés. Si, au contraire, il n'y a pas de personne morale, les créanciers personnels des associés concourent, avec les créanciers sociaux, sur la part qui appartient à leur débiteur dans la société.

2° Qu'un sociétaire ne peut compenser sa dette personnelle avec celle dont est redevable un débiteur de la société et réciproquement. Si la société, au contraire, n'a pas de personnalité, cette compensation s'opère, pour la part que possédait le sociétaire dans la créance sociale.

3° que le droit des associés est purement mobilier tant que dure la société, lors même que le fonds social comprendrait des immeubles: ceci résulte de l'article 29 Code civil qui dit que toute action ou intérêt dans une compagnie de finance est meuble, lors même que la société posséderait des immeubles. Si, au contraire, la société n'a pas de personnalité propre, les biens sont meubles ou immeubles suivant leur nature: distinction qui peut avoir de l'intérêt, surtout à propos des conventions matrimoniales.

Quant à la solution même de la question, on soutient,

dans un premier système, et c'est celui de la majorité des auteurs, que la société civile, de même que la société commerciale, est une personne morale véritable. (1) On invoque, d'abord, le précédent que l'on croit trouver en droit romain, précédent singulièrement contestable et qui, en somme, fournit un argument de peu de valeur; car les partisans de ce système sont obligés de convenir que l'ancien droit français avait admis l'opinion contraire. Mais, ajoutent-ils, les rédacteurs du code n'ont pas suivi notre vieux droit et ce qui le prouve c'est l'article 1860 sur lequel ils se séparent entièrement de Pothier. Au surplus, si l'on veut connaître leur pensée, elle apparaît bien nette et évidente et dans le titre consacré aux sociétés et ailleurs.

L'article 529 d'abord, déclare meuble, lors même qu'il y aurait des immeubles dans le fonds social, toute action ou part d'intérêt dans une société; on ne distingue pas entre les sociétés civiles et commerciales. Or, cette mobilisation des parts est un incontestable indice de la personnalité de la société. Quant aux articles de notre titre, ils sont encore plus clairs. Partout, la société y est représentée comme distincte des associés qui ont des devoirs envers elle et réciproquement. (Art. 1845—1852—1848—1850) L'art. 1860 défend aux associés de disposer même d'une partie de la chose sociale, comment expliquer cela.

(1) Troplong : Sociétés I p. 58. — Proudhon : Usufruit 2064. — Duvergier: Sociétés 381 et seq. — Delvincourt: t. III. p. 8. — Duranton t. XVII Ier 334.

s'ils sont co-propriétaires, chacun pour une part, de ce fonds?

La jurisprudence, ajoute-t-on, a sanctionné cette opinion en décidant (et c'est la seule occasion au sujet de laquelle elle ait eu à se prononcer sur la question) que les sociétés civiles seraient assignées au domicile de leur gérant. C'est donc leur reconnaître un siége social, une personnalité. L'art. 59. Code de procédure, ne distingue pas non plus entre les sociétés civiles ou autres; toutes sont assignées devant le juge du lieu de leur établissement.

Enfin, dit-on, quelle position fait-on aux sociétés civiles en leur refusant cette personnalité qui est, pour ainsi dire, de leur essence? N'est-ce pas leur ôter tout crédit; car qui voudrait s'engager envers une société si le fonds social peut être, à tout instant, absorbé par les créanciers privés des sociétaires? Peut-on supposer que le législateur, en reconnaissant des sociétés, ait pu vouloir leur enlever ainsi ce qui est indispensable à leur existence?

Malgré la valeur de ces raisons, je n'hésite pas à me prononcer dans le sens contraire et voici les arguments qui me décident. Lorsqu'on a devant soi une personne physique, on connaît ses droits et, si elle s'engage envers vous, l'étendue des obligations qu'elle contracte. Si l'on a affaire à une personne fictive, c'est-à-dire à une abstraction, on se demande quels sont ses droits, qui la représente, quels recours on aura contre elle. Permettrat-on à de simples particuliers de fixer tout cela sans condition aucune ? Mais alors quelle sécurité reste-t-il aux tiers, si chacun peut ainsi se faire, à huis clos, législateur en sa propre cause?

La création des personnes morales appartient à la loi, soit qu'elle dise expressément : telle société est personne morale, soit qu'elle le déclare implicitement en exigeant, de certaines sociétés, ce qui est nécessaire pour l'existence des personnes morales: obéissances à telles ou telles règles destinées à faire connaître au public quel est l'être fictif avec lequel il traite.

Ces conditions spéciales, indispensables pour l'existence d'un être fictif, parce que seules elles peuvent conjurer le danger qui, sans cela, existerait de traiter avec des abstractions sans limites, sans surface et, peut-être, sans recours, ces conditions nous les trouvons en ce qui touche les sociétés de commerce. Les rencontre-t-on aussi en ce qui concerne les sociétés civiles? Nullement; les textes qu'invoque l'opinion contraire n'ont pas trait à cela. Faut-il y voir une intention restée incomplète, mais néanmoins significative d'édicter, en faveur de la société civile, les règles qui lui sont nécessaires pour constituer une personne morale, ou faut-il y voir, seulement, un langage inexact? A-t-on mis en opposition la société et les associés pour marquer qu'il y avait là une preuve distincte ou, seulement, pour éviter toute confusion en opposant la masse des associés, prise en bloc, à l'un des sociétaires considéré individuellement ? Ce qui prouve que la seconde interprétation est la seule véritable, c'est que ces articles mis en avant par l'affirmative sont, sauf un seul, l'art. 1860 qui s'explique fort bien par des considérations d'utilité pratique, copiés tous dans Pothier qui, d'accord avec tous les vieux auteurs, repoussait, ceci est hors de conteste, la personnalité des sociétés civiles. Enfin l'art. 69 § 6 P. porte que les sociétés commerciales seront assignées à leur siége social; il ne parle pas des sociétés civiles. L'art. 529 ne prouve rien, car à l'époque de sa rédaction on n'avait pas encore distingué les sociétés civiles et commerciales et les termes de l'article s'appliquent, presqu'exclusivement, à ces dernières. L'art. 59 § 6 pr. prouve beaucoup, au contraire, parce qu'il est postérieur au titre des sociétés et l'art. 8 de la loi de 1810 sur les mines prouve plus encore, puisque le législateur, créant une société civile placée dans des conditions exceptionnelles, lui assure, par une disposition expresse, le titre de personne morale, disposition bien inutile, si ce titre lui eut appartenu de par le droit commun.

En dernier lieu, on peut invoquer, non plus l'intérêt des sociétaires qui sauront toujours bien se garantir, mais celui des tiers que l'on place dans la plus fausse et la plus fâcheuse situation en les mettant en face d'une abstraction, d'une personne fictive dont ils ne connaissent pas et ne peuvent connaître la surface, c'est-à-dire la responsabilité, la garantie que cette fiction présente. La loi, si soigneuse de prévenir les tiers (la preuve en est dans les sociétés commerciales), les aurait-elle laissées, ici, dans l'ignorance la plus préjudiciable à leurs intérêts plus respectables, on l'avouera, que ceux des sociétaires? On ne peut le supposer, ni, par suite, accepter le principe de la non-personnalité des sociétés civiles. (†)

§ II. — *Engagements des associés entre eux.*

Afin de comprendre sous cette rubrique ce qui est contenu dans le titre correspondant du Code civil et de garder, en même temps, un ordre plus logique, le présent paragraphe se divisera ainsi : 1° Début et durée de la société ; 2° règles de détail relatives à l'apport à effectuer (nous avons déjà constaté la nécessité et la modalité de cet apport) ; 3° administration de la société ; 4° devoir réciproque des associés les uns envers les autres ; 5° partage des bénéfices ; 6° croupier.

1° *Début et durée de la société.* — Ceci ne semble pas rentrer bien directement dans le sujet, mais, comme les engagements réciproques des sociétaires supposent une société en mouvement, il faut bien, d'abord, dire quant elle commence et quant elle finit.

La société commence au moment du contrat, elle est parfaite, dès lors, quand bien même les apports n'auraient pas été effectués. Mais les associés peuvent convenir que la société commencera à un autre moment, ou sous con-

(1) Voyez sur cette question MM. Demante t. III p. 250. — Aubry et Rau t. III p. 394 et une savante dissertation de de M. Thery dans la *Revue critique* de 1854 — t. V p. 412.

dition. Toutes fois, en effet, qu'un motif d'utilité publique
ne semble pas l'exiger, — un texte est, alors, nécessaire
pour le dire — on respecte les conventions des parties et
ici rien ne leur porte atteinte.

La durée de la société est fixée par les intéressés eux-
mêmes, dans les statuts constitutifs. Presque toujours,
cette durée, dans les associations, est de trente ans ou de
quatre-vingt-dix-neuf ans. Ce dernier chiffre est le
résultat d'une idée généralement répandue que la loi
n'admet pas de durée illimitée et regarde comme telle
tout espace de temps qui excède quatre-vingt-dix-neuf
ans. Le Code ne dit rien de pareil, mais il établit que si
la durée de la société n'a pas été fixée par les conventions
des parties, cette société est présumée faite ou pour toute
la durée des affaires sociales si cette durée est courte, ou
pour toute la vie des associés, mais, alors, avec faculté à
tout membre, de dissoudre la société, pourvu que ce ne
soit pas à contre temps ni de mauvaise foi (art. 1869).

2° *Comment doit être effectué l'apport.* — L'apport,
nous l'avons vu, consiste ou en capitaux ou en industrie.
S'il consiste en capitaux, nous devons appliquer l'article 1138 Code civil déclarant que l'obligation de donner
rend le créancier propriétaire à partir du contrat. La
société (je prends ce mot dans le sens que lui donne le
Code, lequel l'emploie pour désigner la masse des sociétaires par opposition à un seul), la société est devenue
propriétaire et le Code complète l'assimilation qui existe
au sujet de l'art. 1138 entre la société et la vente en disant

(art. 1845) que le sociétaire est garant de la chose qu'il apporte, au cas d'éviction, comme le serait, en pareille circonstance, le vendeur envers son acheteur.

Pour la livraison de la chose qui fait l'objet de l'apport, on suivra les règles ordinaires (art. 1136 et *seq.*). Comme dans les sociétés ouvrières, l'apport en capital se compose, presque toujours, de sommes d'argent versées par fractions et parfois d'apport en matériel, il n'y a pas lieu de s'étendre sur des questions qui offrent peu d'intérêt en théorie et presque aucun en pratique.

Dès que l'on est débiteur d'un apport, on en doit les fruits. Ici l'apport consistant en argent, les fruits ce sont les intérêts et ils sont dus de plein droit (art. 1846). Le Code ajoute même « sans préjudice de plus amples dommages-intérêts s'il y a lieu, » ceci pour faire exception à une règle suivant laquelle le défaut de paiement d'une somme d'argent n'oblige le débiteur qu'à payer les intérêts de cette somme pour tout dommage. On a considéré qu'il y avait quelque chose de plus grave à faire attendre ou à tromper ses co-associés, qu'à faire attendre un débiteur ordinaire. La règle posée est, d'ailleurs, conforme aux vrais principes dont le droit commun s'écarte d'une manière fâcheuse et bien difficile à justifier.

Lorsque l'apport consiste en industrie, chaque membre doit compte à la société de tous les gains par lui obtenus dans l'espèce d'industrie qui fait l'objet de la société. L'art. 1847 entend parler surtout de sociétés de commerçants, mais, ce qu'il faut chercher ici, c'est beaucoup moins la lettre de la loi que son esprit. Or, cet esprit se retrouve évidemment dans un article reproduit à peu près invariablement dans les statuts de toutes les associations : « chaque membre est tenu de donner à la société tout son temps et tout son travail», bien entendu tant que la société est en mesure de l'occuper. Il peut arriver, en effet, et il arrive, surtout au début des associations, que le travail est insuffisant. Les associés, quelques-uns d'entre eux du moins, vont travailler au dehors, mais en ayant soin de rapporter à la société tout ce qui, dans leur salaire quotidien, excède la rétribution accordée par la société à ses membres. Même chose se passe, quelquefois, lorsqu'il y aurait du travail pour tous, mais que l'on aime mieux employer un manœuvre et laisser un bon ouvrier libre de gagner au dehors plus qu'il ne gagnerait dans l'association. Les statuts le disent alors; parfois aussi la chose se fait sans que les statuts aient pris la peine de la prévoir. De telles clauses ou de tels agissements n'ont rien que de très-licite. L'art 1847 dit « tout sociétaire doit son gain à la société», or c'est ici ce que l'on observe. Mais si la légalité ne souffre pas de ces arrangements, on n'en peut dire autant des principes; on arrive à remplacer une société créée pour le travail par une société de capitalistes.

Il va sans dire que si un sociétaire allait travailler au dehors sans y être autorisé, alors même qu'il rapporterait à la société son gain journalier, ce sociétaire aurait manqué au devoir que lui imposait son engagement, car ce que la société a droit de réclamer, avant tout, c'est son travail, c'est sa participation à l'industrie commune. Les statuts prononcent souvent, en pareil cas, l'exclusion. Tout au moins, en cas de silence, pourrait-on exiger des dommages-intérêts. Une absence prolongée deviendrait même, et très-justement, un cas d'exclusion; pourquoi garderait-t-on dans la société un membre qui ne veut remplir aucun des devoirs, ou, tout au moins, qui ne veut pas remplir le principal des devoirs auxquels l'oblige un contrat librement accepté ?

Telle est la première des obligations à laquelle sont soumis, par le fait même de leur adhésion aux statuts, les membres d'une société. Après avoir examiné ce qui concerne l'administration, nous étudierons les autres devoirs des associés.

3° *Administration.* — Jusqu'à présent nous avons étudié des règles communes à tous les genres de société ; ici la division commence. La loi a fixé, en ce qui touche l'administration de certaines sociétés commerciales, des règles auxquelles on ne peut se soustraire. Ainsi on doit avoir un gérant dans la commandite, et un conseil dans la société anonyme, mais dans la société civile, ainsi que dans celle en nom collectif, les sociétaires peuvent choisir eux-mêmes tel genre d'administration qu'ils jugent convenable. Le Code ne pose de règle que pour l'hypothèse, bien rare on doit le dire, où aucune stipulation n'aurait été faite sur ce point.

Le premier des cinq articles consacrés à cette matière, l'art. 1856, suppose un gérant unique et résout deux questions : quels seront les pouvoirs de ce gérant; quel sera le mode de nomination.

Sur la seconde question, qui devait être en réalité la première, la règle posée est bien simple : si le gérant a été nommé dans l'acte constitutif, son pouvoir ne peut plus lui être enlevé sans cause légitime. Il est, au contraire, destituable à volonté, si la nomination est postérieure à la confection des statuts. Ajoutons qu'il en serait de même si les statuts, tout en nommant le gérant, l'avaient déclaré révocable.

Les termes de l'article ne semblent pas, d'abord, se prêter à cette interprétation, car ils ne renferment aucun tempérament. Mais s'il n'y en a point dans les termes de la loi, il y en a, on ne peut le méconnaître, dans son esprit. Cet article, qu'on ne l'oublie pas, est édicté dans l'hypothèse qu'il n'y a pas eu de convention entre les parties, mais les conventions, s'il y en a, sont toujours respectées, et celle-là n'a rien d'illicite. L'art. 1856 est basé sur cette idée, que les statuts contiennent certaines règles jugées par tous les sociétaires indispensables à l'existence du contrat. Sans la certitude de voir observer ces règles, ils ne seraient point entrés en société.

Voilà donc des dispositions que le consentement de tous peut seul changer. Si le nom du gérant se trouve dans les statuts, c'est que bien des sociétaires ont, en s'engageant, considéré sa personne ; on ne peut donc le changer qu'à l'unanimité. — Si, au contraire, à côté de son nom se trouve la clause « révocable à volonté », tous savaient à quoi ils consentaient, et nul ne pourra se plaindre d'un changement.

Ceci posé et admettant l'hypothèse prévue par l'article d'un gérant nommé par les statuts et nommé sans condition, pour quelles causes peut-on le révoquer et de quelle manière doit-on s'y prendre pour arriver à ce but ?

Le Code se borne à dire : « Ce pouvoir ne peut être révoqué sans cause légitime», c'est-à-dire que l'appréciation des causes qui peuvent déterminer une mesure aussi grave sont laissées à la conscience des magistrats. Ils ont à concilier deux idées opposées ou, plutôt, à éviter deux écueils : une trop grande indulgence qui, en laissant à la tête de la société un homme malintentionné, pourrait ruiner l'entreprise, et une sévérité trop soupçonneuse qui, en enlevant à la société un homme utile et capable, pourrait compromettre gravement son avenir.

Quant au mode de révocation, je n'en vois qu'un seul, c'est le recours aux tribunaux, parce que seuls les tribunaux peuvent apprécier souverainement et impartialement et, qu'à moins de conventions, assez fréquentes d'ailleurs, exigeant un arbitrage, on ne peut reconnaître comme juge entre des intérêts hostiles et des prétentions contraires que les hommes chargés de ce soin par la loi.

Le droit de s'adresser aux tribunaux appartient-il à tout associé comme le veut M. Duranton (T. XVII nº 434) ou à la majorité seulement comme le croit M. Duvergier (nº 293) ? Je pense qu'on doit donner ce droit à tout membre, car les conventions qui régissent la société sont de deux sortes, les unes laissées à la fixation de la majorité et qui obligent la minorité, les autres écrites dans les statuts et qui importent à chacun, parce qu'elles sont le vœu de tous. Or la nomination statuaire est de ce nombre, tout membre peut donc réclamer contre une violation des statuts et, en cas de destitution, c'est à l'unanimité, sauf autre stipulation, que sera nommé le nouveau gérant. Si l'on ne parvient pas à s'entendre, la société est dissoute, car on ne peut imposer à quelqu'un un gérant qu'il n'a pas choisi et pour la nomination duquel il n'a pas voulu, le mode de cette nomination le prouve, rester à la merci de ses co-associés.

Il faudra, aussi, l'unanimité pour la nomination d'un gérant non désigné dans les statuts ou pour sa révocation amiable, toujours si l'on n'a eu soin de prévoir ces hypothèses et de fixer une majorité, ce que l'on fait presque toujours. Le motif de la décision qui vient d'être exposée est le même que précédemment. C'est l'unanimité qui a fixé le mode de nomination et de révocation; c'est elle aussi qui s'est réservé tacitement, puisqu'elle n'a fixé là dessus aucune règle, le choix du mandataire commun.

Le gérant, de son côté, est lié à son mandat, il doit le conduire à fin (1). Ses associés ne sont entrés dans la société qu'en considération de sa capacité; il y a engagement réciproque.

Reste la seconde question et la plus importante, celle des pouvoirs du gérant. En principe, le gérant est un

(1) Duvergier 291.

mandataire; on peut donc lui déléguer tels droits que l'on croira utiles et c'est un des points que les statuts doivent fixer avec le plus grand soin; on n'y manque pas d'ordinaire. Si, pourtant, on l'a omis, quels sont ces pouvoirs? L'art. 1856 dit seulement qu'il peut « nonobstant l'opposition des autres associés, faire tous actes qui dépendent de son administration, pourvu que ce soit sans fraude». On devra donc lui reconnaître les droits nécessaires pour gérer l'affaire dont s'agit, en ayant soin de remarquer: « que ce gérant représente la société d'une manière plus complète que le mandataire ordinaire ne représente son mandant; il a avec elle des liens plus intimes et son administration comporte quelque chose de plus prompt et de plus discrétionnaire..... Toute société civile ou commerciale a un but précis et prévu que le gérant est chargé de poursuivre en vertu des devoirs de sa fonction; et cette fonction, dès lors, l'investit du droit primordial de faire tout ce qui rentre légitimement dans cette fin avérée. C'est pourquoi, l'on risquerait quelquefois de s'égarer si on le soumettait trop rigoureusement aux définitions que le droit commun a données pour les cas ordinaires de mandat général, car il faut surtout tenir compte de la nature de l'affaire entreprise, des conditions particulières de sa gestion, de l'esprit qui a présidé à la formation des rapports sociaux, de l'usage suivi dans les spéculations du même genre etc» (1).

(1) Troplong t. II n° 681.

Le Code a eu soin d'ajouter : « Sans fraude. » Ce qui exclut tout acte improbe ou abusif du gérant. C'est ainsi qu'un arrêt de cassation a décidé qu'un gérant trahissait ses mandants en vendant sans autorisation les magasins de la société (1). On en dira autant d'un gérant qui hypothéquerait les immeubles sociaux, à moins de grande nécessité ; tout cela est affaire d'appréciation. Il s'agira de voir uniquement si, dans une hypothèse donnée, le gérant a vraiment agi dans l'intérêt de la société. On ne peut point établir d'autres règles.

En revanche, contracter, acheter, vendre, louer ou prendre à bail pour la société, voilà autant de mesures qui rentrent évidemment dans ses pouvoirs. C'est lui aussi, qui comparaît en justice pour la société, soit en demandant, soit en défendant. Quant à la question de savoir qui l'on doit assigner pour mettre la société en cause, elle n'est pas douteuse en ce qui touche les sociétés de commerce, puisqu'elles ont, de par la loi, un représentant et un siège social, une personnalité en un mot. Quant aux sociétés civiles, rigoureusement et logiquement on devrait assigner chacun de leurs membres ; c'est une conséquence de leur non personnalité, aussi bien que de l'article 69, 6° Pr. qui, en exigeant une assignation unique pour les sociétés commerciales, exclut, par là même, un semblable système en ce qui touche les sociétés civiles. La jurisprudence, pourtant, a déclaré qu'il suffisait d'as-

(1) D. 37 1 140.

signer le gérant; décision d'une utilité pratique évidente, mais très-discutable en droit.

On a contesté au gérant le droit de transiger et de compromettre. Si on lui reconnaît le pouvoir de suivre un procès ou même de l'entamer, peut-on lui refuser le droit de prévenir ou de faire cesser un litige dont l'issue est douteuse ou dont la longueur est nuisible à la société, surtout à une société commerciale? Il ne faut pas, dans un sujet comme celui qui nous occupe, prendre pour règle les principes qui doivent guider la conduite d'un mandataire, ou légal le tuteur par exemple, ou conventionnel, mais ayant reçu une mission générale, c'est-à-dire touchant la conduite d'un patrimoine. Les législateurs sont, dans ces derniers cas, partis de cette idée qu'il s'agissait beaucoup moins d'agir que de conserver; de là, des restrictions de toutes sortes; on craint toujours une innovation sur le patrimoine, un excès de pouvoir de la part du gérant. Ici, au contraire il convient d'agir, et souvent d'agir promptement, et il est indispensable, pour arriver à ce but, de donner au gérant des pouvoirs étendus. C'est ce que font le plus souvent les statuts, c'est aussi, ce qu'à leur défaut, doit vouloir le Code. Une dernière considération : le mineur ne choisit pas son tuteur; il est donc naturel que la loi ait multiplié ses garanties; les sociétaires ont choisi leur gérant et sans limiter ses pouvoirs. Pour qu'on pût opposer à sa gestion des entraves, il faudrait un texte qui n'existe pas et, en l'absence duquel, nous avons droit de réclamer, pour lui, l'autorité la plus étendue.

Le Code prévoit, ensuite, le cas où plusieurs sociétaires ont été chargés simultanément de la gérance. Si leurs fonctions n'ont pas été déterminées par les statuts, ils ont tout pouvoir chacun de son côté (art. 1857). Si l'on a stipulé que jamais un des gérants ne pourrait agir sans les autres, un seul ne pourra gérer, même s'il y a, de leur part, impossibilité d'agir (art. 1858). Disposition qui sert à merveille la défiance des associés envers un gérant unique, mais qui souvent, conduira tout droit à la ruine de l'entreprise. La loi a supposé, qu'en certains cas, les sociétaires aimeraient mieux manquer de faire des bénéfices ou même supporter des pertes que de s'en remettre à l'autorité d'un seul. Au surplus, les sociétaires peuvent toujours et facilement se mettre en garde contre de tels dangers.

Le Code passe à cette hypothèse qu'aucune stipulation n'a été faite sur le mode de gestion. Chose qui sera bien rare, il faut l'avouer, dans nos associations et dans toute société faite en vue de l'exploitation d'une entreprise quelconque. Et, en effet, les articles 1859 et 1860 ne parlent que d'administration, de la manière d'user de la chose commune etc. Dans l'esprit du législateur, ces règles devaient s'appliquer, à peu près exclusivement, aux sociétés fondées pour la jouissance d'une chose commune. Aussi offrent-elles peu d'intérêt ; il suffit de les exposer brièvement.

Tous les associés peuvent administrer ; ce que chacun fait est valable, sauf le droit qu'ont les autres de s'opposer à l'opération avant qu'elle ne soit conclue. — Chacun peut user de la chose commune, pourvu qu'il s'en serve suivant sa destination et sans léser le droit de ses co-associés. Chaque membre peut obliger les autres à contribuer à l'entretien de la propriété collective. — Nul ne peut faire d'innovation sur l'immeuble social sans le consentement des autres : enfin, nul, s'il n'est administrateur, ne peut aliéner ou engager les objets dépendants de la société.

4° *Devoirs des associés entre eux.* — Ceci comprend un sujet que souvent on divise en deux parties : Devoirs des associés envers la société et devoirs de la société envers les associés. Sans maintenir la division basée sur un terme impropre, l'ensemble des sociétaires pris, en opposition à un seul, comme formant un être moral, une personne civile, sans maintenir cette division, on emploiera souvent les mots de société et d'associés dont Pothier et le Code ont cru pouvoir user, et qui sont beaucoup plus clairs que les termes propres.

Les devoirs des sociétaires les uns envers les autres sont, avant tout et par dessus tout, une affaire d'équité : ils dérivent de l'obligation contractée par le fait seul d'unir ses efforts dans un but commun. Tout ce qui peut conduire au résultat final, les sociétaires doivent le tenter, chacun dans la mesure de ses forces et de ses engagements. Tout ce qui peut nuire à cette même société, ils l'éviteront avec grand soin, respectant les autorités par eux choisies et observant les conventions faites sur la tâche à remplir et sur les bénéfices à partager. Le Code n'a guère fait qu'appliquer à différentes espèces ces règles de bonne foi. Nous avons déjà trouvé, en ce qui concerne l'apport, quelques prescriptions sur les devoirs des sociétaires; nous allons examiner celles qui sont énumérées dans notre section et qui remplissent les articles 1848 à 1852 inclusivement.

L'article 1848 parle, d'abord, du cas où un sociétaire es créancier d'une personne qui doit aussi à la société. Ce que reçoit le sociétaire doit s'imputer sur sa créance propre et sur celle de la société proportionnellement. Si pourtant, l'imputation avait été dirigée en entier sur la créance de la société, cette convention serait respectée. Ce qui a décidé le législateur, c'est la crainte que l'un des membres ne fut plus zélé pour lui-même que pour la société. Il a pensé que chacun individuellement veillerait très-soigneusement à ses propres intérêts, et qu'il fallait pourvoir surtout à ce qui était d'une utilité collective.

Mais, ainsi que le remarque M. Troplong (1), cet article ne sera pas toujours applicable. Si le sociétaire, par exemple, est un commanditaire ou un simple membre non administrateur, comment saura-t-il, puisque dans les deux cas il lui est défendu de s'immiscer dans la gestion, que son débiteur doit aussi à la société? Bien plus, notre article suppose le créancier maître de diriger, à son gré, l'imputation sur telle ou telle créance,

(1) T. II n° 556 et seq.

mais ce droit n'appartient qu'au débiteur, et si ce dernier trouve avantage à se libérer, d'abord, de sa créance envers le sociétaire, soit parce que les intérêts en sont plus élevés, soit pour toute autre raison, le créancier, quand bien même il en aurait le désir, ne peut l'empêcher d'agir ainsi. Ce que l'article a voulu redresser, c'est l'imputation égoïste faite par le créancier; ce n'est pas, et ce ne peut pas être, l'imputation faite par le débiteur qui use de son droit.

L'article 1849 n'est qu'une conséquence du même principe d'égalité et de bonne foi qui doit dominer toutes les relations des associés. Il décide que si l'un des membres a reçu sa part de la créance sociale et que le débiteur soit devenu, par la suite, insolvable, celui qui a reçu sera tenu de rapporter la somme perçue, afin d'en faire profiter ses co-associés. On doit appliquer la même décision au cas où l'un des sociétaires aurait retiré un avantage quelconque d'une chose commune. Ayant agi pour la société, celui qui a fait ce bénéfice lui doit compte de tous les gains (1). Si, par exemple, deux associés ont vendu séparément la moitié d'une même chose, l'un 40,000 fr., l'autre 30,000 fr., ces deux sommes devront se confondre pour donner à chaque associé 35,000 fr.

Nous trouvons, dans l'article suivant (1850), la règle romaine que chaque associé est tenu envers la société des dommages qu'il a causés par sa faute sans pouvoir com-

---

(1) Pothier n° 122; Delvincourt t. III p. 221 notes.

penser, avec ces dommages, les profits que son industrie aurait procurés à la société d'autre part. — La raison de cette règle est simple : les profits n'appartiennent pas au sociétaire ; ils sont à la société, donc la matière manque à la compensation.

L'article 1851 s'occupe des apports faits à la société. La propriété de ces objets passe, de plein droit, aux associés considérés collectivement. Si la chose périt, la perte, bien entendu, est pour la société, sauf si l'apport consistait non dans la propriété, mais dans la jouissance d'une chose; dans ce cas, et en supposant une force majeure ce qui écarte toute question d'indemnité, la société perd son droit de jouissance et le sociétaire sa propriété.

Il n'y a pas lieu de s'occuper des apports qui consistent en choses fongibles. les ouvriers sociétaires n'apportent que leur industrie, leurs épargnes et quelquefois leurs outils. S'il y a des apports en matériel, on en mettra en société ou la propriété ou l'usage, nous venons de voir ce qui advient dans ces deux cas. Ajoutons une chose seulement; si l'objet que l'on apporte a été estimé, cette estimation vaut vente, c'est-à-dire que le sociétaire perd la propriété de sa chose pour n'être plus que créancier de la valeur, créance qu'il ne pourra faire valoir que lors de la dissolution de la société. Le Code parle d'estimation dans un inventaire; c'est à tort, l'estimation produira son effet de quelque manière qu'elle ait été faite.

Dernière règle, enfin, posée par l'art 1852 : « un associé a action contre la société, non seulement à raison des sommes qu'il a déboursées pour elle, mais encore à raison des obligations qu'il a contratées de bonne foi pour les affaires de la société et les risques inséparables de la gestion.»

Il y a là trois causes possibles d'obligation pour la société.

1° Dépenses faites par un associé dans l'intérêt de tous. On doit le rembourser avec intérêt du jour de la dépense. C'est l'application de la règle qui assure à tout mandataire l'intérêt des sommes par lui employées au profit du mandant, et celà à compter du jour des dépenses constatées. Il suffit que le sociétaire ait agi dans les limites de ses attributions et de bonne foi; dès lors, il a droit à indemnité, quand bien même un autre eut, à moins de frais, rempli le même office; les associés sont coupables ne n'avoir pas mieux choisi.

2° Un associé a contracté quelqu'obligation pour les affaires de la société; on lui doit indemnité avec intérêts comme il vient d'être dit.

3° Un associé a subi des pertes par suite des risques inséparables de sa gestion. On entend par là, les hasards auxquels un associé n'a été soumis que parce qu'il s'occupait des affaires sociales confiées à ses soins.

Lorsqu'il y a lieu d'indemniser ainsi un des associés, chacun n'est tenu de le faire que pour sa part et portion; celui qui reçoit l'indemnité y contribue comme les autres, puisque c'est une dépense sociale et, qu'à ce titre, elle doit être acquittée par tous les membres de la société. — S'il s'agissait d'une société qui fut personne morale, l'indemnité serait prélevée sur le fonds social, il n'y aurait pas lieu à contribution individuelle.

5· *Partage des bénéfices* — C'est un des points qui d'ordinaire, sont réglés avec le plus de soin par les statuts. Ils ont, là dessus, plein pouvoir, sauf, pourtant qu'ils ne peuvent priver un associé de tout bénéfice ou le dispenser de toutes pertes; la société manquerait, alors, de l'un de ses éléments essentiels. On peut donner à l'un une part moins forte qu'aux autres, cela est parfaitement licite, pourvu que cette part ne soit pas tellement minime qu'on y puisse voir l'intention de créer une société léonine. Le législateur a pensé, avec raison, que les meilleurs juges, en pareille matière, c'étaient les associés et que si la part dans les bénéfices n'était pas la même pour tous, c'est que, sans doute, les uns contribuaient plus que les autres au succès commun et qu'il était, à la fois, juste de les en récompenser et utile de les retenir en leur faisant des conditions meilleures. Nul guide, en effet, n'est plus sûr que l'intérêt des parties en cause.

Le bénéfice, en tous cas, ne se compose que des gains obtenus, déduction faite des frais généraux et des pertes. Lorsqu'on parle de contribution aux pertes, il faut donc supposer, d'abord qu'il n'y a point de bénéfices, ensuite que l'opération a été malheureuse. Cependant, dans les associations ouvrières, il en est autrement. Nous avons vu que ceux qui en font partie ne sont pas en état d'attendre, comme dans les entreprises financières, l'inventaire annuel ou semestriel pour toucher leur part de bénéfice. Ils en reçoivent une partie sous forme d'une paie hebdomadaire égale au salaire des ouvriers de la même profession. Il se peut, qu'en fin de compte, il n'y ait que des pertes, obligera-t-on les ouvriers à rapporter ce qu'ils ont ainsi reçu par anticipation? Remarquons d'abord, qu'en pratique, un recours pareil serait impossible à exercer, car cette rétribution représente pour l'ouvrier les frais journaliers, l'indispensable: il ne garde pas ce qu'il reçoit ainsi, il le dépense. Mais, en théorie, le rapport devrait-il être exigé? Oui en droit strict, non en équité.

Il est évident, en effet, que les sommes distribuées proviennent du gain social, mais pour leur attribuer la qualité de bénéfice, il eut fallu une déduction préalable des frais généraux et des pertes, ce qui n'a pas été fait. En droit, il n'y a donc pas bénéfice et, par suite, il n'y avait lieu à aucune distribution. Mais, en bonne justice, on doit prendre en considération la position toute spéciale de ces sociétaires qui s'unissent non pour faire une spéculation, mais pour gagner le pain de chaque jour. Et, s'il est naturel de les considérer comme membres d'une société, c'est-à-dire d'un être collectif ayant ses créances et ses dettes, ne peut-on pas, même par rapport aux tiers qui en seront avertis, regarder les sociétaires qui la reçoivent comme créanciers de cette rétribution, de sorte que le bénéfice qui réponde des pertes soit seulement composé des sommes liquides à l'inventaire de fin d'année? Ainsi, soit une société comprenant deux sortes d'apport; travail et capital. Parmi les sociétaires, quelques-uns sont travailleurs et capitalistes tout à la fois, d'autres seulement capitalistes. On dit aux tiers; vous traitez avec une personne collective; avec un être moral (la société dont il s'agit peut être commerciale), il vous faut des garanties, nous vous offrons comme telles; d'abord le capital social, ensuite la responsabilité de chaque sociétaire, soit indéfiniment, soit pour une part virile. Mais on ajoute : les sommes remises, à titre de rétribution hebdomadaire, nous les regardons comme entrant dans les frais généraux ; par conséquent rien à revendiquer de ce chef; s'il y a des pertes elles retomberont, uniquement, sur le capital restant. Cette convention serait très-licite et, à défaut de stipulations, elle devrait servir de droit commun. Voilà la disposition qu'il eut fallu introduire dans une loi faite en faveur des associations ouvrières.

On peut très-bien aussi, le Code ne s'y opposant pas, fixer comme part de l'un des sociétaires une somme fixe. Cette clause, connue sous le nom de *bénéfice d'assurance*, et dont la validité était jadis très-contestée, semble parfaitement licite aujourd'hui. Il faut en dire autant du bénéfice assuré, sous condition, à l'un des sociétaires, ou d'une clause donnant les bénéfices au survivant d'entre les associés. Toutes ces conventions, au surplus, ne se rencontreront guère que dans les sociétés de capitalistes.

Notre droit regarde comme convention léonine, celle qui dispenserait de toute contribution aux pertes. « Est nulle aussi, dit l'art. 1855, toute stipulation qui affranchirait de toute contribution aux pertes les sommes et effets mis en société par un ou plusieurs des associés. » Le droit romain permettait cette convention, mais pourvu que l'apport de celui que l'on dispensait de toute perte consistat en industrie. Or, dans cette hypothèse aussi, la convention est possible dans le droit français, car, ainsi que l'ont fait remarquer les commentateurs, celui qui apporte son industrie sans toucher aucun bénéfice, fait en réalité une perte; il perd son temps et son travail, tandis que son associé le capitaliste n'a rien perdu. Ce que l'on a entendu proscrire, c'est la clause qui permettrait à un capitaliste de reprendre son apport malgré toutes pertes survenues, sachant, d'ailleurs, que ce capital participe aux bénéfices. Il y aurait là un marché de dupe que la loi a voulu empêcher.

En dehors de ces deux prohibitions portées par l'art. 1855, toutes conventions sont permises. Ainsi, on peut stipuler qu'un des sociétaires, outre une part dans les bénéfices, recevra une somme fixe à titre d'appointements (1).

Peut-on stipuler, aussi, que l'on aura une part moindre dans les bénéfices, à condition de ne supporter aucune perte ? Il est bien difficile de soutenir l'affirmative en présence du texte de l'article et c'est une chose regrettable, car une telle convention peut être avantageuse

(1) Zachariæ t. III p. 57.

pour les parties et la loi risque de leur nuire en voulant les protéger outre mesure.

J'ai exposé, déjà, l'effet que produit le pacte léonin et la controverse qui existe sur la question de savoir si le pacte seul est nul, ou si la société est frappée tout entière ; j'ai fait connaître la décision que, d'après plusieurs auteurs, je croyais être la véritable.

L'art. 1855 pose la règle fondamentale en matière de partage : liberté des conventions, sauf les deux pactes léonins dont il a été parlé plus haut, Mais, comme il est possible que les associés n'aient fixé aucune règle relativement à la répartition des bénéfices, la loi y a pourvu dans les articles 1853 et 1854. La part de chacun est, suivant le premier de ces deux articles, en proportion de sa mise dans le fonds de la société. L'industrie est considérée comme égale à l'apport en argent le plus faible.

Si l'apport a consisté dans la jouissance d'une chose, on prendra comme base les intérêts de la somme ou la valeur des fruits de la chose dont l'usufruit a été mis en société et l'on donnera une part de bénéfice proportionnelle au montant de ces intérêts ou de ces fruits.

Quant à la fixation de la part réciproque de l'apport en capital et de l'apport en travail, il est à regretter que l'on n'ait point suivi la loi romaine qui considère l'apport en travail comme égal à l'apport le plus élevé en capital. Elle s'appuie sur de justes considérations, tandis que les motifs de notre loi donnés par le tribun Boutteville ressemblent fort à une défaite. « Le législateur a voulu que celui qui apporte son travail et ses bras ne négligeat pas de faire sa part et d'assurer son sort dans la société. Si on lui eût donné la part la plus forte, on aurait encouragé l'oubli de la précaution la plus facile à prendre. »

La loi n'a pas prévu le cas où les sociétaires ont tous fait leur apport en industrie. Le mode de partage doit être alors fixé par les juges.

Une dernière question : à quel moment se font les répartitions de bénéfices ? Cela varie suivant la durée de la société et sa destination. Celles dont nous nous occupons étant faites pour durer longtemps et fournir à l'ouvrier ses moyens d'existence, il y aura, outre la rétribution dont j'ai parlé et qui à proprement parler n'est pas un bénéfice, des distributions annuelles. Ceci, en effet, est une question de convenance pour les associés ; l'intérêt des tiers n'est pas en jeu, puisque leur recours contre le capital ou la personne des sociétaires ne se trouve en rien diminué, jamais, en effet, distribution de bénéfice ne doit entamer le capital.

6° *Croupier*. — C'est un sous-associé que se donne un des sociétaires, mais en dehors de la société. Comme le croupier n'est usité que dans les sociétés de capitalistes et jamais dans les sociétés de travailleurs, il n'y a pas a en parler.

§ III. — *Engagements des associés envers les tiers.*

Afin de savoir dans quel cas l'obligation contractée par un sociétaire engage la société, nous examinerons successivement ces trois hypothèses : — 1º un des associés a contracté en son privé nom. — 2º un des associés a contracté, seul aussi, mais au nom de la société. — 3º l'obligation a été contractée par tous les associés.

1ª *Hypothèse.* — Engagements pris par un associé en son seul et privé nom. — Le bon sens dit assez que de telles obligations restent propres à celui qui les contracte.

Et il en est ainsi lors même que l'argent obtenu par ce sociétaire aurait été, par lui, versé dans la caisse sociale, car le créancier n'a action que contre celui avec qui il a traité, il ne connaît pas la société, il n'a pas à chercher ce qu'est devenue, la somme remise par lui au sociétaire.

— Le créancier, cependant, ne sera par dépourvu de tout moyen d'action contre la société, mais il ne pourra agir que d'une façon indirecte en faisant valoir ses droits de créancier d'un créancier de la société.

S'il y a doute sur la question de savoir si l'associé voulu traiter en son propre nom ou pour la société, on doit supposer qu'il a voulu contracter en son nom. Une qualité accidentelle, en effet, (celle de sociétaire) cède toujours à la qualité qui domine et l'on est présumé traiter pour soi-même plutôt que pour autrui (1).

2º *Hypothèse.* — L'un des associés a contracté seul, mais au nom de la société. — La société sera obligée, mais à une condition pourtant, c'est que le sociétaire qui a traité eut pouvoir de l'engager. Le premier venu ne peut obli-

(1) Troplong nº 778

ger ses co-associés et, quant aux tiers, ils doivent, avant tout, examiner les pouvoirs de celui qui se présente pour contracter au nom d'une société dont il dit être le représentant. Mais ici deux questions se présentent : 1° puisque la société n'est obligée que par la signature sociale, en quelle forme doit être exprimée cette signature ? — 2° en quelle forme doit être conçu le mandat confié à celui qui aura pouvoir d'engager la société ?

Sur la première question, la loi étant muette on doit reconnaître qu'il n'y a aucune forme obligatoire. Les statuts ont toujours soin de dire : la signature sociale sera X et Cie. Mais si les statuts sont restés muets sur ce point, ou si aucune convention n'est intervenue entre les sociétaires, toute locution sera bonne pourvu qu'elle montre clairement que l'obligation est contractée pour la société (1) La société est même obligée, s'il résulte de la teneur de l'acte que l'obligation est contractée pour son compte (2). Mais ce serait aller trop loin que de dire ; la société est engagée lorsqu'il résulte des faits et circonstances de la cause que l'on a voulu traiter pour elle. Sans exiger de formules sacramentelles, on peut demander une indication plus précise marquée au moins dans les termes de l'acte.

Seconde question. — De quelle manière doit être donné

---

(1) Un arrêt de Cassation du 23 avril 1816. S 16, 1, 275 déclare la société engagée par la signature qu'a donnée l'un de ses membres *comme chef de la société.*

(2) Merlin-Reperto. Société sect. VI § 1 p. 703.

le pouvoir qui permettra à l'un des membres d'engager ses co-associés? Ici, non-plus, nulle condition indiquée par la loi, le pouvoir peut donc être donné expressément ou tacitement. Expressément, ce sera par les statuts ou par un acte postérieur ; tacitement, il faut examiner les pouvoirs que la loi confère à chacun des associés lorsque rien n'a été stipulé sur ce point.

Chaque sociétaire a, nous l'avons vu (art. 1859), le droit d'administrer. Donc tant que ce droit ne lui a pas été retiré, il peut user de la signature sociale pour tout ce qui est relatif à cette administration. Mais au delà, pour vendre, emprunter etc., un pouvoir spécial paraît nécessaire, il y aurait trop de danger à laisser une faculté aussi étendue à chacun des associés.

Même dans l'hypothèse d'un sociétaire ayant traité sans pouvoir au nom de la société, les tiers auront une action si les sommes par eux remises ou les obligations par eux accomplies ont profitées à la société (art. 1864). Cette preuve sera difficile ; elle est à la charge du réclamant.

Lorsque l'obligation doit être supportée par tous les sociétaires, parce que le contrat a été régulièrement passé au nom de la société par un membre qui en avait le pouvoir, comment se répartit la charge de l'obligation? L'art. 1863 nous le dit : elle se partage entre tous les associés également, sauf, pourtant, si l'on a prévenu le tiers avec qui l'on traitait qu'il ne pourrait recourir contre chaque associé que pour une part déterminée. S'il accepte, c'est son affaire, mais s'il n'a pas été prévenu,

chacun des sociétaires est tenu pour une part égale, alors
même qu'ils auraient dans la société des intérêts différents. Comment, en effet, un étranger connaîtrait-il des
conventions privées ? Et ceci doit être observé alors
même que l'étranger aurait été instruit de cette situation
intérieure des sociétaires par des voies personnelles. La
loi est formelle, il faut que l'acte contenant l'obligation
ait fait lui-même la restriction, en signalant le degré
moindre ou plus considérable de responsabilité qui pèse
sur l'un des sociétaires.

Lorsqu'il y a lieu à l'action *in rem verso*, c'est-à-dire
lorsque les sociétaires ne sont tenus envers le tiers
agissant que du montant de certaines valeurs, et il en
est ainsi lorsqu'on prouve que les sommes obtenues par
un associé sans pouvoir, mais ayant contracté au nom
de tous, ont profité à la société, doit-on suivre la même
règle? chacun doit-il supporter une part égale de la revendication ? Un arrêt de cassation du 18 mars 1824, (1) a
décidé que les sociétaires suivant une certaine proportion dans la répartion des bénéfices, c'était la même proportion qui devait servir de base à l'obligation, puisqu'elle
provenait d'avantages déjà acquis aux sociétaires et dont
les uns et les autres avaient profité d'une manière iné-
gale. Cette décision est basée sur de trop justes motifs
pour être sérieusement contestée.

Pour les sociétés de commerce, ainsi qu'il sera exposé

(1) S. 25 1 138.

plus loin, la règle est autre et le mode de responsabilité varie avec les diverses formes de société.

3° *Hypothèse.* — Tous les associés ont contracté. On doit dire que tous les associés sont obligés pour portions égales (1). Le tiers qui a traité sans stipulation aucune sur le mode de responsabilité a dû penser qu'elle était la même pour tous.

Rappelons-nous, toujours, au sujet des trois hypothèses qui viennent d'être successivement examinées, que les créanciers de la société peuvent très-bien, lorsqu'ils agissent contre l'un des sociétaires, se rencontrer dans la discussion de ses biens avec les créanciers personnels de celui-ci. C'est une suite de la non-personnalité des sociétés civiles. Pareille chose n'arrive pas dans les sociétés commerciales qui ont un capital propre comme garantie pour les tiers, mais cela peut arriver, aussi, dans les sociétés commerciales qui offrent comme garantie la responsabilité personnelle de leurs membres, les sociétés en nom collectif par exemple. C'est là un inconvénient grave, mais qu'il ne paraît guère possible d'éviter.

§ IV. — *Différentes manières dont finit la société.*

Suivant les jurisconsultes romains, l'extinction des sociétés pouvait provenir de quatre causes : 1° de la disparution des personnes : mort naturelle ou civile de l'un

_____
(1) **Troplong** n° 487.

des associés ; 2° des choses : destruction de l'objet élément principal de la société : arrivée du terme fixé pour la dissolution ; consommation de l'affaire ou déconfiture de la société ; 3° de la volonté d'un associé qui déclare quitter l'association ; 4° d'une décision judiciaire prononçant la dissolution. Les rédacteurs du Code n'ont pas suivi cet ordre, ils ont adopté la classification de Pothier. Comme celle des lois romaines est préférable, pour sa simplicité et sa logique, elle sera suivie, bien que cette méthode entraîne une interversion dans l'ordre de notre titre.

1° *Mode d'extinction venant de la disparution des personnes.* — La société finit : par la mort naturelle, la mort civile, l'interdiction ou la déconfiture d'un associé. (Art. 1865, 3° et 4°).

Sur la mort naturelle rien à dire ; la mort civile n'existe plus. Mais c'est ici que se placent deux questions: la société peut-elle continuer entre les survivants ? le défunt peut-il être remplacé par son héritier ?

On pourrait penser, comme l'avaient fait les jurisconsultes romains, que la considération des personnes étant toute puissante en matière de société, la société, en perdant un de ses membres, perd un des éléments essentiels de son succès. Toutefois, ce principe inapplicable aux sociétés de capitaux, doit, même dans les sociétés où la personne joue le rôle dominant, céder devant un autre principe : celui de la liberté des conventions. On peut donc stipuler, soit que la société continuera entre les survivants ; cette clause est presque toujours de style. soit qu'un sociétaire sera, en cas de décès, remplacé par son héritier. Cette seconde convention est fort rare, les associations ouvrières la repoussent pour les mêmes motifs que les législateurs romains et avec beaucoup de raison, car là aussi la considération de la personne doit être dominante.

Les héritiers peuvent toujours, du consentement des sociétaires. prendre la place de leurs auteurs, mais s'il n'y a pas de stipulation en leur faveur dans les statuts. ils n'y entrent pas de plein droit, et, si nulle clause n'avait été faite pour permettre l'admission de nouveaux sociétaires (il n'y a pas une société ouvrière qui voulut faire une stipulation aussi contraire au but de son institution et à son intérêt), il faudrait recommencer une société nouvelle.

Il y a des sociétés où la mise des héritiers en place de leurs auteurs, a lieu de plein droit et par le fait même des choses. Ce sont les sociétés financières où le capital seul joue un rôle.

Toutes les fois que par la mort d'un membre, la société se trouve dissoute, cette dissolution a lieu *ipso facto*. Les effets de cette dissolution peuvent être examinés au point de vue : 1° des héritiers du défunt ; 2° des co-associés ; 3° des tiers.

1° *Au point de vue des héritiers*. — Il faut distinguer entre les actes antérieurs, et ceux postérieurs aux décès. Pour les actes antérieurs. ils sont accomplis, l'associé en profite ou en souffre, c'est-à-dire qu'il a droit aux bénéfices ou participe aux pertes existants au moment de la mort. Il faut dire, pourtant, que souvent ce n'est pas le moment exact de la mort qui sert de point de départ, mais l'inventaire semestriel. Je puis même citer une association (1) où le capital de l'héritier démissionnaire (on doit lui assimiler celui de l'héritier décédé) reste, pendant deux ans, dans la société soumis à toutes les chances ultérieures de gain ou de perte.

Quant aux actes postérieurs, le Code est muet, ce sera affaire d'équité. Ainsi, l'héritier est tenu de conduire à fin toute entreprise commencée par son associé. L'obligation cesse lorsqu'il y a impossibilité matérielle, c'est-à-dire lorsque l'héritier est une femme, un enfant, lorsque le genre d'entreprise qu'exploitait la société exige une capacité spéciale. Dans nos associations, il y a un travail personnel qui ne peut être suppléé, d'ailleurs le décès d'un associé ne laisse en péril aucun intérêt pressant. Il faut, pour arriver à une décision contraire, supposer une société de commerçants ou de financiers où chacun opère séparément, mais toujours pour le compte de la société. Inutile donc de s'étendre plus longtemps sur des espèces peu fréquentes dans le genre de société dont nous nous occupons et qui ne demandent, d'ailleurs, pour être résolues, que logique et bonne foi.

2° *Par rapport aux associés.* — Si la mort leur est

(1) Celle des maçons.

connue, nous verrons se produire les effets déjà annoncés;
on terminera les opérations commencées, on en partagera
les gains ou pertes. Quant aux opérations nouvelles qui
pourraient être entreprises, elles sont à la charge de ceux
qui les ont accomplies. Si, au contraire, les associés
ignoraient le décès et, par suite, la dissolution de la société, leur ignorance produit le même effet que dans le
mandat, elle valide ce qui a été fait. La société conserve
donc son existence « par l'effet d'une fiction nécessaire (1) » et les actes sociaux, faits de bonne foi, enchaî-
nent les héritiers de l'associé décédé qu'ils soient majeurs
ou en état de minorité.

3° *Par rapport aux tiers.* — Même règle que pour le
mandat. Ce que l'on a fait dans l'ignorance de la révocation du mandat est valable. Les traités passés avec des
tiers ignorant la dissolution de la société sont valables
aussi, et ces tiers peuvent en poursuivre l'exécution contre
les sociétaires restants et les héritiers de l'associé pré-
décédé. Ils se sont engagés avec une personne dont ils
connaissaient les pouvoirs ; ces pouvoirs expirent sans
qu'ils en soient prévenus, on ne peut les punir d'une
erreur qui a été invincible. Agir autrement, serait
tendre un piége à la bonne foi des tiers et la société en
souffrirait la première, car on lui refuserait tout crédit.

Autre cause de la dissolution de la société, l'interdiction et la déconfiture de quelque membre.

(1) Troplong n° 901.

Nous avons dit, en commençant, que, pour contracter
société, il fallait être capable de s'obliger, parce que l'on
contracte, par le fait même de son entrée en société, plusieurs obligations. Il faut l'être, aussi, pendant la durée
de la société pour le même motif et parce que la part que
l'on prend à l'action commune exige un esprit libre et
sain. Ici une objection peut se présenter. Qu'importe
l'insanité d'esprit à l'ouvrier qui peut exécuter son travail
manuel malgré l'affaiblissement de ses facultés mentales ?
D'abord, les travailleurs n'ayant point de patrimoine,
partant point de parents intéressés à contrôler leurs actes,
l'interdiction n'aura lieu pour eux qu'à la suite de nécessité
absolue. Puis, lors même qu'il leur resterait assez de
compréhension pour tourner une roue ou pousser un
rabot, l'existence de la société suppose autre chose. Il faut
une direction; or, cette direction appartient aux sociétaires
qui l'exercent en choisissant des délégués dont ils fixent
les attributions et contrôlent la conduite ; un interdit est
incapable d'actes pareils. Il faut donc dire que, dans les
sociétés ouvrières comme dans les autres, l'interdiction
d'un membre suffit ; ou pour dissoudre la société si l'on
avait jugé la présence de tous les membres indispensables
à son succès ; ou pour faire écarter l'interdit, s'il avait été
stipulé que la société continuerait entre les autres
membres.

Dans ce dernier cas, la cessation de l'interdiction
devrait-elle avoir pour effet la réintégration, *ipso facto*, du
membre interdit dans sa qualité de sociétaire ? L'affir-

mative pourrait être soutenue en vertu de l'axiome
cessante causa, la cause n'existant plus l'effet produit
doit cesser aussi. Je préférerais, cependant, l'opinion
contraire, car la société ne peut subsister si elle n'a pour
base la confiance réciproque. Or le sociétaire que l'on
avait admis jadis, serait-on disposé à le choisir encore
après dix ans, quinze ans d'interdiction ? En supposant
même que cette insanité prolongée n'ait laissé aucune
trace, n'a-t-elle pas eu pour effet de faire oublier, à celui
qui avait été l'objet d'une telle mesure, l'exercice de sa
profession ou d'affaiblir au moins ses connaissances et
de changer ses idées ? Sans doute, son malheur le rend
digne d'intérêt, mais la société dont nous nous occupons
n'est pas une œuvre de charité, c'est une affaire. On ne
peut imposer à ceux qui la composent un incapable qui
participerait aux bénéfices sans apporter un sérieux concours à l'œuvre commune. Puis, autre considération, le
personnel de la société peut s'être renouvelé, l'entrée
d'un inconnu serait-elle un gage de bonne harmonie ?
Une acceptation expresse serait donc, suivant moi,
nécessaire ; elle est toujours possible, mais elle n'a pas
lieu par le fait seule de la levée de l'interdiction.

La déconfiture de l'un des associés est la dernière mode
de dissolution. Comme la déconfiture représente pour les
non-commerçanis ce qu'est pour les négociants la faillite,
elle détruit l'égalité qui doit régner entre les membres de
la société (1) en faisant tomber sur les solvables la partie

---

(1) C'est l'expression de M. Treillard.

de la perte qui, dans la répartition commune, devait être mise à la charge de celui qui a cessé de pouvoir remplir ses engagements. Au surplus, ce mode de dissolution n'affecte que les sociétés de capitalistes. Les ouvriers ne possédant guère autre chose que ce qu'ils reçoivent dans l'association et ne faisant nulle entreprise en dehors de la société il ne peut, pour eux, être question de déconfiture.

2° *Mode d'extinction de la société : par les choses.* — Ils sont énumérés dans les art. 1865, § 1 et 2, et 1869.

Aux termes du premier de ces deux articles, la société finit : 1° Par l'expiration du temps pour lequel elle a été contractée. La dissolution a lieu dans ce cas *ipso facto* alors même que l'affaire, en vue de laquelle la société a été constituée, ne serait pas achevée : l'unanimité des consentements est nécessaire pour la continuation de la société. On ne peut, en effet, obliger celui qui ne s'est engagé que pour dix ans à rester plus longtemps lié à l'entreprise.

Quelquefois, le terme est implicite. Plusieurs personnes se sont, par exemple, associées pour une exploitation qui doit durer cinq ans, terme de la concession obtenue ; elles n'ont point fixé de limite à leur association ; cette limite résulte de la nature même de la société.

« La société finit, dit le § 2 de l'art. 1865, par la consommation de la négociation et la destruction de la chose qui en fait l'objet. » Le premier terme de cet article est facile à concevoir. Toute société à un but, elle a nécessairement pour objet une affaire quelconque, si le but est atteint, si l'affaire est achevée, elle n'a plus de raison d'être. Il faut supposer que la société est formée, par exemple, pour la vente d'une récolte ou l'exploitation d'une carrière, car une société fondée pour l'exploitation d'une branche d'industrie, ou pour le crédit mutuel, ou pour la consommation, une telle société ne peut avoir de terme par l'accomplissement de son objet, car cet objet dure toujours, le but qui a fait créer la société subsiste, après chaque opération partielle, avec la même intensité.

Quant à la seconde cause d'extinction indiquée dans le § 2 : destruction de la chose, elle est développée dans l'art. 1867 dont nous avons à nous occuper à présent.

Cet article 1867 est ainsi conçu : « Lorsqu'un des associés a promis de mettre en commun la propriété d'une chose, la perte survenue avant que la mise en soit effectuée, opère la dissolution de la société par rapport aux associés. «

« La société est également dissoute, dans tous les cas, par la perte de la chose, lorsque la jouissance seule en a été mise en commun et que la propriété est restée dans les mains de l'associé. «

« Mais la société n'est pas rompue par la perte de la chose dont la jouissance a été apportée à la société. »

Cet article a une réputation bien méritée d'obscurité et de difficulté. Fait pour compléter l'art. 1865 § 2, on peut dire qu'il complique et embrouille la solution au lieu de l'éclaircir. Les deux premiers paragraphes ne se comprennent pas bien. et le troisième semble, au premier abord, en contradiction avec l'art. 1865, ce dernier disant : la société est éteinte par la destruction de la chose qui en faisait l'objet et l'article 1867 reprenant : la perte de la chose, dont la société était propriétaire, ne dissout pas la société. Tout ceci tient à la manière dont a été composé l'art. 1869. Il n'a pas été écrit d'un seul jet, mais formé d'amendements successifs ; il faut donc, pour le comprendre, l'étudier historiquement.

Les rédacteurs du Code, il ne faut pas l'oublier, étaient d'anciens praticiens, ils suivaient très-volontiers les vieux auteurs et la jurisprudence des parlements, or voici ce que Pothier (1) et la jurisprudence, alors toute puissante. décidaient: 1o la perte totale de l'objet de la société est un cas d'extinction, mais il en est autrement de la perte partielle ; 2o la perte d'une chose, dont l'apport avait été promis à la société, empêche la formation du contrat parce qu'elle empêche l'égalité entre les membres, condition première et nécessaire de la société ; 3o il en est de même de la perte d'une chose dont la jouissance avait été mise en société.

Le projet primitif, tel qu'il avait été élaboré par le conseil d'État, ne parlait que de la perte totale (art. 1865) et de la perte d'une chose dont la propriété avait été promise et non apportée à la société. Le Tribunat vit une lacune

(1) Société no 141

qu'il se proposa de combler en y ajoutant les décisions anciennes sur les deux points dont le projet ne parlait pas, perte partielle et perte d'une chose dont l'usufruit a été mis en société, et il rédigea un contre-projet qui est devenu l'art. 1867. Voici comment étaient formulées ses observations.

Après avoir rappelé que la perte de la chose était pour la société, si l'apport avait été réalisé et empêchait la réalisation du contrat, dans le cas contraire, il ajoutait :

« Si ce n'est pas la propriété même, mais la seule jouissance ou les fruits de la chose qui aient été mis en commun, que la chose périsse avant ou après que la mise en a été effectuée, la perte de la chose dissout évidemment, dans les deux cas, la société, puisque, dans l'un et dans l'autre, l'associé dont la chose a péri ne peut plus contribuer pour rien à faire des mises dans la société, qui ne consistait qu'en fruits ou en simple jouissance. »

Le Tribunat, on le voit, et les législateurs ont adopté ses motifs, voulant une décision semblable à celle de notre ancien droit et pour les mêmes raisons. La contradiction relevée entre la fin de cet article 1867 et le § 2 de l'art. 1865 n'existe donc pas en réalité, car il s'agit, dans un cas, d'une perte totale de la chose et, dans l'autre, d'une perte partielle, mais la rédaction de l'article est vicieuse.

Pour être clair, le Code aurait dû classer dans d'autres sections ou articles les dispositions que contient notre article 1867. Dans la section où était expliquée la nature de la société, il fallait dire : une des conditions de la société consiste dans un apport, si l'un des sociétaires ne peut réaliser sa mise, parce que cette chose est venue à périr par exemple, la société ne peut naître, puisqu'elle manque d'une des conditions nécessaires. Il en est de même, aurait-on dû ajouter, et pour une raison semblable, au cas où la chose, dont la jouissance avait été mise en société, vient à périr. Et dans l'article 1865 on aurait dit : La société est dissoute par la perte de son objet principal, mais seulement par la perte totale ou par une perte partielle assez importante pour mettre cet objet hors d'état de rendre à la société les services qu'elle s'était proposé d'en retirer en le stipulant comme apport.

Étant connues les dispositions de la loi, leurs inconvénients et le moyen qui eut permis de les éviter, examinons ces dispositions en elles-mêmes.

La dernière de toutes, celle qui porte sur la destruction, ou plutôt sur l'altération de la chose faisant l'objet de la société, est juste pourvu, toutefois, qu'il s'agisse d'une chose sans laquelle la société n'aurait plus de raison d'être.

Quant à la perte d'un objet dont l'apport avait été promis, il faut supposer qu'il s'agissait d'une chose désignée et alors, en effet, une des conditions manque puisqu'un des apports fait défaut. Ce sera peu fréquent dans les sociétés ouvrières où l'apport, autre que le travail, consiste presque toujours en argent ; il faudrait supposer quelqu'apport en matériel chose assez rare, mais non pas impossible.

Pour que la perte d'une chose, dont la jouissance avait été considérée comme apport, dissolve la société il faut qu'il s'agisse aussi d'un objet fixé. Pour les autres, la société est créancière et non usufruitière, donc pas de perte possible. Cette règle est sage, si l'objet mis en jouissance était indispensable à la société, mais, autrement, pourquoi exiger la dissolution sur ce motif que les sociétaires voient diminuer leurs moyens d'action sans que le succès soit, cependant, devenu impossible? On en pourrait dire autant de la perte d'un apport futur. Il est bien vrai qu'à prendre rigoureusement les choses, un apport manque et par suite manque aussi une des conditions du contrat, mais l'intérêt des sociétaires ne devrait-il pas l'emporter sur une solution plus logique qu'équitable? Il faut dire, cependant, qu'en pratique cet inconvénient est fort mitigé par la faculté qu'ont les sociétaires de refaire entre eux une société nouvelle, ce qui n'exige que des complications d'écritures.

Il faut, bien que le Code ne le dise pas, assimiler au cas de la perte totale d'un objet indispensable, l'hypothèse de la privation de l'industrie d'un associé par maladie, vieillesse etc., si cette industrie était indispensable soit par sa nature spéciale, soit que la société ne put se passer du concours d'aucun de ses membres. Ceci, toutefois, doit s'entendre d'un empêchement permanent et définitif et non d'un obstacle passager.

3° *Modes de dissolution venant de la volonté d'un associé.* — Nous arrivons à un point très-délicat, parce qu'ici s'élève le conflit entre la liberté individuelle, qui proteste contre toute contrainte, et l'intérêt social qui réclame l'exécution des engagements pris et s'élève contre tout abandon de l'entreprise commun par un de ceux qui ont promis de la conduire à bonne fin. Que décider sur la liberté de retraite d'un sociétaire ? Pour les sociétés de capitaux, nul doute : vous vous êtes engagé à fournir des fonds pour dix ans, vous ne pouvez, avant l'expiration de ce terme, réclamer un argent qui a cessé de vous appartenir. Quant aux sociétés de personnes, la solution à donner offre plus de difficulté. Obliger les associés à rester, serait dans le vœu de la loi qui se prononce implicitement dans ce sens en ne permettant, que dans une autre hypothèse, la renonciation. Mais, en admettant cette règle, on viole cet autre principe supérieur que nul ne peut être contraint de faire, c'est-à-dire d'agir, de prêter son concours contre sa volonté. Dans ce cas, si on n'a pas stipulé, pour l'associé, la faculté de se retirer à sa guise, clause qui se trouve dans les contrats de toutes les associations ouvrières, on ne pourra que réclamer au démissionnaire des dommages-intérêts, mais rien autre chose.

Dans quel cas la volonté d'un seul peut elle, sans lui faire encourir aucune peine, dissoudre la société ? L'article 1869 le dit, il faut que la durée de la société soit illimitée. On ne peut, en effet, s'engager pour la vie entière. Promettre de toujours rester en bon accord avec ses co-associés, de toujours trouver convenance et utilité dans l'entreprise commune, c'est engager témérairement et

la loi permet de rompre des liens trop inconsidérément
acceptés. On exige, toutefois, et ceci est de toute justice,
d'abord notification de la décision aux co-associés, ensuite que la renonciation soit faite de bonne foi et dans
un moment où elle ne puisse nuire à la société. Mais,
avant d'examiner à quelles conditions il y a bonne foi et
renonciation opportune, il faut voir ce que la loi entend
par durée illimitée.

Une croyance, très-répandue dans les sociétés ouvrières
et en général dans le public, c'est qu'il serait illégal de
faire durer une société au delà de 99 ans. Cette décision,
qui ne se fonde sur aucun texte, paraît reposer sur cette
idée, très-vague mais très-populaire, que notre droit actuel,
par opposition à celui de l'ancien régime, n'admet que les
opérations et les engagements à terme relativement court.
La défaveur avec laquelle sont vues les personnes morales
et le principe d'individualisme qui domine nos lois, fait
supposer que ces lois ne reconnaissent que des engagements n'excédant point la vie humaine et ce chiffre de
quatre-vingt dix-neuf est une sorte de nombre fatal considéré comme devant représenter, en droit, l'existence la
plus longue.

Comment s'étonner de cette croyance lorsqu'on voit
un auteur éminent, professeur de droit (1), écrire que le
terme de cinq ans doit être considéré comme une limite
extrême et qu'au delà il y a durée illimitée ? Il s'appuie

_____

(1) M. Duranton sur l'art. 1844.

pour soutenir cette opinion, sur l'article 815 C. C. qui
défend l'indivision au delà de cinq ans. Système singu-
lier et qui ne se peut guère soutenir, car il est contraire au
texte qui ne dit rien de pareil, aux règles du droit qui
n'admettent point ces extensions d'application, à l'esprit
de notre législation qui voit avec défiance l'indivision et
la société avec faveur.

On doit considérer comme illimitée toute société dont
les statuts ne fixent point la durée, soit en limitant le
nombre d'années de son existence, soit en la plaçant dans
de telles conditions que sa durée soit nécessairement
bornée, comme quand elle fait une exploitation qui doit
s'achever à une époque prévue. Une société, faite pour
toute la vie de ses membres, doit être considérée comme
illimitée. Il serait conforme, ce semble, à l'esprit de
la loi d'étendre cette décision au cas où la société est créée
pour un espace de temps dépassant celui de la vie moyenne,
trente ans par exemple.

Cependant, pour les sociétés par action, il n'y aurait aucun inconvénient à permettre une durée illimitée. Les sociétaires ne sont pas contraints personnellement; ils savent,
en entrant, à quoi ils s'engagent et, enfin ils peuvent,
toujours, vendre leurs actions. Il est fâcheux que les
termes du Code soient trop absolus pour admettre des
exceptions.

Lorsque la renonciation est possible, il faut encore
qu'elle ne soit faite ni de mauvaise foi ni à contre temps.
La renonciation n'est pas de bonne foi, dit l'article 1870,

lorsqu'un associé renonce pour s'approprier à lui seul le profit que les sociétaires s'étaient proposé de retirer en commun. Il est difficile d'expliquer cette espèce avec une société particulière, car le gain de toute entreprise commencée par un associé dans un but social doit profiter à tous; il serait facile, au contraire, de trouver des exemples dans la société universelle, mais nous n'avons pas à nous en occuper. La renonciation faite en pareil cas est relative, c'est-à-dire que la société peut l'accepter, si les opérations postérieures ne donnent que des pertes, et la faire annuler si, au contraire, l'affaire entreprise lui paraît bonne.

La révocation est faite à contre-temps, c'est encore l'article qui nous le dit, lorsque les choses ne sont plus entières et qu'il importe à la société que sa dissolution soit différée. C'est-à-dire qu'ici, comme dans l'hypothèse précédente, les juges apprécieront. Les effets de la renonciation intempestive sont les mêmes que ceux de la renonciation faite de mauvaise foi.

Si la notification par le renonçant n'avait pas été faite, la renonciation serait sans effet à l'égard de ceux qui n'auraient pas été prévenus. Ils pourraient, cependant, s'ils y avaient intérêt, accepter la renonciation et le sociétaire renonçant ne pourrait leur opposer l'absence de formalités; on ne doit point bénéficier de sa faute. Mais quelques membres pourraient-ils faire dissoudre la société contre le gré de ceux de leurs co-associés, qui n'ayant par reçu la notification ou en ayant reçu une qui n'était point valable, refusent de consentir à la dissolution? Non évidemment (1); la loi énumère les causes de dissolution, cette énumération est limitative et chac une des conditions exigées pour l'accomplissement de l'une de ces causes de dissolution doit être rigoureusement remplie, or ici la notification à *tous* les associés n'a pas eu lieu, la société n'est donc pas rompue.

4° *Mode de dissolution venant d'une décision de justice.* La dissolution, par voie judiciaire, n'a lieu que dans un seul cas celui d'une société à terme et pour des motifs que nous fait connaître l'art. 1871. « La dissolution d'une société à terme ne peut être demandée, avant le terme convenu, qu'autant qu'il y a eu de justes motifs, comme lorsqu'un autre associé manque à ses engagements ou qu'une infirmité habituelle le rend inhabile aux affaires de la société ou autre cas semblables dont la légitimité et la gravité sont laissés à l'arbitrage des juges.»

Ces causes, on le voit, sont très-nombreuses, car l'article n'en énumère quelques-unes qu'à titre d'exemple, l'idée de la loi est celle-ci : Tout contrat est résoluble pour inexécution des conditions qui ont présidé à sa formation. La loi peut prévoir quelques-unes des circonstances qui peuvent amener la rupture de la société, mais elle ne peut les désigner toutes; d'où le pouvoir donné aux juges d'apprécier si l'une des conditions nécessaires à la marche de la société ne fait pas défaut. Les

(1) Duvergier n. 458; Delvincourt t. 3 p. 325; Aubry et Rau sur Zachariæ t. 3 p. 375 note 11.

causes qui peuvent faire prouoncer la dissolution se ramènent à deux principales: mauvaise foi et incapacité de
l'un des sociétaires, ou plutôt : inexécution volontaire et
involontaire du contrat. Volontaire: le gérant administrera avec infidélité ou simplement avec négligence; un
sociétaire ne réalisera pas un apport qu'il avait promis.
apport qui devait consister en industrie. Dans tous ces
cas, il y a lieu de demander la rupture de la société tout
en exigeant des dommages-intérêts. La dissolution ne
peut-être demandée par celui qui a fourni motifs à rupture, il ne doit pas profiter de son dol; l'initiative ne peut
venir que de ses co-associés.

L'inexécution peut être involontaire et résulter de
maladie, d'infirmités graves survenues depuis le commencement de la société, d'absences forcées, etc. Tous
ces empêchements sont des cas de dissolution parce que
les conditions nécessaires à l'existence du contrat ne se
retrouvent plus, mais, comme il n'y a ni dol ni faute, il
ne peut être question de dommages-intérêts. Pour le
même motif, la dissolution peut être demandée par l'associé incapable. La rupture lui importe autant et plus qu'à
tout autre et il n'y a aucun motif pour le traiter plus mal.

L'art. 1870 étant très-large et comprenant tout ce qui
est de nature à nuire au développement de la société, il
faut dire que la discorde entre associés est une cause de
dissolution, attendu que la bonne harmonie, entre les
membres, est indispensable au succès. Tout ce qui ébranle
la confiance qu'on avait placée dans les qualités per-

sonnelles d'un associé donnera lieu à la même action.
« La confiance mutuelle des associés dans leurs personnes
respectives, disait M. Treilhard dans son Exposé des Motifs,
est le vrai lien du contrat de société. » Ainsi l'associé qui
aurait subi des condamnations, celui qui serait devenu
joueur, prodigue, dont l'inconduite, en un mot, où la
négligence pourrait nuire à la société, peut être actionné
par ses co-sociétaires pour voir déclarer la société
dissoute (1).

§ V. — *Liquidation de la société*

Lorsque la société finit de quelque manière que ce soit,
il faut répartir, entre les membres qui la composent, la
masse de bien formant (l'expression est vicieuse, mais la
pensée juste,) l'actif social. Comment s'y prendre ? L'article 1872 le dit : « Les règles concernant le partage des
successions, la forme de ce partage et les obligations qui
en résultent entre cohéritiers s'appliquent aux partages
entre associés. »

Quelles sont donc ces règles? Si tous les co-partageants
sont majeurs, ils peuvent faire tel mode de partage que
bon leur semble, s'il y a des mineurs, ou si les associés
majeurs ne peuvent se mettre d'accord, on doit suivre les
formalités que voici. — On va devant le tribunal du lieu

(1) Duvergier n° 450; Troplong n° 994.

de l'ouverture de la succession (quel sera ici le tribunal,
il est bien difficile de le dire, puisqu'il n'y a pas de siége
social et que les associés peuvent être domiciliés en différents lieux), celui-ci commet, pour les opérations du partage, un juge sur le rapport duquel se décident les con-
testations. — Des experts, choisis par les parties, ou à
leur refus, nommés d'office, font une estimation des
objets meubles et immeubles, indiquent quels objets
peuvent être partagés et de quelle manière, en un mot ils
considèrent l'actif social comme une masse indivise dont
il faut former des lots. On procède, ensuite, à la vente des
biens sociaux, puis les parties sont renvoyées devant un
notaire pour procéder aux comptes qu'elles peuvent se devoir et on arrête définitivement ce qui formera la masse. Le
notaire renvoie, alors, devant le juge commissaire, lequel
nomme un expert qui fait les lots, et on les tire au
sort.

Telles sont, sauf quelques différences insignifiantes,
absence de l'apposition des scellés, etc., les règles usitées
pour la division d'une succession, règles qui sont suivies
pour l'attribution des parts après dissolution des sociétés.
On comprend que ces formalités longues et dispendieuses
sont à fuir plutôt qu'à chercher; d'ailleurs, il y aura souvent des opérations restées inachevées et qu'il faudra
poursuivre, il restera des créanciers à satisfaire, des débiteurs que l'on doit amener à s'exécuter; tout cela
demande du temps et des soins. En matière commerciale
la coutume a prévalu de nommer des liquidateurs,

véritables mandataires, qui sont chargés de réaliser l'actif net et d'en faire le partage. En matière civile, on peut arriver au même résultat par une convention expresse insérée à cet effet, dans les statuts. Une seule objection pourrait être faite à ce mode de procéder : la société, dirait-on, contient, peut-être, des mineurs, or ces formalités multiples ont eu pour but précisément la protection de ceux que la loi répute incapable de se défendre eux-mêmes, peut-on leur enlever cette garantie ? Non en matière de partage d'une succession, puisqu'on ne peut déroger à la loi ; oui lorsqu'il s'agit d'un partage de société, car, alors, le Code ne dispose qu'à défaut de conventions privées, et celles-ci, lorsqu'elles émanent de personnes capables, s'imposent à leurs héritiers même mineurs. Cette difficulté résolue, reste à examiner deux questions; quels sont, s'il en a été nommé, les pouvoirs des liquidateurs? quels sont les effets du partage ?

Les pouvoirs du liquidateur sont, comme ceux de tout mandataire, fixés par les associés qui le désignent, et, d'ordinaire, on lui donne les pouvoirs les plus étendus. Mais si rien n'a été stipulé, si l'on s'est borné à élire un liquidateur, comme cela se fait en matière de commerce, que décider? Ses fonctions, alors, doivent être appréciées d'après les circonstances. Il a mandat général pour mener à fin une affaire, c'est-à-dire qu'il devra terminer les opérations commencées, s'occuper des rentrées et liquider les valeurs existantes, mais il ne doit commencer aucune entreprise nouvelle ; il peut achever, non entreprendre.

Le but est bien d'arriver à une distribution de l'actif, mais le partage des biens sociaux ne se fait pas comme celui d'une hérédité. Dans ce dernier cas, le vœu du législateur est que les parts, autant que possible, soient remises en nature. On retrouve toujours cette idée fondamentale : assurer la conservation des biens dans les familles. En matière de société le même motif ne se rencontre pas, le partage se fera plutôt en argent, car on doit présumer, que ceux qui ont voulu faire un bénéfice, espéraient retirer de leur entreprise une somme liquide plutôt qu'autre chose. Il y aura lieu, au reste, d'apprécier la nature de la société, les besoins de ceux qui en font partie et l'intention qui les guidait lorsqu'ils se sont unis.

Le liquidateur représente les sociétaires en justice, et il peut aliéner ; ses pouvoirs de liquidateurs seraient sans cela illusoires. Peut-il transiger et compromettre ? Oui, un mandataire ordinaire ne le peut pas, mais cette faculté est un corollaire du droit d'aliéner et, par suite, doit être reconnue au liquidateur, puisqu'il a droit de vendre les objets appartenant à la société.

Tout ceci dit dans l'hypothèse où la nomination du liquidateur a été prévue et réglée par les statuts. Si elle ne l'a pas été, elle ne peut se faire qu'à l'unanimité des voix et en supposant tous les sociétaires capables de contracter. On peut, d'ailleurs, prendre qui on veut pour mandataire, même un tiers, il faut, seulement, qu'il y ait mandat exprès. Jusque-là, la liquidation appartient à tous et n'est la propriété de personne exclusivement.

La révocation du liquidateur se fera de la même manière que sa nomination ; ou les statuts ont prévu la liquidation, ou ils n'en parlent point. Au premier cas, on suivra les règles qu'ils posent ; au second cas, l'unanimité sera nécessaire pour révoquer comme elle, a été nécessaire pour élire. Si, toutefois, le liquidateur se rendait indigne de la confiance qu'on a eu en lui, la voie du recours aux tribunaux est toujours ouverte aux sociétaires.

Les tiers débiteurs de la société seront actionnés par le liquidateur en sa qualité de mandataire ; les tiers créanciers de la société pourront s'adresser à lui et le feront habituellement parce que c'est lui qui dispose des ressources sociales, mais cette direction donnée aux poursuites est, de leur part, toute facultative ; ils conservent leurs recours contre les associés, ainsi qu'il a été dit plus haut.

Occupons-nous, maintenant, du résultat du partage. Il est déclaratif et non translatif de propriété, c'est-à-dire que le sociétaire qui reçoit sa part dans l'actif social est censé avoir été propriétaire de ce qu'il reçoit, dès le début de la société. Cette règle n'a d'importance que si, dans le partage, figurent des immeubles, autrement, si par exemple, le partage se faisait en argent, la fiction n'aurait aucun effet. La conséquence du principe qui vient d'être énoncé, c'est que l'hypothèque mise sur un immeuble social par un membre en son privé nom, ou au nom de la société, mais sans qu'il eut le pouvoir d'agir ainsi, cette hypothèque sera valable si l'immeuble tombe dans le lot du constituant, nulle s'il tombe dans le lot d'un autre. Quant à l'hypothèque constituée au nom de la société par celui qui avait les pouvoirs nécessaires, elle est valable à l'égard de tous, car tous y ont implicitement consenti.

§ VI. — *Modes de preuve de l'existence du contrat de Société*

La société étant un contrat consensuel, existe par le seul consentement des parties et indépendamment de toute formalité. Mais comment prouver l'existence de cette convention? C'est ce dont le Code s'occupe dans l'art. 1834 placé dans le chapitre: des dispositions générales, c'est-à-dire dans celui qui est relatif à la nature et aux caractères du contrat. Comme cette disposition est purement acces-soire et de procédure, il a semblé plus méthodique de la renvoyer après l'explication des dispositions principales; elle trouve donc naturellement sa place ici.

« Toutes sociétés, dit l'art 1834, doivent être redigées par écrit, lorsque leur objet est d'une valeur de plus de 150 fr. ».

« La preuve testimoniale n'est point admise contre et outre le contenu en l'acte de société en sus de ce qui serait allégué avoir été dit avant lors et depuis cet acte, encore qu'il s'agisse d'une somme ou valeur de moins de 50 francs. »

On retrouve là cette tendance très-marquée des rédac-

teurs de nos Codes à écarter la preuve testimoniale dès
que l'objet réclamé acquiert une certaine importance.
On ne fait, du reste, que rappeler la règle posée au sujet
des contrats en général qui veut que toute convention
dont l'objet dépasse 150 fr. soit constatée par écrit. Si on l'a
répété ici, c'est pour abroger les anciennes sociétés tacites
dont l'existence se prouvait par témoins, mais on a évidemment entendu se référer aux règles antérieurement
posées, au droit commun en cette matière. Nous dirons
donc que la preuve testimoniale est admise si l'on a un
commencement de preuve par écrit et l'on entend par là
art. 1347, tout acte émané de celui contre qui la demande
est formée ou de son mandataire, et qui rend vraisembla-
ble le fait allégué. Mais, alors, deux questions se présentent: 1° quel est cet *objet* de la société dont la valeur ne doit
pas dépasser 150 f.? 2° de quelle preuve écrite entend parler
le Code? Suffit-il d'un écrit quelconque et unique comme
le dit l'art 1034 ou doit-on exiger, comme il est dit au titre
des conventions (art. 1325), un original par chaque personne? En d'autres termes, l'art 1034 pose-t-il une règle
nouvelle ou ne fait-il que se référer au droit commun en
matière de convention?

Sur la première question, il ne saurait y avoir de bien
grands doutes quoique les auteurs soient divisés. A quel
moment les contractants doivent-ils être fixés sur le genre
de preuve que l'on a droit d'exiger? Évidemment, ce doit
être au moment de la convention ; il serait absurde de
leur dire : « vous serez soumis à telle sorte de preuve si

plus tard les gains atteignent une somme de... » L'objet de la société, c'est donc l'apport de ses membres; dès que cet apport dépassera 150 fr., un écrit sera nécessaire, sinon il est superflu quels que puissent être les bénéfices postérieurs.

La solution de la seconde question est moins simple. M. Troplong (n° 206) soutient qu'un seul écrit est nécessaire et voici comment il raisonne. Si l'art. 1325 exige autant de doubles qu'il y a de parties en cause, c'est pour la perfection de l'acte lui-même et non pour avoir une preuve du fait. S'agit-il de constituer une société ? Il faut suivre l'art. 1325, mais s'agit-il de prouver que telle société, dont on dénie l'existence, fonctionne réellement? Il suffit, alors, d'un écrit quelconque, lettre privée, correspondance, etc.; pourquoi réclamer l'application de l'art. 1325 lorsque cette formalité du double est impossible ; n'est-ce pas ajouter à l'art. 1834 qui n'exige rien de tel ?

Malgré l'autorité de l'éminent magistrat défenseur, et, je crois bien aussi, inventeur de ce système, je ne puis me prononcer en ce sens. En effet, distinguons bien, tout d'abord, ce qui est nécessaire à l'existence du contrat lui-même et ce qui ne sert qu'à prouver cette existence. Or la société est valablement constituée dès qu'il y a consentement; quant au mode de preuve, je ne comprends guère cet argument qui consiste à dire : pour la constitution de la société, les doubles sont nécessaires; lorsqu'elle fonctionne, ils sont inutiles. Dans quel but la loi ordonne-t-elle de rédiger un écrit, sinon afin qu'il puisse, plus tard, servir à constater l'existence de la convention ? Il ne peut donc être question que d'un écrit, le seul dont parle la loi, celui que l'on fait au début. Mais cet acte doit-il être fait double comme il a été dit plus haut, ou peut-il consister en un écrit quelconque ? La première opinion ne peut faire de doute. Pour quels motifs les rédacteurs du Code exigent-ils un écrit par chaque contractant ? N'est-ce pas afin que chacun ait un moyen de prouver son droit? or pourquoi priver les sociétaires d'une garantie jugée indispensable par le législateur ? Pour décider ainsi, il faudrait un texte exprès, ce texte existe-t-il ? nullement et, bien au contraire, les rédacteurs du Code ont formellement déclaré vouloir se reporter au droit commun des conventions. Le tribunat en faisait la remarque en présentant un contre-projet qui est devenu notre article 1834 et M. Treilhard ajoutait en présentant ce contre-projet adopté par le Conseil d'État : « Cette disposition n'est pas particulière au contrat, de société ; elle s'applique à toute espèce de convention. Vous avez déjà plusieurs fois entendu sur ce point des discussions lumineuses qui me dispensent de m'en occuper ». Est-ce clair et peut-on nier, après cela, qu'il faille suivre le droit commun et exiger autant de doubles qu'il y a de sociétaires ?

On ne peut exiger les mêmes formalités pour prouver la dissolution de la société. La maxime : *eodem jure res dissolvitur quo contrahitur* (le mode de dissolution est le même que celui de création) a été appliquée par le Code aux sociétés de commerce, il est muet en ce qui touche les sociétés civiles. Nous suivrons donc, ici, les règles ordinaires. Comme le double acte n'est exigé que quand il y a convention, il ne peut en être question lorsque la société se déclare dissoute. Mais ces formalités constitutives sont exigées pour la prorogation d'une société à temps limité (art. 1866).

Ces règles strictes sur la preuve et surtout sur la prohibition de la preuve testimoniale, ne concernent que les parties contractantes, parce qu'elles ont toujours pu obtenir une preuve écrite ; on ne saurait sans injustice l'opposer aux tiers qui n'ont point pu se procurer la même garantie. On doit donc ici se montrer large sur l'admission des preuves : « Les annales de la jurisprudence sont pleines d'exemples de preuves de sociétés faites par les tiers au moyen de témoignages oraux, de présomptions, de conjectures (1) ». Nous pouvons y ajouter le serment (2). Il faut, bien entendu, que les tiers qui invoquent ces moyens de preuve, établissent que celui avec qui ils ont traité agissait comme représentant de la société et en son nom ainsi qu'il a été dit plus haut.

Ici se termine ce qu'il y avait à dire sur les sociétés civiles, nous allons passer à l'étude des sociétés commerciales.

(1) Troplong n° 210.
(2) Duranton t XVII 336; Duvergier n° 67.

SECTION II

SOCIÉTÉS COMMERCIALES

Ainsi qu'il a été dit plus haut, les règles générales relatives au contrat de société se trouvent dans le Code civil dont les dispositions viennent d'être passées en revue, nous avons à examiner maintenant les règles spéciales aux sociétés de commerce. De part et d'autre nous trouvons les mêmes règles relativement au choix des associés et à la bonne foi qui doit régner entre tous les membres du même corps ; la même prohibition des pactes léonins et les mêmes causes de dissolution en remplaçant, toutefois, la déconfiture par la faillite. La diversité vient surtout, de ce fait que la société de commerce est une personne morale et qu'elle a, par suite, son capital propre, un mode d'administration réglé par la loi et non plus par les parties ; elle est surtout saillante en ce qui touche :

1° Aux formes constitutives du contrat ;

2° A la personnalité de la société, d'où suit pour la société commerciale l'obligation d'une raison sociale servant à la personnifier.

3° Au mode d'administration et de représentation.

4° Au genre de responsabilité qui n'est point le même au commercial et au civil, et qui varie avec les différentes sociétés de commerce.

5° Au genre de liquidation.

Il est bien entendu, que nous n'aurons pas à revenir sur les règles communes aux deux genres de société et déjà expliquées ; les règles spéciales aux sociétés de commerce feront seules l'objet de la présente section.

Nos lois reconnaissent cinq sortes et quatre variétés, ou, si l'on aime mieux, neuf sortes de sociétés commerciales : 1º la société en Nom Collectif; 2º la Commandite simple; 3º la Commandite par actions; 4º l'Anonymat; 5º la société en Participation. Enfin, les quatre premières sortes de sociétés peuvent être modifiées, dans quelques-uns de leurs caractères, si elles se déclarent : à capital variable, ce qui fait: des sociétés en nom collectif et à capital variable ou sans capital variable; des sociétés anonymes avec ou sans capital variable, etc. Chacun de ces genres de sociétés sera traité successivement, sauf la commandite par action (on dira pour quel motif) et la participation. Ce dernier genre de société, mal défini par le Code, est propre aux commerçants qui s'unissent pour une seule et très - courte entreprise, il ne peut, par conséquent, convenir aux associations ouvrières qui se forment pour exploiter une branche d'industrie pendant un temps indéfini ou tout au moins fort long.

Parmi les règles spéciales aux sociétés de commerce, quelques-unes sont propres à toutes les sociétés, d'autres sont particulières à une des quatre formes indiquées par la loi. Il y aura donc lieu d'examiner d'abord ces règles générales, ensuite les règles particulières à l'anonymat, à la commandite etc.

§ 1. — *Règles communes à toutes les sociétés de commerce*

Les actes constitutifs de toutes sociétés doivent, aux termes de l'article 39 Co., être rédigées ou par notaire, ou sous seing privé, quel que soit le montant des valeurs sociales et il ne s'agit pas, ici, d'un moyen de preuve, l'édit est exigé pour la validité même de la convention. De plus, la loi ajoute que l'on suivra, si l'acte est sous seing privé, la prescription de l'art. 1325 C., c'est-à-dire qu'il faudra un double pour chaque personne ce qui, soit dit en passant, est un argument de plus en faveur de ceux qui proclament la nécessité de ces doubles en matière de sociétés civiles, car si on les exige lorsque la société est soumise, ainsi que nous le verrons plus loin, à des publications qui suffiraient en dehors de ces doubles, à prouver son existence, à plus forte raison, doit-on les réclamer, lorsqu'aucune formalité extérieure ne marque l'existence du contrat et qu'il est impossible aux parties de prouver autrement leurs droits. Ajoutons que l'art. 39 ne s'applique, en réalité, qu'à la société en nom collectif bien qu'en droit, l'article ne fasse aucune exception.

Cette rédaction de l'acte est exigée pour la validité du contrat entre les parties, mais les tiers qui ont traité avec la société peuvent prouver son existence de toutes

manières (1). On ne peut, en effet, leur adresser le repro-
che de négligence que l'on serait en droit d'opposer aux
sociétaires demandant à invoquer une preuve autre
qu'un acte constitutif écrit. C'est ainsi qu'il a été jugé que
les tiers pouvaient prouver l'existence d'une société par
ses circulaires (Bordeaux 21 janvier 1832 et 14 décembre
1840) (et même par de simples présomptions, (cass. 23
nov. 1812).

Relativement aux parties, le droit strict n'est pas dou-
teux : impossibilité d'autre preuve que la représentation
d'un écrit. Si, cependant, une société a été formée, sans
l'accomplissement des formalités voulues. que des obligations aient été contractées, des opérations entamées,
quelle va être la situation de ceux qui, de bonne foi, se
sont crûs associés et ont agi dans cette pensée?

La société n'existant pas légalement, nul ne peut être
forcé d'y rester ni d'effectuer son apport, chacun peut la
faire dissoudre, et ce droit appartient même à celui qui,
par sa faute, a causé la nullité (2) (sauf le recours des
autres en dommages-intérêts). Quant aux obligations et
aux droits résultant des actes accomplis les conséquences
sont laissées à l'appréciation des tribunaux qui déci-
deront suivant l'équité.

Les parties pourront prouver l'existence de la société de fait par toutes sortes de moyens. (Cass. 16 avril
1806. Paris 27 janvier 1825).

(1) Delangle n° 516.
(2) Pardessus t. IV n° 1005.

Si la société n'avait pas fonctionnée, les parties ne seraient admises à employer d'autres modes de preuve que la représentation d'un écrit (1) (Paris 29 janvier 1841).

Les conditions de capacité exigées de ceux qui entrent dans une société commerciale sont les mêmes qu'en matière de société civile avec deux aggravations toutefois. La femme mariée doit être capable de faire le commerce, or il lui faut, pour cela, le consentement de son mari (4 Co.) qui ne peut être remplacé par l'autorisation judiciaire et la raison en est bien simple, c'est que la femme commerçante, lorsqu'elle s'oblige, oblige aussi son mari s'il y a communauté entre eux (5 Co.). Le mineur émancipé et âgé de dix-huit ans ne peut faire le commerce et par suite entrer dans une société commerciale, que moyennant : 1o. Une autorisation de son père; s'il est empêché de la mère ; et, s'ils sont tous deux hors d'état de manifester leur consentement, du conseil de famille avec homologation du tribunal ; 2o L'enregistrement et publication de cet acte, au lieu où l'émancipé doit exercer le commerce.

Il convient, aussi, au sujet de règles communes à toutes les sociétés commerciales, de faire remarquer quelques-unes des conséquences de la personnalité de ces sociétés. D'abord, leur état civil doit être rigoureusement tenu. A la différence des sociétés civiles qui peuvent naître, s'accroître, diminuer et mourir sans qu'aucune manifestation

_____

(1) Pardessus *loc cit.*

extérieure trahisse leur existence, les sociétés de commerce doivent faire connaître aux tiers leur création,
leurs développements ou diminutions et leur décès. Les
règles relatives aux publications devraient trouver leur
place ici, mais, comme elles exigent une certaine connaissance des différentes sortes de sociétés, force est bien
de les renvoyer à la fin de la section. Ce que l'on peut
faire remarquer, de suite, c'est que la personnalité des
sociétés exige qu'elles soient désignées par une dénomination particulière ou *raison sociale* qui est tantôt le nom
d'un homme, tantôt une désignation de fantaisie. On agit
pour ou contre la société sous le couvert de cette raison
sociale, c'est, pour les tiers, la forme sensible sous laquelle
elle se manifeste. Si les publications exigées n'ont pas été
faites, la société ne peut être regardée comme personne
morale, et les effets ordinaires de la personnalité ne se
produisent pas. Ainsi, les créanciers de chaque associé ont
action contre le patrimoine social, pour la part que
possède dans ce patrimoine leur débiteur (Cass. 13
février 1855).

Le genre d'administration et la responsabilité des
associés varient avec les diverses sociétés. Les modes de
dissolution sont les mêmes avec cette différence que, dans
une société de capitaux, l'interdiction, et tout ce qui peut
affecter la personne, n'a aucune influence sur la société,
laquelle existe en dehors des bailleurs de fonds. Il en est
autrement d'une société où la considération de la personne est toute puissante, mais, alors même, la déconfiture

de l'un de ses membres ne dissout pas la société, car elle possède son capital sur lequel les créanciers privés n'ont aucun droit. En revanche, un nouveau cas de dissolution se produit ici, c'est la faillite de la société. Le bilan doit être déposé par tous ceux qui ont le pouvoir d'administrer, sauf le recours en dommages-intérêts contre l'administrateur ou gérant qui l'aurait déposé mal à propos.

Le partage est soumis aussi, nous l'avons dit déjà, à quelques règles particulières. Ainsi on procède toujours par voie de liquidation, au lieu de suivre l'art. 1872, moyen d'agir peu conforme à la loi, mais introduit par l'usage tout puissant en matière commerciale. La société en liquidation se trouve alors dans une situation singulière, elle est dissoute en droit, mais, en fait, elle subsiste pour les opérations de la liquidation, d'où la formule usitée entre négociants : la société ne subsiste plus que pour sa liquidation. La rapidité, chère aux commerçants et introduite aussi par la coutume, a fait admettre que, malgré l'art. 1872 et lors même qu'il y aurait des mineurs dans la société, l'apposition des scellées ne serait pas utile, non plus que l'intervention du tribunal dans les opérations du partage ; la liquidation suit sa marche ordinaire.

Autre disposition commune à toutes les sociétés de commerce, c'est la juridiction qui les régit. Le système de l'arbitrage forcé n'existe plus aujourd'hui ; toutes les sociétés commerciales relèvent des tribunaux de com- (59 6° Pr.), et c'est le tribunal dans le ressort duquel est merce. L'assignation doit être donnée au siège social situé ce siège social qui est compétent.

Dernière règle générale : toutes actions contre les associés non liquidateurs et leurs ayants-cause se pres-crivent par cinq ans (contre les liquidateurs c'est la prescription ordinaire, celle de trente ans), après la dissolution de la société, si les publications requises ont été faites et si, depuis, la prescription n'a été interrompue par aucune poursuite judiciaire (64 Co.). Cette disposition n'a pas besoin de commentaires, les actions, dont parle l'art. 64, sont celles des tiers contre les associés et même, pourrait-on ajouter, celles de la société contre ses membres, car un arrêt de cassation (21 juillet 1835), applique ce délai au sociétaire poursuivi pour versement de sa commandite. Quant au terme qui sert de point de départ à ce délai de cinq ans, un arrêt de la Cour suprême (24 novembre 1845) a décidé conformément d'ailleurs à l'opinion de MM. Pardessus, (t. IV, p. 1090), et Troplong (n° 1059, que le délai courrait à partir du jour des publications. M. Delangle alors avocat général, soutenait avec chaleur, en se fondant sur le texte de l'article, que le point de départ de la prescription était le moment même de la dissolution ; la publication n'était, suivant lui, qu'une formalité dont il n'y avait pas à tenir compte.

Nous allons entrer à présent dans l'examen spécial de chacune des sortes de société. Il y en a trois, la société en Nom Collectif, qui est avant tout une réunion de

personnes; l'Anonymat qui groupe seulement des capitaux; la Commandite qui tient de l'un et de l'autre. Si les
sociétaires ont déclaré seulement vouloir faire une société
en commandite, ou anonyme, ou en nom collectif, pas de
difficultés, on leur appliquera les règles édictées par le
Code, à moins que les statuts ne montrent une intention
contraire à celle qu'exprimait le titre pris, mal à propos,
par la société. Dans cette hypothèse, comme dans celle
où l'on n'a désigné nominalement aucune forme, les
tribunaux apprécient et appliquent les règles du genre
de société qui paraît le plus conforme à la nature de
l'affaire, au but que l'on se proposait d'atteindre, au
désir exprimé par les parties. Ils ont même le droit
d'assigner à la société, malgré le titre pris par elle, son
véritable caractère (Paris 13 oct. 1852). Dans le doute; on
présumera qu'il y a société en nom collectif.

§ II. — *Société en nom collectif*

C'est un genre de société qui ressemble beaucoup à la
société civile. Sa marque distinctive est l'égalité de droit
de tous les membres, égalité à laquelle il peut être
dérogé par convention, mais qui, d'après la loi, est
entière et parfaite, ainsi que l'égalité de devoirs, c'est-à-
dire de responsabilité, chacun des membres pouvant être
poursuivi *in infinitum* sur tous ses biens pour l'exécution
des obligations sociales. Cette solidarité est d'ordre public,

car c'est la garantie des tiers qui traitent avec la société, il ne peut donc y être porté atteinte par les statuts.

Nous allons examiner successivement les diverses conditions d'existence et de formation de ce genre de société.

Personnel. La société dont il s'agit étant, avant tout, une réunion de personnes, le choix des sociétaires importe beaucoup. Le Code ne fixe, à ce sujet, aucune règle impérative, les associés ont donc toute latitude pour le choisir. Il suffit, d'ailleurs, pour tout ce qui touche à l'entrée et à la sortie des associés ; de se reporter a ce qui a été dit au sujet des sociétés civiles.

Raison sociale. — Elle doit être formée du nom d'un ou plusieurs des associés (21 Co). C'est une question très-discutée que de savoir si le nom d'un défunt peut faire partie de la raison sociale. La loi étant muette sur ce point, on ne peut, pour donner une solution, que rechercher les motifs qui ont porté les législateurs à exiger cette raison sociale. Pour l'affirmative, on fait remarquer que la raison sociale est uniquement un moyen de désigner une personne morale, un corps qui n'a qu'une existence juridique. Si l'on exige des noms d'associés, c'est parce que l'on a en face de soi, une société de personnes toutes solidaires, mais, ce que l'on a voulu, c'est une désignation pour l'être fictif et non pas le nom d'une personne à qui l'on put s'adresser ; on eut pris soin alors d'exiger le nom du gérant. Dès lors, ce que l'on doit désirer, ce qui répond au vœu de la loi, c'est un nom connu, ancien, qui, d'une manière visible et habituelle, représente la personne morale. Or le nom qui a figuré pendant de longues années en tête des actes sociaux, qui peut être était celui d'un gérant capable et respecté, ce nom ne parle-t-il pas plus haut que celui d'un sociétaire vivant, mais parfaitement ignoré des tiers et sans relation avec eux ? La conservation de cette raison sociale n'est-elle pas conforme à l'intérêt de la maison qui est connue sous ce titre et à celui des tiers qui, de suite, sauront à qui ils ont affaire, au lieu d'être déroutés par l'introduction de noms nouveaux à chaque décès de gérant?

Pour la négative, on fait remarquer que la loi n'eut pas pris des noms de personnes, si ces noms pouvaient ne plus représenter qu'un souvenir et se réduire ainsi aux proportions d'une enseigne : il eut suffi, dans ce cas, d'une désignation de fantaisie comme pour les sociétés anonymes. Mais non, les législateurs ont agi avec intention. Ils savaient bien que la raison sociale serait, dans la très-grande majorité des cas, le nom du gérant, et qu'alors ce nom aurait une signification réelle. La société, d'ailleurs, est en effet, avant tout, une réunion de personnes ; ce que l'on offre aux tiers comme garantie, ce n'est point un capital, ce sont des personnes dont ils auront à discuter le crédit. Il est donc utile de faire connaître le nom de quelques-uns de ces répondants et si la loi, pour laisser aux parties une indépendance plus large, n'exige pas que le nom du principal personnage figure dans la raison sociale, on ne peut méconnaître que c'est là, du moins, son désir et, en tous cas, c'est étrangement dénaturer ses intentions que d'offrir aux contractants étrangers, comme représentant une garantie, le nom d'une personne qui n'existe plus.

Ce second système est celui qu'à consacré la jurisprudence. Ce n'est point celui que désigneraient les usages si souvent consultés, pourtant, en matière de commerce.

Apports. — Le Code de commerce ne fixe, à ce sujet, aucune règle, c'est-à-dire n'apporte aucune restriction au droit plein et entier des contractants. Ils pourront donc stipuler tel genre de mise qui leur plaira, argent ou travail, ou tous les deux. Pour la manière de réaliser l'apport (et nous verrons, avec les autres genres de société, que ce n'est pas là une question sans importance) on suivra ce qui est établi par les statuts, et, à défaut, ce qui déjà a été marqué au sujet des sociétés civiles. Quant au partage des bénéfices qui est naturellement indiqué lorsqu'on traite de l'apport, il se fera de la manière déterminée par les statuts ; les sociétaires ont toute liberté pour cela.

Administration. — Les pouvoirs des associés étant égaux, la situation est la même que dans une société civile, c'est-à-dire que chacun peut agir mais seulement pour administrer, ainsi qu'il a été expliqué déjà. On peut également nommer un ou plusieurs gérants et l'unité de direction étant plus nécessaire encore dans une entreprise commerciale, on y manquera rarement. On peut choisir

qui l'on veut, pourvu, toutefois, que l'on désigne un associé. Sur sa nomination, ainsi que sur sa capacité et sur
les devoirs qui lui sont imposés, les règles sont les mêmes
qu'en matière civile, mais les pouvoirs du gérant seront,
si on ne les a pas limités, beaucoup plus étendus, car les
besoins du commerce exigent de la promptitude dans la
conclusion des affaires et ne s'accommodent pas de demi-
mesures ni de demi-pouvoirs. Aussi, la jurisprudence
accorde-t-elle au gérant l'autorité la plus large, elle lui
reconnaît le droit d'emprunter (Cass. 4 déc. 1854) et même
les statuts peuvent, ce qui est plus fort, lui donner le
droit d'exclure de la société tel ou tel membre à son
choix. (Cass. 5 juillet 1837).

S'il y a plusieurs gérants et qu'ils aient des pouvoirs
séparés, il n'y a pas de relations de responsabilité de
l'un à l'autre, pourvu que chacun se soit renfermé dans
ses attributions. Mais si plusieurs gérants ont été chargés, conjointement, de la direction des affaires, tous sont
également responsables, même de la faute d'un seul, car
celui qui n'a pas commis le fait est coupable, tout au
moins, de négligence. La responsabilité dont il est question ici, est celle dont on est tenu envers les co-associés.
Nous verrons plus loin celle qui concerne les tiers.

Le gérant, nommé par les statuts, ne peut être révoqué
qu'à l'unanimité; celui qui a été nommé après peut l'être
suivant la majorité convenue ; l'action devant les tribunaux, pour arriver à la destitution d'un gérant infidèle,
est toujours ouverte. Quant à la démission du gérant,

même question ici qu'au civil, mais plus grave parce que ses pouvoirs sont plus étendus et sa présence plus nécessaire. Suivant une première opinion, il est libre, comme tout mandataire, de se démettre de ses fonctions, sauf les dommages-intérêts qui seraient dus, si, par sa retraite, il faisait perdre à la société l'espoir d'un gain avantageux et sur lequel, par suite de l'acceptation du gérant, elle avait pu légitimement compter (1). Dans un autre système, on soutient, au contraire, qu'il y a là un mandat d'une nature spéciale entraînant des obligations plus rigoureuses et renfermant une sorte de renonciation tacite au droit de se démettre, sauf motifs graves, avant l'affaire accomplie (2). Comme, en tous cas, le gérant ne peut être contraint de donner ses soins à une entreprise quelconque, cette obligation se résoudra, après tout, en paiement de dommages-intérêts; on arrive donc, des deux côtés, à la même solution pratique.

Devoirs réciproque des sociétaires. — Rien de particulier à notre genre de société. Ce sera, comme toujours, une affaire de bonne foi et de loyale exécution, soit des engagements pris d'une manière expresse dans les statuts, soit de ceux qui résultent du fait seul d'entrer dans une société qui se propose d'accomplir telle ou telle entreprise. La question des indemnités dues par la société à ses membres et par les sociétaires à la société a déjà été examinée.

(1) **Pardessus** nᵒˢ 909 et 1106.
(2) **Troplong** nᵒ 676.

Engagements de la société envers les tiers. — Ceci comprend deux questions : 1° quand la société est-elle liée vis-à-vis des tiers? 2° quel est l'effet des engagements contractés ?

1° La société est tenue par toute obligation signée de la raison sociale, quel que soit le signataire; il suffit qu'il soit associé. Comme les membres ont ici les pouvoirs les plus étendus, que tous peuvent gérer, le droit d'employer la signature sociale se présumera très-facilement. Il n'y a exception, à ceci, que dans deux cas : d'abord lorsqu'il est évident que la transaction est faite dans un intérêt tout personnel et n'a aucun rapport avec la société ; il faut alors que les tiers puissent être convaincus de complicité (Cass. 7 janvier 1851 et 24 janvier 1853), ensuite, lorsque la signature sociale a été donnée par les statuts à une ou plusieurs personnes nominativement désignées. Les tiers étant prévenus, par les publications qu'exige la loi, n'auront pas à se plaindre s'ils ont commis la faute d'accorder leur confiance à une personne sans mandat. Mais, dans les limites qui viennent d'être indiquées, la société est toujours obligée quel qu'ait été, d'ailleurs, le but réel de l'engagement contracté. Les tiers n'ont pas à s'inquiéter de savoir si celui qui avait droit de disposer de la signature sociale en a mal'usé et s'il s'en est servi dans son intérêt propre, au lieu de l'employer pour le profit de la société. On tiendra pour valable une clause comme celle-ci : « Le gérant a seul la signature sociale dont il ne peut faire usage que dans l'intérêt de la société », mais comme valable, en ce sens, que les sociétaires auront un recours contre le gérant, s'il forfait à cette disposition. L'obligation souscrite, même en violation de la clause, est parfaitement valable à l'égard des tiers et on ne pourrait, comme on l'a fait quelquefois, insérer une clause portant que tout engagement passé par le gérant détenteur de la signature sociale sera nul, s'il n'a été contracté dans l'intérêt commun.

Il y a, cependant, des cas où la société est obligée, bien que la raison sociale n'ait pas figuré dans l'engagement. Si tous les associés ont signé, leur consentement est évident. Par une interprétation favorable, on a considéré comme obligatoire pour la société, le contrat passé par le gérant, bien que la signature sociale n'ait point figuré dans l'acte (Cass. 23 avril 1823). Un arrêt de Cassation (19 nov. 1835) a même été plus loin en décidant que la société serait liée par l'un des associés n'ayant pas la signature sociale et ne l'ayant pas employée, si les tiers, avec lesquels il a traité, prouvent que ce sociétaire agissait pour le compte de la société. L'arrêt exige, toutefois, des preuves de ce pouvoir équivalant, presque, à l'emploi de la signature sociale (1).

Une autre hypothèse, dans laquelle la société sera encore tenue sans que la raison sociale ait été employée, c'est celle où l'engagement contracté et réalisé par les

(1) Dans le même sens : Pardessus 1025 et Merlin quest. Société § 2 et Reperto. Société. sect. VI § 1

tiers a tourné au profit de la société. La preuve, alors,
peut résulter de toutes circonstances propres à démontrer
le fait allégué (Cass. 28 août 1828). L'action, dans ce
dernier cas, est parfaitement admissible, elle est basée
sur ce principe très-juste que nul ne peut s'enrichir aux
dépens d'autrui. Mais, ce qu'il est moins facile d'admettre,
c'est la décision précédente. On ouvre là une issue dangereuse ; la solidarité est chose assez grave pour qu'on la
restreigne au lieu de l'étendre. Pourquoi ne pas se
borner, dans l'espèce, à une simple action d'*in rem verso*,
c'est-à-dire à permettre aux tiers de réclamer à la société
ce dont elle a profité? Car, après tout, à qui la faute ici,
aux sociétaires que l'on rend responsables des contrats
passés par un des leurs auquel ils n'avaient point donné
de mandat, ou aux tiers qui se sont engagés sans avoir
vérifié les pouvoirs de celui avec qui ils contractaient ?

Arrivons à la seconde question. Quelle est la responsabilité des associés vis-à-vis les tiers? L'art. 22 est formel :
ils sont responsables solidairement, c'est-à-dire chacun
pour le tout, des obligations contractées sous la signature
sociale. Responsabilité très-étendue, très-dure, et qui est
la conséquence des droits très-grands laissés aux associés.
Il ne faut pas, du reste, exagérer et aggraver encore cette
disposition par la manière dont elle s'exercera. Il faut
dire, et c'est en cela suivre l'esprit de la loi, que les
membres de la société sont moins des débiteurs que des
cautions. Ainsi, le créancier devra s'adresser, d'abord, à
la société, à l'être moral avec lequel il a contracté et c'est

seulement au cas où la caisse sociale serait insuffisante pour répondre des engagements pris, que l'on se tournera contre les associés et que l'on poursuivra, pour tout ou partie de la somme, celui ou ceux que l'on jugera convenable (1). Et, si l'on n'admet pas ce tempérament, tout au moins doit-on reconnaître que le créancier doit, avant d'agir contre chaque membre, faire reconnaître, par le tribunal du lieu où siége la société, la quotité et la vérité de la dette. Avant d'arriver aux poursuites individuelles, on devra obtenir condamnation.

Une difficulté, qui n'est point relative à ceci, mais qui trouve naturellement sa place lorsqu'il s'agit de responsabilité et de l'effet que peuvent avoir sur la fortune privée des sociétaires les obligations contractées par la société et les accidents qui lui arrivent, c'est la question de savoir si la faillite d'une société en nom collectif entraîne de plein droit celle des associés.

Pour la plupart des auteurs, la question n'est pas douteuse : les associés étant tenus, sur tout leur avoir, des obligations sociales, l'être moral ne peut être mis en faillite sans que tous les sociétaires y soient aussi. Ce qui le prouve bien, c'est l'art. 438 Co exigeant que, dans la faillite d'une société en nom collectif, le nom de chaque associé figure dans la déclaration faite au tribunal de commerce. On joint, à ce nom, l'indication du domicile ; preuve évidente, disent les partisans de cette opinion, que la faillite s'étend à tous les membres de la société.

(1) Pardessus 1026.

Mais, ne peut-il pas arriver, ainsi que le fait très-bien remarquer M. Pardessus (n° 976), que la société soit mise en faillite par son gérant en l'absence d'un sociétaire dont les biens dépassent de beaucoup la somme à payer ? Et, si cet associé paie, à bureau ouvert, tous les créanciers sociaux, quel motif pourrait-on alléguer pour le faire déclarer en faillite ? Je n'admets donc pas que la faillite des membres soit une conséquence nécessaire de la faillite de la société. Elle pourra suivre et, en fait, suivra ordinairement, mais elle ne doit venir qu'après des poursuites prouvant l'insuffisance de l'actif social et leur mise en faillite n'est pas alors une conséquence légale et forcée de la faillite de la société.

Sur les divers modes de dissolution, rien de particulier, il faut se référer aux règles générales exposées soit aux titres des sociétés civiles, soit à la partie concernant les règles communes à toutes les sociétés commerciales.

§ III. — *Société anonyme*

La société en Nom Collectif est véritablement une société de personnes. La Société Anonyme a un caractère tout opposé, c'est une réunion de capitaux; les règles sont donc fort différentes. Tandis que la liberté des associés en nom collectif et très-grande, les actionnaires et administrateurs d'une société anonyme sont liés par la réglementation la plus minutieuse. Le législateur a été préoccupé de cette idée qu'il fallait protéger les actionnaires

supposés incapables de se protéger eux-mêmes, si bien
qu'un député (M. Émile Ollivier) a pu dire (1) : «Comment
comprendre que le même homme qui peut entretenir sur
la mer dix navires, ouvrir une banque au capital de
plusieurs millions, prêter son crédit aux rois, s'il est
Rothschild ou Bardi, aliéner son patrimoine, doter ses
filles, contracter des dettes, acheter, vendre, hypothéquer,
tester, c'est-à-dire lier l'avenir, qui peut, comme électeur,
nommer des députés, comme député voter des lois, comment comprendre que cet homme devient, tout à coup, un
incapable dès qu'il se convertit en actionnaire? »

Ces reproches sont d'autant plus justes que, par une
singulière inconséquence, tout en ajoutant à la règlemen-
tation ancienne de nouvelles prescriptions, la loi de 1867
supprimait la nécessité d'une autorisation gouvernemen-
tale regardée, jusqu'alors, comme une des plus sérieuses
garanties.

La société anonyme peut être fondée sans autorisation
préalable, son caractère le plus saillant est de reléguer
dans l'ombre la personnalité de ceux qui la composent,
contrairement à la société en nom collectif qui met les
personnes au grand jour. Les tiers ne connaissent que la
société, être de raison représenté par un nom de fantaisie,
c'est le capital social qui répond des obligations contractées;
jamais on ne pourra s'attaquer aux actionnaires que l'on
ne connaît pas. Il semble que les sociétaires, étant maîtres

(1) Séance du 27 Mai 1867. Moniteur du 28 Mai.

de leurs fonds, doivent pouvoir les unir sous telles conditions que bon leur semblera? La loi en a décidé autrement et nous aurons à examiner les formalités minutieuses qui doivent être remplies et le moule étroit dans lequel sont obligées de se renfermer les sociétés anonymes pour être légalement constituées.

Nous allons donc entrer dans l'examen des diverses règles qui régissent la matière, mais, comme nous nous trouvons en présence d'une législation de date très-récente (Juillet 1867), nous ne pouvons point compter sur la jurisprudence pour faire ressortir les points obscurs et trancher les questions douteuses; nous en sommes réduits au texte de la loi et aux discussions qui se sont élevées dans l'enceinte du Corps législatif.

Personnel; Apport.—La question de personnes est ici très secondaire; celle qui vient en première ligne c'est la question des mises; sans cela en effet, pas de société. Les mises peuvent consister d'abord en argent, puis, aussi, en machines, bâtiments ou autres valeurs. La loi exige que ces apports en nature soient estimés et figurent au capital social pour le montant de leur valeur en numéraire. Mais, parmi ces apports en nature, peut-on admettre l'apport en industrie?

L'affirmative a été soutenue [1]. On fait remarquer, à l'appui de cette opinion, que le travail est admis comme apport dans tous les genres de sociétés; cette sorte de

(1) Par M. Vavasseur *Des sociétés par action* (n° 424). Cosse Marchal 1868.

mise est donc de droit commun : il faudrait pour l'exclure, un texte formel, lequel ne se rencontre pas ici. Bien plus, ajoute-t-on, la loi reconnaît expressément la possibilité de ce genre d'apport: l'art 59 (Loi du 24 Juillet 1867) exige que l'extrait des statuts, publié pour faire connaître la société, indique le montant des valeurs fournies ou *à fournir* par les actionnaires. Les termes de l'art. supposent un apport futur et ne peuvent, par suite, s'entendre que d'un apport en travail.

Je ne puis adopter cette opinion qui ne me semble conforme ni au texte, ni, surtout, à l'esprit de la loi. Nos législateurs ont distingué deux sortes de sociétés commerciales; dans l'une, la qualité des personnes est dominante, c'est contre les sociétaires que les tiers ont action; dans l'autre, au contraire, les capitaux sont tout, les personnes s'effacent et restent inconnues aux créanciers dont le capital social est la seule garantie. N'est-il pas évident, dès lors, que, s'il importe peu, dans la première sorte de société, qu'il y ait ou non un capital constitué, cela importe beaucoup dans les sociétés du second genre? Or l'anonymat est du nombre.

Et lorsqu'on voit ces législateurs multiplier les formalités et les précautions qui peuvent servir à constater l'existence d'un capital réel et sérieux, comment peut-on croire qu'il ait pu être dans leur pensée d'admettre un capital futur très incertain, qui ne se réalisera que peu à peu et même ne se réalisera peut être pas ? que deviennent les droits des tiers, et que fait-on du caractère essentiel de la société anonyme?.

L'article 57 n'est pas une objection. Il ne faut pas s'attendre à trouver des termes bien rigoureux dans un titre réservé à des formalités applicables à toutes les sociétés. Par ce mot *à fournir* n'a-t-on pas eu en vue les apports en nature, immeubles, machines, etc., dont la mise matérielle n'avait pas été effectuée au moment de la rédaction du contrat? Ce n'est point, je le répète, dans un chapitre accessoire et de procédure qu'il faut chercher la solution d'une règle de cette importance.

Le capital social, avons-nous dit, doit être exprimé en argent et divisé en portions d'égale valeur ou *actions*. Et ici, nouvelle question aussi discutée que la précédente. L'action est-elle indispensable, ou est-il, au contraire, loisible aux associés de diviser le capital en portions inégales ?

Au premier abord, la question ne semble pas douteuse. L'article 34 Co. non abrogé par la loi de 1867, dit formellement : « Le capital de la société anonyme se divise en actions. » Le contraire a été soutenu, cependant (1), et voici les motifs que l'on donne. L'article 34, que l'on pourrait croire défavorable, n'a pas la portée qu'on lui attribue ; il pose une règle que l'on suivra, si les parties n'ont rien stipulé sur la division de leur capital, mais il n'est pas prohibitif, il ne porte pas atteinte à la liberté des conventions. La loi de 1867 n'a rien changé à cela et M. Rouher a dit lui-même, au sujet de l'article 48, que l'action

___

(1) Vavasseur. *loc cit*. n° 418 et seq.

n'était « qu'un engagement dans la souscription » désignation qui peut s'appliquer à toute portion d'intérêt dans une société quelconque. Il ajouta qu'il ne tenait pas au mot : « ce titre vous l'appellerez comme vous voudrez, » et enfin, pressé de questions, il déclare, qu'à son avis, l'article 35 est facultatif. On conclut, en demandant pourquoi l'on ne profiterait pas de la latitude laissée par le texte et des dispositions favorables de la jurisprudence pour aller le plus loin possible dans la voie de la liberté des conventions.

Ici encore, je ne puis adopter l'opinion du savant auteur du traité *des sociétés par actions*. Il m'est impossible de voir dans l'article 34 une simple formalité. Lorsque la loi ne fait que poser des règles facultatives, elle a soin de le dire. J'en trouve une preuve dans la matière même qui nous occupe : article 1859 « à défaut de stipulation, on suit les règles suivantes. » L'article 34 Co. emploie-t-il des termes semblables ? N'est-il pas, au contraire, très-net, très-affirmatif, et cela dans une matière où la loi a tout prévu, parce qu'il s'agit de constituer, en face des tiers créanciers personnes bien réelles, une personne fictive dont on puisse aisément connaître l'organisation et les ressources ? L'article 34 avait toujours été considéré comme obligatoire avant 1867 ; si donc on eut voulu le changer, on n'eût pas manqué de l'abroger pour le remplacer par un autre, ainsi qu'on l'a fait pour plusieurs articles qui le précédaient ou le suivaient. Bien plus, la question qui nous agite a été soulevée au Corps législatif, et qu'a répondu le ministre d'État ? « La division en action est un élément de la forme anonyme, il faut la lui laisser, pour que les tiers et l'opinion publique la reconnaissent et que les tiers sachent avec qui ils traitent. » Voilà une solution bien claire et qui n'est en rien infirmée par la déclaration du même ministre au sujet de l'article 48. Car ici, qu'on le remarque bien, la situation était toute différente; il s'agissait, non plus de la forme anonyme pure (la seule dont nous nous occupons ici) qui était nettement délimitée dans l'esprit du législateur et strictement réglée, mais de la société à capital variable, forme beaucoup moins bien définie et sur laquelle le législateur avait, ainsi que le prouve la rédaction même du titre, des idées très-peu arrêtées. On était, seulement, porté à donner une très-grande latitude à ceux qui adopteraient cette forme et à reconnaître, aux dispositions de ce titre, une grande élasticité. Mais rendons à César ce qui est à César et n'attribuons pas aux sociétés anonymes pures ce qui n'appartient qu'aux sociétés à capital variable.

Quant à l'incessibilité de l'action, la loi est muette, mais M. Rouher a formellement reconnu aux statuts le droit de leur attribuer ce caractère. Un amendement de M. Emile Ollivier demandait le renvoi à la commission de l'article 34 Co qui, suivant lui, défendait l'incessibilité. Cet amendement fut rejeté sur cette assurance du rapporteur qu'une modification était inutile, l'article 34 n'ayant point la signification qu'on lui attribuait.

15

Les actions peuvent être aussi, la discussion l'a constaté, nominatives ou au porteur. On peut (art. 34 Co).
diviser les actions en coupons ou fractions d'actions
d'égales valeurs.

Aux termes des articles 1 et 24 de la loi de 1867, les sociétés anonymes ne peuvent diviser leur capital en actions
ou coupons d'actions de moins de 100 francs, si le capital
n'excède pas 200,000 francs, de 500 francs s'il dépasse
ce chiffre. Le quart doit être versé de suite; le reste le
sera aux époques et de la manière fixées par les
statuts.

Les actions peuvent être vendues après versement du
quart. On peut stipuler, et on stipule souvent, que le consentement de l'assemblée générale sera nécessaire pour
le transfert. Comment s'opèrera-t-il ? Pour les actions
nominatives, le droit de propriété de l'actionnaire résultant d'une inscription sur les registres, c'est par une déclaration, sur ces mêmes registres, que s'opèrera la mutation. Les sociétés coopératives n'admettant pas l'action
au porteur, nous n'avons pas à nous en occuper.

Reste une dernière question difficile à cause de l'obscurité des textes : à qui incombe l'obligation de payer
les trois quarts dus encore sur l'action souscrite ? Voici, à
ce sujet, comment s'exprime l'article 3 : « Il peut être
stipulé, mais seulement par les statuts constitutifs, que
les actions ou coupons d'actions pourront, après avoir été
libérés de moitié, être convertis en action au porteur par
délibération de l'assemblée générale. »

« Soit que les actions restent nominatives après cette délibération, soit qu'elles aient été transformées en action au porteur, les souscripteurs primitifs qui ont aliéné les actions et ceux auxquels ils les ont cédées avant le versement de moitié, restent tenus au paiement de ces actions pendant un délai de deux ans à partir de l'assemblée générale. »

La question se présente sous un double aspect : qui doit payer : 1° lorsqu'il n'y a pas eu de cession ; 2° lorsque l'action a changé de main. Le premier point n'a pas été traité, nous n'avons donc qu'à nous en référer au droit commun ; quiconque s'est obligé doit remplir son engagement, le souscripteur d'une action devra donc en payer la totalité.

L'article a traité le second point. mais ses termes sont peu clairs. La discussion qui a eu lieu et les travaux préparatoires n'apportent pas grande lumière; ils révèlent seulement une incertitude et une confusion extrêmes. Deux idées bien différentes étaient en présence : d'un côté, responsabilité absolue des souscripteurs ; de l'autre, adoucissement de cette responsabilité et tendance à décharger les personnes, souscripteurs primitifs et cessionnaires pour ne faire porter l'obligation que sur l'action. Deux projets et trois amendements furent successivement rejetés; de guerre lasse, le Corps législatif adopta une dernière rédaction; c'est l'article que nous discutons. Cet article lui-même est très obscur. Voici, d'après M. Mathieu (1)

(1) Commentaire sur la loi du 24 Juillet 1867. Paris 1868 (n° 29 et seq).

rapporteur de la loi, quel serait son véritable sens. La loi de 1856 (sur la commandite par actions) rendait le souscripteur responsable de la totalité de son action et, à côté de cela, le conseil d'État autorisait, dans les statuts des sociétés anonymes, une clause ayant pour effet de libérer le souscripteur après le versement de la moitié de son capital ; on a voulu, dans la loi de 1867, reproduire ces deux dispositions et voici comment on s'y est pris.

Règle commune, les souscripteurs sont obligés pour l'intégralité de leur souscription et les actions restent nominatives jusqu'à leur entier versement. Les cessionnaires, s'il y en a eu, sont tenus de la même manière que le souscripteur primitif. Mais il est permis d'insérer dans les statuts une clause permettant à l'assemblée générale d'autoriser la transmission des actions après libération de moitié et leur transformation en actions au porteur ; les titres, alors, ne restent nominatifs que si les parties, pour raisons personnelles, veulent les conserver sous cette forme. Mais, que ces titres soient nominatifs ou au porteur, les souscripteurs et les cessionnaires ne sont tenus au paiement de l'autre moitié que pendant deux ans. Au bout de ce temps, on n'a, en cas de non-paiement, qu'une ressource, faire vendre le titre, opération désastreuse si la société végète, et impossible si son crédit est gravement compromis. Les souscripteurs et cessionnaires n'ont, pour se mettre à l'abri des poursuites, qu'à produire la décision de l'assemblée, en prouvant : 1° que l'action était alors libérée de moitié ; 2° que deux ans se sont écoulés depuis.

Les statuts peuvent toujours ne pas autoriser ce mode de libération et les sociétés ouvrières qui n'admettent point les actions au porteur feront bien de s'en tenir au droit pur et simple.

Le droit de poursuivre, lorsque cela est possible, les actionnaires en retard appartient à la société et aux créanciers sociaux.

Connaissant ce qui concerne le personnel et le capital de la société, voyons les règles relatives à la manière dont elle doit être représentée aux yeux des tiers et les formalités nécessaires à sa constitution.

Raison sociale. — Formalités constitutives. — « La société anonyme, nous dit l'article 29 Co., n'existe point sous un nom social ; elle n'est désignée par le nom d'aucun associé, » et l'article 30 Co. ajoute : « elle est désignée par l'objet de son entreprise. » Dispositions qu'il faut entendre ainsi : la société anonyme ne peut, comme la société en nom collectif, être désignée par le nom d'une personne X... et Cie, mais elle aura un nom quelconque suivi de la désignation de l'entreprise : Le Phénix, Cie d'assurance sur la vie, etc.

Nulle société anonyme ne peut, aux termes de la loi de 1867, se constituer si le nombre des membres est inférieur à sept. Imitation peu motivée de la législation anglaise.

La société peut, suivant la même loi article 21, être formée, quelque soit le nombre des associés, par un acte sous seing privé fait en double original : un acte notarié simple aurait la même valeur. La société n'est définitivement constituée qu'après la souscription de la totalité du capital social et le versement du quart.

Cette souscription et ce versement sont constatés par une déclaration notariée des fondateurs.

A cette déclaration sont annexés: la liste des souscripteurs, l'état des versements effectués, l'un des doubles de l'acte de société, s'il est sous seing privé (l'autre reste au siége social) et une expédition, s'il est notarié et qu'il ait été passé devant un notaire autre que celui qui a reçu la déclaration (art. 1 Loi de 1867).

Une première assemblée est réunie pour vérifier, avant tout, la sincérité des déclarations faites par les commissaires. S'il y a des apports en nature ou des avantages particuliers stipulés au profit de l'un des associés, l'assemblée fait vérifier, soit par un ou plusieurs de ses membres délégués à cet effet, soit par des experts la valeur des apports et la cause des avantages stipulés. Elle s'ajourne pour prendre une résolution définitive.

Un rapport, sur la vérification dont il vient d'être parlé, est tenu à la disposition des souscripteurs cinq jours au moins avant la seconde réunion.

Une seconde assemblée délibère et statue sur les conclusions de ce rapport. Elle doit comprendre le quart des actionnaires et représenter le quart du capital social en numéraire. Ceux qui ont fait l'apport en nature n'y sont pas admis.

Ensuite, et séance tenante, l'assemblée nomme les premiers administrateurs et les premiers commissaires. Du moment où administrateurs et commissaires ont accepté leurs fonctions, la société se trouve de plein droit constituée.

S'il n'y avait point d'apports en nature ni d'avantages particuliers stipulés par les statuts, il suffirait d'une seule assemblée générale qui aurait, alors, pour mission; d'une part, de vérifier la sincérité de la déclaration notariée faite par les fondateurs; et, d'autre part, de nommer les administrateurs et commissaires.

Il n'y a pas lieu à rapport ni à examen, lorsque l'apport en nature est fait par tous les actionnaires qui en sont co-propriétaires par indivis. (art. 4, L. 1867)

Ces formalités n'exigent aucune explication, il suffisait de les énumérer. Passons à ce qui concerne l'administration.

Administration. Nous avons vu, jusqu'à présent, c'est-à-dire dans les sociétés civiles et en nom collectif, le pouvoir le plus large laissé aux sociétaires quant à la gestion de la société; ici, au contraire, c'est le législateur qui fixe avec un soin jaloux le mode d'administration à suivre. Toujours dominée par cette idée qu'il faut assurer la sécurité des tiers et, pour cela, former de toutes pièces une personne fictive, la loi n'a rien laissé à la volonté des parties; elle a tout prévu et tout réglé.

Les sociétés anonymes, dit l'art. 22, sont administrées par un ou plusieurs mandataires à temps, révocables, salariés ou gratuits, pris parmi les associés.

Ces mandataires pouvaient, jadis, être pris en dehors de la société ; on a pensé qu'il y aurait plus de garantie de bonne gestion et de fidélité si l'on exigeait des associés pour remplir cette place. Mais, afin d'assurer la plus grande latitude à la liberté individuelle, l'art. 22 contient un second § :

« Ces mandataires peuvent choisir, parmi eux, un directeur ou, si les statuts le permettent, se substituer un mandataire étranger à la société et dont ils sont responsables envers elle.»

Ces administrateurs (nous emploierons désormais ce mot plus expressif que celui de mandataire) sont nommés, ou par l'assemblée générale, ou par les statuts. Dans ce dernier cas, leurs fonctions ne durent que trois ans ; elles peuvent en durer six dans la première hypothèse.

L'art. 1856 qui interdit la révocation à volonté des administrateurs n'est pas applicable ici. La loi s'est servie à dessein du mot mandataire ; on suivra donc les règles du mandat, c'est-à-dire que les administrateurs seront révocables à volonté. Seulement, j'ajoute : pour la revocation de ceux qui ont été nommés par les statuts, l'unanimité des voix paraît nécessaire, car ces noms faisaient, au moins pour un délai de trois ans, partie intégrante des statuts œuvre de l'unanimité des sociétaires.

De leur côté, les administrateurs peuvent se démettre de leurs fonctions en observant ce que prescrit la loi aux mandataires en cas pareil, c'est-à-dire de ne pas se retirer à contre-temps, et ce sous peine de dommages-intérêts.

Ces administrateurs, sauf clause contraire, sont rééligibles puisque la loi ne le défend pas. Leur nombre sera fixé par les statuts.

Ils peuvent, aux termes de l'art. 22 § 2. choisir *parmi eux* un directeur chargé de l'expédition des affaires courantes, ainsi que cela se pratique dans les grandes compagnies; le comité d'administration siége à certains jours et le directeur est en permanence. Il semble que ce chiffre d'*un* directeur n'ait rien d'obligatoire et qu'on en pourrait nommer plusieurs ; les administrateurs étant responsables des actes de leurs délégués, c'est à eux d'apprécier le risque et l'utilité de ces nominations.

Les statuts peuvent même autoriser les administrateurs à se substituer un étranger. Il ne s'agit plus ici, remarquons-le bien, d'un directeur choisi par tous les administrateurs, mais d'un remplaçant que s'est donné l'un d'eux. On avait réclamé, au sein du Corps législatif, contre cette faculté laissée aux administrateurs de déserter leur poste. On a répondu qu'il fallait permettre à un homme capable, mais fort occupé, de se faire remplacer parfois. Il y a, ajoutait-on, deux garanties contre l'abus possible d'une pareille règle, d'abord la faculté laissée aux fondateurs de la société d'autoriser ou de rejeter une semblable clause, ensuite la responsabilité de l'administrateur qui répond de tous les faits de son mandataire quel qu'il soit.

Il ne faut pas confondre, avec le directeur ou le mandataire, l'agent qui serait chargé de la conduite d'une partie de l'entreprise, de la surveillance d'une usine par exemple. Il y aura lieu, pour assigner aux uns et aux autres leur véritable caractère, de distinguer suivant les circonstances et surtout suivant les pouvoirs donnés. Le mandataire a-t-il la haute main sur toutes les affaires ? la signature sociale ? Ce sera bien un directeur que les administrateurs auront voulu choisir, ils seront responsables de tous ses actes. N'a-t-il, au contraire, que des pouvoirs relatifs à la direction d'une industrie exigeant des connaissances spéciales ? C'est un simple agent dont les administrateurs ne répondent pas à moins qu'ils n'aient choisi un homme notoirement incapable ou improbe.

Sur les pouvoirs des administrateurs, la loi est muette, et, lorsque les statuts ne se sont pas expliqués, la jurisprudence a, ou plutôt avait (car on ne peut parler que de ce qui se passait sous l'ancienne législation), une tendance très-prononcée à restreindre leur autorité plus que celle des gérants d'une société en commandite ou d'une société civile (1). Les actionnaires feront donc bien de délimiter avec soin dans les statuts les pouvoirs des administrateurs.

L'art. 26 de la loi de 1867 exige que les administrateurs possèdent un certain nombre d'actions fixé par les statuts. « Ces actions, dit l'article, sont affectées en tota-

(1) Vavasseur *loc cit.* n° 340.

lité à la garantie de tous les actes de gestion même de ceux qui seraient exclusivement personnels à l'un des administrateurs. Elles sont nominatives, inaliénables, frappées d'un timbre indiquant l'inaliénabilité et déposées dans la caisse sociale. »

L'administrateur d'une société anonyme n'est pas, comme le gérant d'une société en nom collectif, tenu de donner tout son temps à la société, il peut avoir, et il aura souvent, en dehors de la société une entreprise ou un commerce qu'il dirigera lui-même. Il est donc possible qu'il ait à traiter avec la société pour achats ou pour fournitures ; on peut suspecter son désintéressement, sans qu'il faille, pour cela, priver la société d'un gain avantageux, la loi exige donc (art. 40) que nul traité de ce genre ne puisse être passé sans l'autorisation préalable de l'assemblée à laquelle on doit, ensuite, rendre compte des opérations. Cette dernière exigence de l'article sert à en expliquer la première partie : il ne s'agit pas de faire autoriser par l'assemblée chaque opération en particulier, mais, seulement, d'obtenir une autorisation générale. C'est ce qui ressort de la discussion au Corps législatif. On a déclaré vouloir abroger une ancienne disposition qui, en réclamant l'autorisation de l'assemblée pour chaque opération, rendait la situation des administrateurs insoutenable. On ajoutait que, d'ailleurs, les sociétaires conservent, individuellement, le droit de poursuivre les administrateurs en cas de fraude. On faisait aussi remarquer que la nécessité d'une autorisation ne peut s'appliquer aux adjudications faites avec publicité et concurrence; le motif qui a fait exiger cette autorisation n'existant plus.

Relativement à la responsabilité des administrateurs, la loi a édicté les règles suivantes:

1° Lorsque la nullité de la société ou des actes de délibération a été prononcée pour violation des règles relatives aux actes constitutifs, les administrateurs *doivent* être déclarés solidairement responsables envers les tiers et les actionnaires (art. 42).

Cet art. ajoute: la même responsabilité solidaire *peut* être prononcée contre ceux des associés dont les apports en nature ou les avantages n'aurait pas été vérifiés comme il a été dit.

2° Pour actes accomplis durant leur gestion, les administrateurs sont responsables suivant les termes du droit commun, c'est-à-dire que, chargés d'un mandat, ils sont tenus de le remplir de bonne foi et soigneusement et sont punissables quand ils s'en acquittent mal. Leurs manquements seront, au surplus, jugés par les tribunaux qui apprécieront. Ils sont responsables aux termes de l'art. 44 individuellement ou solidairement, suivant les cas, soit envers la société, soit envers les tiers.

Enfin, dans quelques cas particulièrement déterminés, la loi prononce des peines toutes spéciales: pour l'administrateur qui a émis des actions d'une société fondée en violation des prescriptions légales ou commencé les opérations avant l'entrée en fonction du conseil de surveillance 500 fr. à 10,000 d'amende plus une peine facultative de quinze jours à six mois de prison. Pour celui qui, par simulation de souscription ou publication fausse, ou, en publiant faussement comme actionnaires le nom de personnes qui ne font pas partie de la société, a tenté d'obtenir des souscriptions; pour ceux qui, en l'absence d'inventaire ou au moyen d'inventaires frauduleux, ont opéré la répartition de dividendes fictifs, un an à cinq ans de prison et 50 fr. à 3,000 fr. d'amende, plus une interdiction facultative des droits civils de cinq à dix ans. (art. 45) etc.

A coté des administrateurs se place un Conseil formé de commissaires en nombre indéterminé, pris ou non parmi les associés, nommés chaque année par l'assemblée générale (art. 32). Leurs fonctions durent un an; ils sont rééligibles.

L'importance de ces commissaires se comprend d'après les fonctions qu'ils ont à remplir aussi la loi a-t-elle tout prévu pour assurer leur nomination.

Les premiers sont nommés par l'assemblée générale chargée de vérifier les déclarations faites par les fondateurs, c'est-à-dire de constituer la société d'une façon définitive. Le défaut de nomination de ces commissaires est une cause de nullité de la société. — Si cette nomination est omise par l'assemblée générale, il y est pourvu par le président du tribunal de commerce du siège de la société à la requête de tout intéressé ; les administrateurs dûment appelés.

Les fonctions de ces commissaires consistent : d'abord dans une surveillance générale et quasi-permanente, c'est à ce titre qu'ils peuvent toujours convoquer l'assemblée générale ; ensuite dans un examen plus spécial à certains moments. Ainsi, pendant le trimestre qui précède la réunion de l'assemblée générale, ils ont droit 33, toutes les fois qu'ils le jugent convenable dans l'intérêt social, de prendre communication des livres et d'examiner les opérations de la société. L'inventaire, le bilan, le compte des profits et pertes sont mis à leur disposition quarante jours avant la réunion. A l'aide de ces documents, ils font, à l'assemblée, un rapport sur la situation sociale. On leur a, dans la discussion, reconnu le droit de contrôler, aussi, les opérations et la manière dont a été conduite la société.

Il a été déclaré au Corps législatif qu'on limitait le temps du contrôle auquel ils pouvaient se livrer d'après les livres, pour ne pas déranger ni harceler les administrateurs, et on ajoutait, cependant, ce qui est assez difficile à concilier avec la déclaration précédente, « mais ils pourront contrôler en tout temps, et leur responsabilité étant en jeu, ils ne manqueront pas de le faire. » Comment pourraient-ils, sans cela, connaître les époques ou la convocation extraordinaire de l'assemblée est opportune ? On demandait, aussi, une disposition spéciale pour enjoindre aux commissaires de signaler toute diminution dans le fonds de roulement et dépréciation du capital. On répondit que ces indications trouveraient forcément leur place dans le rapport à l'assemblée, et qu'il était inutile de recourir à une disposition spéciale.

La responsabilité de ces commissaires est celle de tout mandataire, c'est-à-dire qu'ils répondent même de leur négligence.

Arrivons au dernier élément de la direction : l'assemblée générale, intervention directe des associés dans leurs affaires. — Ces assemblées peuvent être divisées en trois classes (1) :

Les assemblées qu'on peut appeler *constituantes* parce qu'elles se réunissent à l'origine pour constituer la société.

Les assemblées *ordinaires* ou annuelles qui examinent les comptes de l'administration.

Les assemblées *extraordinaires* appelées à délibérer soit sur la modification des statuts, soit sur la convocation faite d'urgence par les commissaires.

Le rôle des assemblées *constituantes* a déjà été exposé : elles vérifient la sincérité et l'exactitude des déclarations faites par les fondateurs ; prononcent, s'il y a lieu, sur les apports en nature et les avantages spéciaux stipulés dans les statuts ; elles nomment, enfin, les premiers administrateurs et les premiers commissaires.

Tout souscripteur, n'eut-il qu'une action, a le droit d'être admis avec voix délibérative. En sont exclus les associés qui ont fait l'apport ou stipulé les avantages sur lesquels prononce l'assemblée.

(1) Vavasseur n° 349.

Le vote a lieu par tête, à moins que les statuts n'accordent aux associés un nombre de voix proportionnel à leurs actions. Alors même, nul ne peut réunir plus de dix voix (art. 27).

L'assemblée, pour délibérer valablement, doit représenter la moitié du capital social *en numéraire*. Sinon une nouvelle convocation aurait lieu un mois après sur deux avis insérés dans un journal d'annonces, et il suffirait, cette fois, que le cinquième du capital fût représenté (30). Et si ce cinquième ne se trouvait pas ? La société ne serait pas constituée, telle est la rigueur de la loi.

L'assemblée *ordinaire* doit se réunir tous les ans, une fois au moins, à l'époque fixée par les statuts. Ces statuts feront bien de déterminer le mode de convocation. D'ordinaire, les administrateurs seront chargés de ce soin ; il est nécessaire, alors, d'ajouter une clause comme celle-ci : à défaut de convocation, les sociétaires se réuniront de plein droit en assemblée générale tel jour, dans tel lieu.

En cas de silence des statuts, tous les actionnaires font partie de l'assemblée et le vote a lieu par tête. Mais les statuts peuvent remplacer l'influence des personnes par celle du capital, et décider que les voix appartiendront, par exemple, à chaque dizaine d'action ; disposition que n'adoptera jamais une société ouvrière, parce qu'elle écarte des affaires tous ceux qui ont de faibles ressources et crée des majorités factices au profit des puissants.

L'assemblée ordinaire, pour être régulièrement constituée, doit comprendre le quart du capital social. Si cette
quotité ne se trouve pas, l'assemblée est de nouveau
convoquée dans le délai et suivant les formes qu'indiquent les statuts, et, alors, elle délibère valablement
quel que soit le nombre des membres présents.

Les sociétaires exclus de l'assemblée générale, par
suite de l'exigence des statuts, trouvent une compensation
dans les dispositions de l'art. 35 portant que « tout sociétaire peut, quinze jours avant l'assemblée générale,
prendre au siège social communication de l'inventaire et
de la liste des actionnaires et se faire délivrer copie du
bilan résumant l'inventaire et du rapport des commissaires. » On avait, dans la discussion au Corps législatif,
demandé l'envoi du bilan et du rapport à tous les sociétaires, proposition qui fut rejetée pour ce motif que la
plupart du temps les actionnaires sont inconnus. Dans
les associations ouvrières, où toutes les actions sont nominatives, la même objection ne peut être faite, on stipule
quelquefois, et l'on fera bien de stipuler toujours, l'envoi
aux sociétaires du bilan et même du rapport en même
temps que de leur lettre de convocation.

Un député avait demandé que l'on communiquât le
rapport des administrateurs aussi bien que celui des
commissaires, ne voyant aucune raison pour distinguer.
La commission, dont les conclusions furent adoptées,
s'y opposa pour deux motifs, le premier bien étrange
et le second bien puéril. Il est à craindre, disait-elle, que

des sociétaires mal intentionnés, ne se servent de ce rapport pour en extraire des faits qui leur serviraient de point d'attaque contre l'administration. Puis, a-t-on ajouté, si l'on communique ce rapport plus détaillé que celui des commissaires, la réunion n'offrira aucun intérêt puisqu'on n'aura rien de nouveau à dire aux actionnaires ; il faut bien réserver quelqu'attrait aux séances.

La loi ne dit rien sur le rôle des assemblées ordinaires, Nous avons vu, incidemment, qu'elles avaient la nomination des administrateurs et des commissaires. Elles entendent, ceci ressort aussi des dispositions de la loi, le rapport des administrateurs et celui des commissaires, elles peuvent discuter la valeur de ces rapports approuver ou blamer les actes de leurs conseils. S'il y avait lieu d'aller plus loin, les sociétaires pourraient, soit intenter des poursuites individuelles, soit se réunir et charger de ce soin un ou plusieurs mandataires, pourvu, alors, que ces sociétaires soient en nombre suffisant pour représenter le vingtième du capital social (art 17). L'assemblée générale ordinaire est encore chargée de fixer les dividendes à répartir, d'autoriser les marchés entre la société et ses administrateurs. En un mot, c'est elle qui contrôle la marche des directeurs et prononce sur les grands intérêts en jeu.

Les assemblées *extraordinaires* sont convoquées soit pour modifier les statuts, soit d'urgence par les commissaires. Dans ce dernier cas, l'ordre du jour est naturellement celui indiqué par les commissaires qui ne convoqueront jamais que pour un motif grave et bien défini. Aucune règle spéciale n'ayant été édictée, on suivra, pour les conditions de validité, tout ce qui a été dit plus haut des assemblées ordinaires.

Quant aux assemblées où il s'agit de modifications aux statuts de prorogation de la société au delà du terme fixé ou dissolution avant ce terme, elles doivent réunir la moitié du capital social, mais il s'agit, ici, du capital total et non du capita en numéraire. La loi ne dit pas si l'on comptera les voix par actions ou par personnes comme dans les assemblées constitutives. Les statuts ont donc tout pouvoir. S'ils sont muets, on comptera les voix par personnes comme dans les assemblées constitutives. De part et d'autre les délibérations ont une égale importance, et, autre motif d'assimilation la loi exige que la même portion du capital soit représentée dans les deux cas.

La loi ne prévoit pas non plus, le cas où la première réunion ne rassemblerait pas le capital ou le personnel voulu. Si donc les statuts sont restés muets, aucune mesure ne pourra être prise. Mais les statuts peuvent, ici, ce qu'ils ne pouvaient plus haut, stipuler qu'une seconde assemblée aura lieu et qu'on délibèrera valablement quelle qu'en soit la composition.

Aux termes de l'art. 38 la majorité des voix suffit pour que l'on puisse prendre une décision. Cette règle, pourtant n'est pas absolue, elle n'empêcherait pas les statuts, d'exiger une majorité spéciale dans quelques cas particuliers comme, par exemple, au sujet des modifications à faire aux statuts.

On doit encore classer, parmi les actes concernant l'administration, quelques règles sur les obligations de la direction et la nécessité pour la société d'établir un fonds de réserve. «Toute société anonyme, dit l'art 34, doit dresser, chaque semestre, un état sommaire de sa situation active et passive.

» Il est, en outre, établi, chaque année, un inventaire contenant l'indication des valeurs mobilières et immobilières et de toutes les dettes (le mot de créance vaudrait mieux) actives et passives de la société.

« Il est fait annuellement, dit l'art. 35, sur les bénéfices nets, un prélèvement d'un vingtième au moins, affecté à la formation d'un fonds de réserve.

« Ce prélèvement cesse d'être obligatoire 'aussitôt que le fonds de réserve a atteint le dixième du capital social. ' »

Quelle est la sanction de ces règles ? la loi n'en fixe aucune. Leur inobservation ne donnerait donc pas lieu, nécessairement, à la nullité de la société, car la loi a toujours soin, lorsqu'il s'agit d'une formalité substantielle, d'ajouter; «sous peine de nullité» et elle ne le fait pas ici. L'omission de cette réserve constituerait donc, de la part des administrateurs, une infraction dont ils seraient responsables et, s'il en résultait un dommage, ils en devraient réparation (1).

Il peut se faire que les statuts aient ainsi fixé le

(1) Vavasseur n° 354.

mode de partage des dividendes. Avant tout, en prélèvera.
sur les bénéfices nets, une somme suffisante pour représenter l'intérêt du capital actionnaire à 4 ou 5 %.

Le mot d'intérêt est impropre, il sert à désigner un
dividende d'une nature spéciale ; quoi qu'il en soit, ce
mode de partage n'est pas contraire à la loi, il est admis
en pratique, d'où la question : doit-on prélever le vingtième du fonds de réserve avant de distribuer cet intérêt ?

Non, dit-on dans une première opinion, non, si l'on
consulte l'esprit qui a inspiré cet article 35. On a voulu
protéger les actionnaires, leur assurer une garantie. Mais
dans quelle mesure ? L'Exposé des Motifs de la loi de 1863
disait, relativement aux dispositions sur le fonds de
réserve, qui ont été reproduites ici : « Ces dispositions
doivent être considérées bien moins comme imposées par
l'autorité du législateur, que comme l'expression de la
volonté probable des parties intéressées. » Or. ici, la
volonté des contractants a été évidemment de donner,
avant tout, une rétribution au capital. On ajoutait, d'ailleurs, dans cet Exposé des Motifs qui a un grand intérêt
ici : « les dispositions relatives au fonds de réserve sont
empruntées aux statuts des sociétés anonymes autorisées. » Ce fonds de réserve était imposé aux sociétés
anonymes autorisées, mais une circulaire ministérielle
du 11 juillet 1819 concernant ces sociétés disait que :
« cette réserve ne doit préjudicier en rien au paiement

des intérêts ordinaires (1). » Pourquoi n'en serait-il pas
de même aujourd'hui ?

Je ne puis, je l'avoue, me ranger à cet avis, le texte
est trop formel : « il est fait un prélèvement sur les
bénéfices nets » ces 3 ou 4 % (si ce n'est plus) sont aussi
prélevés sur les bénéfices nets, or, il est fort possible,
qu'après ce prélèvement, il ne reste rien des bénéfices
et que répondront alors les sociétaires aux créanciers
qui viendront leur dire la loi à la main : « Nous comp-
tions, lorsque nous avons traité avec vous, sur un
capital dont le fonds de réserve était la partie la plus
solide, parce que c'était la seule qui ne fut pas engagée
dans les affaires, vos livres constatent des bénéfices
passés où est ce fonds qui constitue notre gage ? Vous
dites qu'il était institué pour votre utilité, n'était-ce
pas plutôt celle de vos créanciers que les législateurs
avaient eu en vue ? Vous opposez des similitudes, une
circulaire ministérielle, tout cela peut-il abroger une
loi ? » Sans méconnaître l'importance des raisons pré-
sentées en faveur de l'autre système, j'ai peine à croire
qu'elles eussent la force de décider un tribunal en présence de revendications comme celles-ci.

Obligations des associés les uns envers les autres. —
Les actionnaires ne peuvent avoir que deux qualités,
ou celle d'administrateurs, nous savons quelles sont les
obligations de ces derniers, ou celle de simples membres

(1) Vavasseur n° 355.

et leur devoir se borne, alors, à verser le montant de leurs actions ainsi qu'il a été expliqué.

Obligations des associés envers les tiers. — Les sociétaires, n'étant tenus que du montant des actions par eux souscrites, la seule chose que puissent réclamer les créanciers sociaux, c'est le reliquat du encore par les associés sur leurs actions et rien autre chose. Les administrateurs encourent, à raison de leurs fonctions, une responsabilité toute particulière dont il a été parlé déjà.

Modes d'extinction de la société. — La mort d'un associé n'influe en rien sur l'existence de l'être social ; son capital, représenté par ses actions, ou passera à ses héritiers, ou leur sera remboursé suivant les stipulations statutaires. Cependant, comme le nombre des associés ne peut être inférieur à sept, la dissolution peut être prononcée sur la demande de tout intéressé, lorsqu'un an s'est écoulé depuis l'époque où le nombre des associés est tombé au dessous de ce chiffre (art. 38). Pourquoi ce délai d'un an ? On l'a dit au Corps législatif ; parce que les porteurs d'actions étant souvent inconnus, c'est seulement à l'époque de l'Assemblée annuelle, que la réduction du nombre pourra être constatée. Il suit de là, bien évidemment, que si les actions étaient nominatives et les décès ou démissions connues de suite, on pourrait aussi faire déclarer plus tôt la dissolution.

L'interdiction d'un associé n'aurait pas plus d'effet que sa mort et pour le même motif.

La déconfiture ou faillite d'un membre pourrait l'empêcher de verser sa contribution, mais cela ne ferait pas dissoudre la société qui peut continuer à marcher malgré ses pertes.

Au contraire, la faillite de la société serait une cause de dissolution forcée, mais la loi a pris ses mesures pour qu'on n'en arrivât pas, autant que possible, à cette extrémité. En cas de perte des trois quarts du capital social, les administrateurs doivent convoquer tous les sociétaires à l'effet de savoir s'il y a lieu de continuer la société. A défaut par les administrateurs de réunir l'assemblée générale, comme dans le cas où cette assemblée n'aurait pu se constituer régulièrement, tout intéressé peut demander la dissolution de la société devant les tribunaux (art. 37). Remarquons-le cependant, la décision de l'Assemblée sera sans appel, elle peut dissoudre ou maintenir; les tribunaux doivent toujours prononcer la dissolution.

Il ne peut être question de la perte de corps certain ni de chose sociale, la société ne possède qu'une chose, son capital, et nous venons de voir ce qui le concerne.

La volonté des sociétaires n'a pas la moindre influence relativement à la dissolution. Tout membre peut céder ses actions, avec ou sans le consentement de l'assemblée générale suivant la teneur des statuts, et c'est tout. Nul ne peut demander la dissolution, même au cas où la société n'est pas limitée dans sa durée. Je sais bien que cette solution paraît en contradiction avec l'art. 1869, C., mais les sociétés commerciales, celles surtout dont nous nous occupons, veulent être régies par des maximes et des principes différents, parfois même opposés. Pourquoi permettre à tout sociétaire de demander la dissolution de la société à durée illimitée? C'est que les législateurs ont pensé, et avec raison, qu'on ne pouvait promettre de rester sa vie durant en bonne amitié et concorde avec d'autres personnes dont les efforts joints aux vôtres sont, pourtant, indispensables au succès commun. Mais, dans une société de capitaux, cette union intime des caractères et des efforts n'est, en aucune façon, nécessaire ; que les fonds soient versés, cela suffit et qu'importe que ces fonds soient engagés pour la vie par celui qui les dépose? Il ne subit aucune contrainte et, conséquemment, le motif qui a fait édicter l'art. 1869 n'est pas applicable (1).

La liquidation se fera, ou suivant le mode indiqué par les statuts, ou, à défaut, suivant les règles qui ont été tracées.

Voilà ce qui concerne la société anonyme, nous allons laisser un instant la loi de 1869 et revenir au Code de commerce avec la société en commandite simple.

§ IV. — *Société en commandite simple*

Nous avons vu, depuis que nous sommes au titre des sociétés commerciales, d'abord une société où les personnes sont tout: la société en nom collectif, ensuite une autre société où les capitaux seuls jouent un rôle, tandis

(1) M. Troplong cite des exemples de société anonyme à durée illimitée n° 971.

que les personnes s'effacent complétement. La société,
dont nous abordons l'étude, offre une combinaison de ces
deux systèmes, on y trouve des sociétaires personnellement tenus et, par suite, ayant de grands pouvoirs
comme les associés en nom collectif et d'autres sociétaires qui ne font qu'apporter des capitaux comme
dans la société anonyme en exerçant, sur la direction
des affaires, une influence restreinte et fort secondaire.

La commandite est ancienne, elle permettait, jadis,
aux hommes exerçant les professions libérales et à qui les
idées de l'époque ne permettaient de commercer, de placer, dans l'industrie ou dans le négoce, des fonds qui leur
rapportaient, ainsi, un bénéfice qu'ils n'en pouvaient retirer eux-mêmes. Il faut ajouter, qu'à une époque où le
prêt à intérêt était prohibé, la commandite était un placement beaucoup plus commode et plus fructueux que
celui de rentes sur les immeubles ou sur les particuliers.
C'est avec ce caractère que se présente la commandite
dans notre code de commerce. Depuis on chercha, en
divisant le capital par actions, à créer une sorte d'anonymat sans autorisation préalable. Ces sociétés devinrent
tellement nombreuses que le législateur toujours pressé
de réglementer édicta en 1856 des dispositions toutes
spéciales pour les sociétés en commandite par actions. La
loi de 1867 contient un chapitre spécial sur le même sujet, mais, aujourd'hui que l'anonymat est libre, une telle
société n'a plus sa raison d'être, elle présente tous les inconvénients de la commandite sans en offrir les avan-

tages, je ne crois pas m'avancer trop en disant que, suivant toutes probabilités, la commandite par actions deviendra de plus en plus rare. Quant aux sociétés ouvrières, jamais elles n'ont employé cette forme, ni ne seront, vraisemblablement, tentées de le faire, il n'y a donc pas lieu d'en parler et il ne sera dans ce § question que de la commandite simple.

Constitution de la société. — Raison sociale. — La société doit être constatée par un écrit et il faut, s'il est sous seing privé, autant de doubles qu'il y a de parties ayant un intérêt distinct. Mais combien, dans la commandite, y a-t-il d'intérêts distincts ? On trouve, nous l'avons dit déjà deux sortes de sociétaires, les uns responsables sur tous leurs biens, les autres ne pouvant perdre que leur mise. Un double sera nécessaire pour chacun des associés en nom, mais en faut-il un, aussi, pour chacun des commanditaires ? A prendre les choses rigoureusement, on devait dire : oui, ce double étant destiné à servir de titre à chacun de ceux qui le reçoivent. Mais la jurisprudence portée, et c'est une heureuse tendance, à simplifier les formes trop longues des écritures constitutives, la jurisprudence a décidé qu'il suffisait d'un seul double pour tous les commanditaires, l'acte est alors ou déposé chez un notaire ou laissé au siége social.

Le défaut de doubles ne peut être, d'ailleurs, opposé que par les associés les uns aux autres, il ne peut être opposé aux tiers qui ont connu la société par des publications régulières. (Cass. 24 février 1844). C'est la conséquence du principe suivant lequel nul ne peut invoquer à son profit l'illégalité par lui commise.

La raison sociale se compose du nom d'un ou de plu‑ sieurs des associés en nom collectif; celui des comman‑ ditaires n'y figure pas, car les tiers ne doivent connaître que les noms de ceux contre lesquels ils ont action pour le montant de toutes les obligations sociales. Par suite, le commanditaire, dont le nom figure dans la raison sociale est tenu pour le tout parce que les tiers, en voyant son nom, ont légitimement pu croire qu'ils avaient un recours contre lui.

Ajoutons une chose, c'est que la société en commandite étant une exception, ne se présume pas, il faut que les sociétaires aient formellement déclaré contracter sous cette forme ou que leur intention de l'adopter résulte clairement des clauses et conditions du contrat.

Personnel et capital. — Nous savons de quels éléments le personnel se compose. Relativement aux admissions et démissions, aucune règle nouvelle à formuler. Les statuts fixent habituellement le mode d'entrée et de sortie, la retraite est facultative, la réception subordonnée au vote des conseils ou, plus souvent, de l'assemblée générale; les héritiers ne remplacent point leurs ayants cause et les cessions de commandite doivent être autorisées comme les admissions et de la même manière, il suffit, au reste, de renvoyer à ce qui a été dit relativement au même sujet à propos des sociétés civiles, en observant toutefois que les démissions ou exclusions doivent toujours laisser

dans la société des commanditaires et des associés en
nom, la présence de ces deux éléments est indispensable ;
la société, sans cela, perdrait son caractère légal et devrait être dissoute.

Les apports peuvent consister en argent, matériel ou
industrie, comme dans la société en nom collectif et sans
qu'aucune estimation soit nécessaire. Mais, ici, se présente une question. Que les associés en nom apportent
dans l'entreprise leur industrie et leur crédit, qu'ils ne
fassent même aucune autre sorte d'apport on le conçoit,
mais en est-il de même des commanditaires ? peuvent-ils
se borner à un apport en travail ? Je ne le pense pas : la
distinction, il est vrai, n'est pas dans le texte de la loi,
mais on ne saurait méconnaître qu'elle se trouve dans
son esprit. Quel est, en effet, vis-à-vis des tiers qui vont
traiter avec la société, quel est le rôle des commanditaires ? Exactement celui des actionnaires dans une société anonyme. Les tiers ont-ils contre eux, contre leur
personne une action quelconque ? Non aucune. Qu'est-
ce donc qui pourra servir de garantie pour les engagements contractés par le gérant et excédant les sûretés
que ce gérant peut offrir ? Qui est-ce qui, aux yeux des
tiers, représentera, d'une manière palpable et sérieuse :
les commanditaires ignorés et insaisissables ? N'est-ce pas
le capital versé ? Que ce capital consiste donc en valeurs
présentes réelles et non en valeurs d'avenir trop souvent
fictives. Le travail, sans doute, pourra faire partie de la
mise ; mais les tiers ne compteront que sur les valeurs

actuelles numéraires ou capitaux d'autre sorte Ces valeurs peuvent donc seules figurer dans les publications légales.

Le capital peut être augmenté pendant le cours de la société, soit par de nouveaux versements des sociétaires déjà admis, soit par l'admission d'autres membres. Il peut être diminué par les décès et retraites volontaires ou forcées. La société, alors, peut se réserver un certain temps pour rembourser. Dans tous ces cas, les tiers ne peuvent se plaindre d'atteintes portées à leur gage, ils sont avertis de toutes ces mutations par les publications dont il sera parlé plus loin.

Relativement au mode de partage des bénéfices, les conventions sont libres, sauf, toutefois, les clauses léonines; ce sont des choses qui ont été expliquées déjà.

Remarquons, aussi, que, contrairement à ce qui a lieu dans les sociétés anonymes, les mises peuvent être inégales et sans minimum ni maximum autre que celui qu'imposent les statuts. Le mode de versement est aussi réglé par les conventions privées. Dans les sociétés ouvrières, on procède ordinairement par cotisations et retenues sur les bénéfices.

Administration. — Les deux classes de sociétaires ont, en raison de la différence de leurs responsabilité, des pouvoirs très-différents. Les associés en nom collectif peuvent seuls gérer et administrer; les commanditaires n'ont qu'un droit de surveillance et de contrôle.

Les associés en nom, si les statuts n'ontp oint fixé leur

attributions et qu'ils soient plusieurs, ont exactement les pouvoirs et les obligations des sociétaires en nom collectif, mais, le plus souvent, on nommera un ou plusieurs gérants, ou bien il n'y aura. dans la société, qu'un seul membre en nom collectif qui sera ainsi gérant par la force même des choses. Si ce gérant a été nommé par une assemblée postérieure aux statuts, il peut être révoqué et remplacé par l'assemblée à la majorité ordinaire à moins que l'on ait fixé une majorité spéciale ; s'il a été nommé dans les statuts, il ne peut être révoqué qu'à l'unanimité ou, tout au moins, à la majorité requise pour apporter une modification quelconque aux statuts.

Je viens de raisonner dans l'hypothèse de la possibilité de révocation du gérant, mais si la chose est stipulée dans nombre de statuts. est-elle légale pour cela ? Non, suivant M. Troplong (nᵒ 433), les commanditaires n'ont qu'une ressource, c'est de demander la destitution aux tribunaux, mais il faut alors des faits graves, fraude ou prévarication. Pourquoi la révocation ne serait-elle pas possible si elle a été stipulée et que, par conséquent, les interessés ont consenti à s'y soumettre ? Lorsque la loi est muette, et elle l'est ici, les conventions sont libres; pourquoi ne serait-il pas permis à un certain nombre de personnes de s'unir ensemble les unes, apportant leur argent, les autres leur industrie, mais avec stipulation expresse que les secondes pourront être révoquées par les premières les tiers étant avertis? Une telle convention n'a rien que de très-licite, donc aucune raison pour la prohiber. C'est

d'ailleurs dans ce sens que se prononce la jurisprudence.

Où M. Troplong a parfaitement raison, c'est quand il
reconnaît à un commanditaire le droit de faire révoquer le
gérant par une action intentée devant les tribunaux. «On
a, dit-il, essayé de contester ce droit au sociétaire isolé,
mais ne peut-il pas dire alors: « Vous ne voulez pas m'accorder la révocation, eh bien! je vais demander la dissolution, car les causes légitimes qui peuvent faire prononcer la révocation sont aussi de celles qui peuvent faire
dissoudre la société » qu'aurait-on à lui répondre ? » (1).

Il a été jugé, d'ailleurs, que ces changements de gérant
ne sont pas une cause de dissolution de la société (Cass.
12 janv. 1852).

Quels sont, si les statuts ne sont pas prononcés sur ce
point, les pouvoirs d'un gérant? Il a, tout d'abord et personne ne peut songer à le contester, les pouvoirs nécessaires pour administrer, quant aux autres, grande division
parmi les auteurs, les uns lui donnant même le pouvoir
de transiger et compromettre (2), et d'autres trouvant une
semblable autorité dangereuse compromettante et hors
des droits d'un simple mandataire (3). Je serai porté, et
c'est la tendance des tribunaux, à lui accorder un pouvoir
fort large, parce que la société commerciale exige une direction active et ayant ses coudées franches, il ne faut pas

(1) N° 676.
(2) Pardessus n° 1014 Duverg. n° 320.
(3) Troplong 640.

que l'on ait besoin de recourir à chaque moment à des assemblées générales. Ceci est conforme à l'esprit de la loi qui laisse aux commanditaires très-peu de pouvoirs et augmente, même outre mesure, celui des sociétaires en nom qui peuvent seuls gérer. Jusqu'où vont les pouvoirs du gérant? c'est affaire d'appréciation et de circonstances, le gérant ne doit agir que dans l'intérêt de la société, mais il doit faire, alors, tout ce qui est nécessaire.

Les commanditaires n'ont aucun pouvoir d'administrer, il leur est très-rigoureusement interdit de se mêler de la gestion de quelque manière que ce soit. Il ne faut cependant pas aller à l'extrême et, sans recourir à la jurisprudence qui est portée à étendre beaucoup le pouvoir des commanditaires, on peut, en remontant aux origines de notre législation, trouver la preuve que les commanditaires peuvent exercer sur la marche des affaires une certaine influence: « Un des droits du commanditaire, disait-on dans la discussion qui précéda le Code de 1806, est de participer aux délibérations générales de la société, et ces délibérations ont souvent pour but d'approuver des opérations et d'autoriser des engagements ; sous ce rapport le commanditaire y concourt et doit y concourir au moins par son consentement. » Ces observations venant du tribunal furent adoptées par le conseil d'État, et l'on s'y conforma. La rédaction nouvelle de l'art. 28, Co., par la loi du 6 mai 1863, en est une marque encore plus forte. On y dit clairement que « les avis et conseils, les actes de contrôle et de surveillance n'engagent point l'associé commanditaire. » On a l'habitude, en effet, dans les sociétés ouvrières, qui ont adopté cette forme, de réunir souvent des assemblées générales qui jouent le même rôle que les assemblées des sociétés anonymes, c'est-à-dire écoutent les comptes rendus de la gérance les approuvent ou les rejettent, autorisent les distributions de dividende et en fixent alors le montant.

Ces assemblées nomment, presque toujours, un conseil de surveillance qui contrôle les actes du gérant et joue, d'une manière constante; le rôle que l'assemblée générale ne peut remplir que de loin en loin. Souvent aussi on désigne un *conseil de gérance* (qui pourrait fort bien être le même que le conseil de surveillance, ainsi que cela se pratique en Allemagne), mais ce conseil ne peut que donner au gérant des avis qui n'ont rien d'obligatoire. Membres du conseil comme simples commanditaires, tous doivent s'interdire l'immixtion ; mais quand y a-t-il immixtion ? La loi ne le dit pas et nous sommes réduits pour répondre à examiner des espèces en nous rappelant toujours ce principe, qui doit servir de règle pour les solutions à donner en pareille matière : le commanditaire surveille, apprécie ce qui a été fait, conseille même pour l'avenir, mais ne peut ni agir ni donner des ordres à celui qui agit.

Et d'abord, on peut reconnaître aux commanditaires le droit (qui doit être réservé par les statuts) de se prononcer sur telle ou telle grave question. Le gérant devra rassembler les sociétaires qui ont alors voix non plus consultative mais délibérative. Toutefois, il faut bien entendre ceci ; le gérant peut se conduire comme il lui plaît et transgresser la décision de l'assemblée générale, c'est vis-à-vis des commanditaires qu'il aura à répondre de ces faits et qu'il pourra être passible de dommages-intérêts.

Un commanditaire peut faire des affaires avec la société, si, de son côté et pour son compte, il dirige une entreprise particulière ; un avis du conseil d'État en date du 20 août 1809 l'a formellement déclaré. On va même plus loin, on permet au commanditaire de remplir les fonctions de commis et d'employé de la société, pourvu qu'il se renferme dans ces fonctions subalternes et qu'il ne fasse aucun acte de gestion. Il peut être même représentant de la maison et son commis-voyageur. Tant qu'il ne dirige point, qu'il se borne à exécuter des ordres reçus, il n'a rien à craindre, il n'y a pas immixtion. « Pour qu'un associé soit censé avoir participé à la gestion, il faut, dit M. Troplong (no 436), qu'il ait agi comme représentant de la société, et qu'il se soit mis en relation avec les tiers par une délégation (ou une usurpation) des fonctions attribuées au gérant. » Ainsi, ne sera pas regardé comme s'étant immiscé celui que les statuts donnent pour auxiliaire au gérant, s'il se renferme dans l'exécution des décisions prises par ce dernier (Cass 29 mars 1853).

On ne peut, ceci est évident, dénier aux commanditaires le droit de nommer un liquidateur et de fixer le mode de liquidation lorsque la société est dissoute, bien qu'alors une sorte de fiction la fasse regarder comme existant jusqu'à son entière liquidation. Partant de là, on a reconnu aux commanditaires le droit de diriger provisoirement la société en cas de faillite ou de décès, démission ou exclusion du gérant (1), ce qui en droit strict ne devrait pas être permis, car il y a là direction véritable. C'est un de ces nombreux tempéraments apportés par la coutume et la nécessité à la législation commerciale.

Mais on est très-divisé sur la question de savoir si la délibération prise par les commanditaires, pour obliger les gérants à limiter les dépenses ou à se conformer à telle autre mesure analogue, constitue une immixtion. On ne peut guère, en présence de cette espèce et de beaucoup d'autres semblables, que répéter que tout cela constitue surtout une affaire de circonstance où l'appréciation des tribunaux est souveraine.

Obligations des associés les uns envers les autres. — Elles consistent à observer les statuts et agir de bonne foi en travaillant à atteindre le but commun. Les gérants doivent à la société leur temps et leurs soins, les commanditaires doivent leur apport. Les premiers sont responsables envers les seconds comme ils le sont envers les tiers si leurs opérations ont, par leur faute, nui à la société (2). Les commanditaires, s'ils sont en retard pour

(1) Pardessus n° 1031 **Delangle** 396 Cass. 22 Déc. 1845.
(2) Pardessus 1038.

leurs versements, doivent les intérêts des sommes à payer et de plus des dommages-intérêts s'il y a lieu.

Obligations des associés envers les tiers. — Les associés en nom collectif répondent, sur tous leurs biens, des contrats passés par la société. Quant aux commanditaires ils ne contribuent que de leur argent ; leur commandite est donc la seule chose sur laquelle les tiers aient action. S'ils ne se sont pas acquittés, ils peuvent être poursuivis pour le montant de ce qu'ils restent devoir. Toutefois, les tiers ne peuvent poursuivre ainsi un commanditaire tant que dure la société ; il faut supposer la faillite ou l'insolvabilité des sociétaires en nom. S'il y a dissolution, c'est le liquidateur qui actionne les commenditaires en retard.

Si la société tombe en faillite, les tiers n'ont-ils aucune action envers les démissionnaires qu'on pourrait soupçonner d'avoir soustrait soit leur personne, soit leur argent au fardeau d'une responsabilité dangereuse ? Il faut distinguer : la société était-elle déjà en perte au moment de leur retraite ? Ils sont répréhensibles, sinon coupables, et, par suite, doivent rapporter. Si, au contraire, les affaires étaient en bon état lorsqu'ils ont quitté, ils n'ont fait qu'user d'un droit acquis à tous les sociétaires, on ne peut les rendre responsables des faits postérieurs à leur sortie.

Même décision au sujet des dividendes payés aux membres d'une société qui, depuis, est tombée en faillite. Les sommes distribuées devront être rapportées si, à l'époque du partage, la situation était déjà mauvaise, autrement non (1).

On stipule, quelquefois, que si la commandite n'est pas payée dans un délai de   , le sociétaire en retard est déchu de ses droits et perd les sommes qu'il a versées. Il a été jugé (2), et avec beaucoup de raison, que c'est là une clause pénale qui n'a d'effet qu'entre les sociétaires, mais qui ne peut être opposée par un associé aux tiers. Les associés ne peuvent, non plus, pour se dérober aux obligations qui pèsent sur eux, opposer aux tiers qui les poursuivent les vices constitutifs de l'acte social, même quand ces vices seraient le résultat de la fraude ou de la négligence du gérant.

Le commanditaire n'est donc tenu que sur sa mise, s'il est resté dans le rôle effacé et modeste que lui assigne la loi ; s'il en est sorti, s'il s'est immiscé, il devient, comme les associés en nom, responsable solidairement pour le tout, « il peut, dit l'art. 28 Co. modifié par la loi du 6 mai 1863, il peut, suivant le nombre et la gravité de ces actes, être déclaré solidairement obligé pour tous les engagements de la société ou pour quelques-uns seulement. » L'ancien article n'admettait pas cette solidarité partielle, il y a là une nouvelle preuve de la douceur qui tend à prévaloir sur la rigueur ancienne en tout ce qui touche les obligations du commanditaire.

Il faut ajouter une chose, cette responsabilité lorsqu'elle

(1) Pardessus 1035 ; Troplong 846 ; Delangle 345.
(2) Lyon 31 janv. 1840.

est reconnue (et l'on est très-facile pour l'admission des preuves ; l'immixtion peut être démontrée par tous moyens même par la seule preuve testimoniale) n'es prononcée que dans l'intérêt des tiers, elle ne doit rien changer aux rapports entre associés. Par conséquent, le commanditaire déclaré responsable solidairement et obligés de payer au delà de la commandite, peut se tourner contre les associés en nom et leur demander ce qu'il a payé en outre de son engagement. Presque toujours ces commandités seront eux-mêmes insolvables, ce qui ne change pas le principe ; on viendra à leur faillite.

Modes de dissolution. — Les modes de dissolution pour cause personnelle ne sont applicables qu'aux associés en nom. En effet, leur concours personnel étant nécessaire, toutes les fois que ce concours viendra à manquer, la société sera éteinte à moins qu'il n'ait été stipulé, ce qui se fait presque toujours, que la mort ou démission d'un membre ne mettra pas fin à la société. Mais, si ce membre était le seul associé en nom, il va sans dire qu'il faudrait le remplacer, la société, sans cela, manquerait d'un de ses éléments essentiels. Quant aux commanditaires, les changements qui peuvent survenir dans leur position importent peu, ils sont, à ce titre, dans la même situation que les membres des sociétés anonymes.

Le retrait d'un commanditaire n'est possible que si les statuts l'autorisent ou lui ont permis de se faire remplacer ; de ce côté, jamais de dissolution à craindre.

La société finit, si elle est mise en faillite, si le temps fixé expressément ou tacitement pour sa durée est expiré, si la dissolution est prononcée par une assemblée générale. Il faut, alors, l'unanimité des voix à moins que les statuts n'aient prévu et déterminé certains cas de dissolution.

Nous venons de passer en revue les diverses sortes de société; reste à voir les modifications qui y sont apportées par l'adoption de la forme à capital variable qui est, je le rappelle, non pas une forme spéciale et particulière de société, mais simplement une variété destinée à changer, en quelques points, les règles ordinaires.

§ 5. — *Société à capital variable*

Cette variété de société, toute nouvelle dans notre législation, a été introduite par la loi du 24 juillet 1867 et doit nous intéresser d'une manière toute spéciale, puisqu'elle a été créée, à peu près exclusivement, en vue de sociétés coopératives. Je l'ai dit plus haut, le gouvernement avait d'abord rédigé, tout exprès pour ces sociétés, un projet de loi qui ne se serait appliqué qu'à elles seules, mais aussi qui les aurait régies forcément.

Cette idée était une suite naturelle de la manie de réglementation qui paraît être le mal héréditaire des gouvernements en France. Lorsqu'on rédigea le Code, on eut soin de faire des dispositions concernant toutes les formes de société connues ; l'association ouvrière n'existait pas. En

1848, les lois civiles préoccupaient moins que les lois politiques d'ailleurs, les associations adoptaient la forme en nom collectif. Après 1852, les associations sont ignorées du public et des gouvernants et ce n'est qu'en 1863 qu'on voit le mouvement reprendre une vigueur nouvelle avec les sociétés de consommation et de crédit. Mais alors le pouvoir s'émeut ; un genre de société non réglementé ! Légiférons au plus vite. Et on fait d'abord un premier, puis un second projet de loi sur les *Sociétés de coopération*. Mais les rédacteurs de ces projets reconnurent qu'ils n'avaient point sur cette très-difficile question de notions suffisantes, ils sentirent le besoin de s'éclairer et une enquête fut ouverte au ministère de l'Intérieur.

Deux choses surtout frappèrent les commissaires dans les dispositions des gérants de société ou autres personnes s'étant occupé d'association ; d'abord l'impossibilité de définir les sociétés auxquelles on appliquait le terme si vague de coopératives ; le projet contenait sur ce point des lacunes et des restrictions qui ne permettaient pas de le maintenir ; ensuite la volonté bien arrêtée des ouvriers de repousser toute loi spéciale, fût-elle avantageuse : « nous ne voulons, disaient-ils, que le droit commun, nous demandons, il est vrai, une liberté plus grande, des dispositions légales moins restrictives, mais ces réformes nous les réclamons pour tous, nous protestons contre toute faveur, contre toute disposition qui aurait pour but de nous avantager au détriment de nos concitoyens. »

On renonça donc au système de dispositions obligatoires

et spéciales, et l'on se borna, dans la loi nouvelle, à a-
jouter, au deux titres concernant les sociétés par actions,
un troisième applicable à toute société, mais plus particulièrement, on pourrait même dire uniquement, réservé,
dans la pensée de ses rédacteurs tout au moins, aux
associations ouvrières. Le mot de coopération n'y est pas
prononcé ; on devine pourquoi, mais lapensée qui a guidé
les auteurs de ce projet est une pensée relativement li-
bérale. On avait repoussé comme dangereuse la demande
d'un député (1) qui réclamait la liberté des conventions
pour les associés avec une large et sérieuse publicité servant à garantir les tiers ; la réglementation était jugée
indispensable, mais, du moins, on montra le désir de relâ-
cher les liens, d'offrir plus de commodité aux sociétaires.
Nous aurons à examiner si ces avantages sont apparents
ou réels, dès à présent constatons une chose, c'est que les
ouvriers associés trouvèrent les avantages de la loi nouvelle fort illusoires et adressèrent, successivement, aux
députés deux protestations signées d'un grand nombre de
gérants et démontrant les inconvénients du nouveau projet de loi. Ils ne furent pas entendus et la Chambre vota
le titre dont nous allons maintenant présenter une rapide
analyse.

Ce titre est intitulé: « Dispositions particulières aux sociétés à capital variable ». Cette variabilité du capital
était, aux yeux du législateur, le caractère le plus saillant

(1) M. Émile Ollivier.

des sociétés coopératives, le nom, d'ailleurs, avait été désigné dans le cours de l'enquête par plusieurs déposants. Mais ce mot est-il heureux ? est-il même exact ? Sous l'empire de la législation ancienne, le personnel et le capital pouvaient fort bien varier. Et, en effet, la règle, en matière de société, c'est la liberté des conventions qui est complète et entière tant qu'un texte de loi ne vient pas la limiter. Or nul article du Code ne défendait d'admettre de nouveaux sociétaires et d'autoriser la sortie des anciens, nulle disposition ne prohibait l'apport de mises nouvelles et la restitution de celles appartenant aux démissionnaires et jamais la jurisprudence n'a songé à invalider de telles clauses fort nombreuses pourtant. Bien plus, la loi les reconnaissait, puisque l'art. 46 Co., aujourd'hui abrogé, ordonnait la publication de « tout changement ou retraite d'associé » ; assurément ces associés ne venaient ni ne s'en allaient les mains vides. La variabilité du capital social était donc licite et fort usitée avant la loi de 1867, il ne faut voir que la constatation d'un fait existant et non une innovation dans l'art. 48 de cette loi : « Il peut être stipulé, dans les statuts de toute société, que le capital sera susceptible d'augmentation par des versements successifs faits par les associés ou l'admission d'associés nouveaux et de diminution par la reprise totale ou partielle des apports effectués. »

Et cet article ajoute : « les sociétés dont les statuts contiendront la stipulation ci-dessus seront soumises, indépendamment des règles générales qui leurs sont propres, aux dispositions suivantes ».

Ici se pose une première question. Le titre III est-il facultatif ou obligatoire, c'est-à-dire l'appliquera-t-on seulement aux sociétés qui, dans leurs statuts, déclareront se constituer avec capital variable afin de jouir des avantages que peut leur procurer ce genre ou plutôt cette modalité de société, ou, au contraire, les articles qui vont être analysés sont-ils forcément applicable à toute société dont le capital doit varier ? Les travaux préparatoires de la loi de 1867 ne fournissent aucune solution, ils montrent seulement que les rédacteurs de la loi croyaient innover en rédigeant l'art. 48. « On a voulu, disait le rapporteur, abaisser l'obstacle qui existait dans la fixité du personnel et du capital non changeable sans liquidation ou publicité ruineuse. » C'est une erreur, mais elle explique qu'on n'ait pas agité la question qui vient d'être posée, on croyait n'avoir jamais qu'une seule sorte de société à capital variable, tandis qu'il peut y en avoir deux : celle qui déclare accepter les dispositions de la loi de 1867 et celle qui n'en voudra pas profiter.

Nous n'avons donc rien, dans les discussions, qui puisse nous guider, le texte, toutefois, semble trancher la question dans le sens le plus restrictif : « Les sociétés qui auront stipulé dans leurs statuts que le capital est susceptible d'augmentation ou de diminution seront soumises aux règles suivantes. » Voilà des termes qui paraissent absolus, ils déclarent que toute société, dont le capita doit varier, sera soumise aux dispositions édictées par le titre III. Je crois, cependant, que l'opinion contraire, celle qui admet deux sortes de sociétés à capital variable, est préférable et je me fonde sur l'intention des rédacteurs de ce titre. Si l'on songe à l'obscurité et aux contradictions qui enveloppent cette matière, ainsi que les discussions qui ont eu lieu à ce sujet au Corps législatif, on reconnaîtra que ce moyen, toujours avantageux ,d'arriver à la vérité emprunte ici, aux circonstances, une force toute particulière. Quel a donc été le mobile des rédacteurs de ce titre? Ils ont voulu se montrer larges envers une sorte de société qui leur semblait digne d'une faveur toute particulière, ce sont des avantages que l'on a voulu donner. Or il serait assez étrange que cette loi on prétendit imposer par force à des gens qui regarderaient comme inconvénients tous ces prétendus avantages. On aurait donc, en apparence, déféré aux vœux des associés en ne créant pas de loi spéciale, en les laissant dans le droit commun et, en réalité, voilà un texte qui, sans les nommer, les asservirait à des dispositions particulières; au lieu de cette faveur, de cette bienveillance dont les auteurs du projet ont tant parlé et qu'ils ont cherché à faire passer dans leurs actes, nous aurions une disposition hypocritement oppressive? Pour l'honneur de ceux qui ont rédigé cet article et de la Chambre qui l'a voté, on ne peut adopter une interprétation pareille. Il faut, si l'on veut rester fidèle aux intentions des rédacteurs de la loi, reconnaître que les dispositions sont purement facultatives et qu'il est permis soit de se servir des dispositions anciennes soit d'user de la loi

nouvelle, mais alors à la condition de déclarer formellement et expressément son intention (1).

Ce point établi, une seconde question se pose : le
titre III est-il applicable à toutes les sortes de sociétés ou
à quelques-unes seulement ? Si l'on se reporte aux dispositions édictées par ce titre, on reconnaîtra qu'il n'y
est guère question que des sociétés par actions, aussi
avait-on proposé au Corps législatif, et la disposition eut
été excellente, d'intituler ce titre : *Des sociétés par actions
à capital variable.* Mais le gouvernement avait voulu
faire une loi pour toutes les sociétés coopératives, il
savait, par l'enquête, que ces sociétés adoptaient soit l'une
soit l'autre des formes légales et il voulait que toutes,
sans distinction, pussent profiter des avantages d'une
loi nouvelle; en effet, l'art. 48 porte «les sociétés» de plus
la distinction proposée a été combattue par les auteurs du
projet et rejetée par la Chambre. Il est donc acquis que
toutes sociétés même civiles peuvent prendre la forme à
capital variable. Je dis même les sociétés civiles, parce
qu'en effet, on l'a déclaré expressément, que de plus on a
inséré dans ce titre un article tout à leur intention, c'est
l'art.53: « La société, quelle que soit sa forme, est vala-

(1) M. Mathieu, dans son commentaire sur la Loi de 1869, n'agite
pas la question, il la tranche dans le sens le plus restrictif. M Vavasseur se prononce, et lui aussi sans discussion, dans le sens de
l'opinion que j'ai soutenue. Je suis heureux de pouvoir invoquer
ci l'autorité d'un auteur qui s'est beaucoup occupé et de la matière des sociétés en général et des associations ouvrières en particulier; la décision contraire ferait de la loi nouvelle une aggravation funeste à ces associations.

blement représentée en justice par ses administrateurs. »
Pour les sociétés commerciales, la chose n'avait jamais
fait le moindre doute, il n'en était pas de même en ce qui
touche les sociétés civiles. C'est pour trancher le débat
que l'art. 53 a été écrit.

Remarquons une chose cependant; le législateur a pu
dire que la forme à capital variable s'appliquait à toutes
les sortes de société, mais il n'a pas pris garde que c'était
fort difficile pour ne pas dire impossible. Les avantages
de ce genre de société se réduisent à trois: 1° faculté de
ne verser au début qu'un dixième du capital social au
lieu du quart; 2° possibilité d'avoir des actions de 50 fr.
au lieu d'actions de 100 fr. ou 500 fr.; 3° faculté de faire
descendre, sans publication aucune, le capital social
jusqu'au dixième de sa valeur primitive. Il n'y a pas
besoin d'un long examen pour reconnaître que ces avantages n'ont de signification que s'il s'agit d'une société
par actions.

Qu'importe à une société civile ou en nom collectif ou
en commandite sans action, le droit de ne verser que le
dixième de son capital, elle peut fort bien se constituer
sans en verser un centime ! Que lui importe la faculté de
n'exiger de ses membres que le dixième de leur mise,
elle peut, très-légalement, n'en rien exiger du tout !
Qu'importe, à la société civile, de pouvoir abaisser
son capital jusqu'au dixième sans publication, elle n'est
soumise à aucune publication! Qu'importe à la société en
nom collectif la concession du même privilége, elle n'e

pas à publier les variations de son capital; fut-il détruit en entier, elle n'a pas à en avertir les tiers!

On comprend que la déclaration des rédacteurs de la loi de 1867 et la teneur des articles de cette loi aient jeté dans les esprits une confusion et une perturbation extrêmes. Aussi, les procès-verbaux des séances de la Chambre nous donnent-ils le spectacle de la discussion la plus décousue et la plus diffuse. On pose des questions de toutes sortes; on demande des éclaircissements au sujet de cette loi incompréhensible et ses défenseurs ne sont pas toujours d'accord soit avec la logique, soit avec eux-mêmes. Ainsi MM. Ernest Picard et Jules Simon demandent l'abolition de l'art. 34 Co. (qui exige la division en actions du capital des sociétés anonymes), et M. Rouher, qui avait soutenu que nulle société anonyme ne pouvait se dispenser de diviser son capital en actions, est venu declarer que les amendements proposés étaient inviles, attendu les sociétés coopératives anonymes pouvaient ne pas diviser leur capital en actions. La distinction était dans les idées du Ministre, mais se trouve-t-elle dans la Loi ?

On a demandé, aussi, si l'apport du travail était possible dans une société anonyme. Il a été répondu que oui; on ajoutait même, contrairement aux allégations de quelques députés, que l'estimation en serait très-facile. Mais lorsqu'on a demandé pourquoi l'on exigeait le versement par les associés d'un dixième du capital, M. le Ministre d'état a dit qu'il fallait offrir une garantie aux

tiers, que ce chiffre du dixième était très-réduit déjà et
qu'au delà il n'y aurait plus sécurité pour les créanciers
de la société. Fort bien, mais quelle garantie peut fournir un apport en travail, c'est-à-dire un apport futur incertain et dont la réalisation peut-être encore éloignée?
Comment surtout verser ce dixième, minimum extrême
et indispensable? On sent, dans de pareilles réponses, une
intention large et bienveillante et aussi, il faut bien e
constater, un esprit dérouté par la nouveauté et l'inconnu
du sujet. Ce genre d'apport est si peu pratique et si peu
d'accord avec la nature de l'anonymat que M. Rouher
ajoutait de suite: « Mais la société pourra faire une retenue sur les bénéfices». C'est bien ainsi que procèdent
les associations ouvrières, mais, encore une fois, est-ce
avec des bénéfices à venir que l'on peut faire un versement immédiat ?

De ce qui précède, retenons donc ceci: le titre III n'est
applicable qu'aux sociétés qui déclarent en vouloir profiter. Ce titre est fait pour toutes les sociétés, mais, parmi
ses dispositions, plusieurs ne sont applicables qu'aux sociétés dont le capital est divisé par actions (1). Ceci dit,
voyons successivement chacun des articles qui le composent.

Art. 49. « Le capital social ne peut, au début, dépasser
200.000 f. Il peut être augmenté, ensuite, mais seulement
de 200.000 fr. par année.» Pourquoi cette restriction? Les

(1) L'article 50 traite exclusivement des sociétés par actions.
407   18

rédacteurs du projet ont essayé de la défendre en disant : nous accordons, dans ce titre, de grandes faveurs, notre intention est que les sociétés coopératives en profitent seules, mais comment les distinguer, puisqu'elles ne veulent pas qu'on les nomme ? On les reconnaîtra à leur capital qui sera très-faible au moins au début. Mauvaise raison ; on empêche ainsi bien des sociétés entre patrons et ouvriers de profiter de la forme nouvelle, car il peut arriver, comme en Angleterre que des industriels reconnaissent à leurs ouvriers une part de co-propriété sur des mines ou sur des usines qui valent bien au delà de 200.000 fr. La disposition de l'art. 49 a, d'ailleurs, été condamnée par le gouvernement lui-même. En 1866 ou 1867 il faisait, à la société en fondation des *Tisseurs de Lyon*, un prêt de 300.000 fr. (1) parce que, disait-il, les principes coopératifs peuvent amener l'amélioration du sort des ouvriers. Voilà donc une société coopérative fondée au capital de 300.000 fr. par ceux-là mêmes qui n'admettent pas qu'une telle société débute avec un capital dépassant 200.000 fr.! Où trouver une condamnation plus évidente des principes soutenus par les orateurs du gouvernement ?

Constatons, en passant, que ce ne sont pas des dispositions semblables qui engageront beaucoup les sociétés ouvrières à recourir aux *faveurs* de la loi de 1867.

Art. 50. « Les actions (ou coupons) sont nominatives

(1) Fournis par la Caisse du prince Impérial.

même après leur entière libération. La négociation ne
pourra avoir lieu que par voie de transfert sur les registres de la société et les statuts peuvent exiger, pour ce
transfert, l'autorisation de l'assemblée. Bonne disposition
qui se trouvait dans tous les statuts de sociétés coopératives et qui continuera à y figurer lors même qu'elles
ne seront pas à capital variable. Il importe, en effet, ici
que les personnes se connaissent afin de se bien
choisir.

Ces actions, dit aussi le même article, ne doivent pas
être inférieures à 50 fr. Elles ne sont négociables qu'a-
près constitution définitive de la société. On a attaqué
cette disposition: Comment, disait-on, toujours des restrictions, pourquoi ce minimum de 50 fr. ? Les sociétés
qui, le plus volontiers, divisent leur capital par actions,
sont les sociétés de consommation, or voyez la première
et la plus célèbre de toutes, celle de Rochdale, comment
a-t-elle été fondée? Par des cotisations de 30 centimes
par semaine. Vous mettez nos sociétés dans l'impossibilité d'user d'un pareil moyen! Ces reproches ne me
semblent pas justes. Sans doute, si l'art. 50 s'appliquait à
toutes les sociétés, si l'on n'admettait aucune mise au-
dessous de 50 fr. avec versement immédiat du dixième
(art. 51), il y aurait lieu d'accuser la loi, mais il ne s'agit
ici que des sociétés par actions, c'est-à-dire d'une forme
que l'on peut ou non adopter. Ceux qui voudront imiter
les ouvriers de Rochdale prendront la forme civile ou en
nom collectif ou en commandite simple, mais lorsqu'on

choisit la société anonyme sans doute en vue de ses avantages, que l'on en supporte aussi les inconvénients ! Or, étant donné notre système actuel de législation sur les sociétés, on doit avouer qu'il s'agit avant tout, en matière de société anonyme, d'offrir aux tiers contractants une garantie quelconque. Le mieux sans doute serait de laisser aux sociétaires le droit de déterminer eux-mêmes les sûretés qu'ils prétendent offrir en exigeant une publicité assez large pour les faire connaître, mais la loi s'étant elle-même chargée de prémunir les tiers par des dispositions imposées aux sociétaires, l'art. 50 est une conséquence très-rationnelle de cette manière de voir. Il serait imprudent de laisser les tiers sans garantie puisqu'on ne prend pas soin, en même temps, de les prévenir.

Art. 51. — « La société ne sera constituée qu'après le versement du dixième. » Est-ce le dixième des actions ou le dixième du capital social ? Si l'on songe que l'une des obligations les plus lourdes dans les sociétés ordinaires est le versement du quart, on sera conduit à dire qu'il s'agit d'un dixième par action. D'un autre côté, cependant, la phrase précédente parle du capital social, c'est donc du dixième de ce capital qu'il est question ici, et on conçoit que le capital social ayant uniquement pour but d'offrir une garantie aux tiers, peu importe que ce dixième soit fourni par tous les associés dans une proportion égale ou par quelques-uns seulement, on comprend même fort bien que les versements plus complets des uns permettent d'accorder plus de facilité et de délais aux autres (1).

Les statuts, dit encore l'article, fixent une somme au dessous de laquelle ce capital ne peut descendre malgré les retraites des associés. Cette somme doit représenter le dixième au moins du capital social. Dans les sociétés en commandite et anonymes pures, toute mutation de capital doit être portée à la connaissance du public; dans celles à capital variable, on peut, sans publication aucune, le faire descendre jusqu'à ce dixième. Mais peut-on, avec des publications, le faire descendre au dessous ? Non si l'on se reporte aux travaux préparatoires, oui si l'on interroge les principes.

Le Corps législatif, en effet, a repoussé un amendement, réclamant le droit de faire descendre le capital au dessous du dixième. On disait que le capital pourrait alors tomber à rien, que ce serait compromettre gravement les droits des tiers et nuire à la société elle-même. Il est bien difficile de comprendre comment un pareil résultat pourrait se produire. Comment ! toute société peut — on ne l'a jamais contesté que je sache — faire descendre son capital au vingtième, au centième de sa valeur primitive, et voici une société, que l'on prétend avantager, et qui ne peut le faire descendre que jusqu'au dixième de cette valeur ? Quel est donc le motif des exigences de la loi ?

_____

(1) Suivant M. Mathieu dans son commentaire (n° 289) c'est le dixième sur chaque action qui doit être versé. Ceci n'est, bien entendu, qu'une opinion personnelle.

pourquoi demande-t-on des publications et dans quel but
a-t-on ici autorisé ces variations sans publicité jusqu'à ce
minimum du dixième? La publicité est nécessaire lorsque
le capital varie, afin de prévenir les tiers que le capital
social leur seule garantie, n'est plus ce qu'il était au début
et qu'au lieu de compter sur une somme de 100,000 fr.,
ils ne peuvent exercer leur action que sur 80 ou 60,000.
Comme ces publications coûtent aussi cher aux petites
sociétés qu'aux grandes, c'est un lourd fardeau dont
on a voulu les décharger en autorisant pour elles la diminution sans publicité jusqu'au dixième du capital. Mais
cette considération aurait-elle dû avoir pour effet de faire
échec aux règles générales ?

Puis, la disposition que l'on introduit dans la loi constitue-t-elle un réel avantage ? Oui si l'on regarde aux
petites économies, non si l'on considère l'intérêt de la
société, son extension et son avenir. Ce qui, en effet, importe à une entreprise commerciale, c'est d'avoir du crédit, le crédit d'une société en commandite et anonyme se
mesure au capital dont elle dispose, or, aux yeux des tiers
le capital d'une société à capital variable sera le dixième
et rien autre chose, puisqu'elle pourra toujours, sans
avertir personne, le faire descendre jusque là. Et ceci est
tellement évident, qu'il faut s'attendre à voir nombre de
sociétés s'interdire, par disposition statutaire, la diminution
sans publicité de leur capital. Clause très-licite, puisque
loin de déroger à une disposition d'ordre public, elle ne
tend qu'à accroître la sécurité des tiers et les garanties
qui leur sont offertes.

L'art. 52 permet aux sociétaires de se retirer de la société sauf clause contraire (ce qui est licite, moyennant
une clause spéciale, dans toute société) et tant que les retraites n'entraînent pas une diminution de capital dépassant les neuf dixièmes. Il reconnaît la validité d'une
clause très-fréquente dans les sociétés ouvrières le droit
d'exclusion accordé à l'assemblée générale.

Enfin, il déclare que l'associé démissionnaire ou exclu
restera tenu pendant cinq ans envers ses coassociés et
envers le tiers de toutes les obligations existant au moment de sa retraite. Ce qu'il faut entendre ainsi : les
sociétaires resteront tenus pendant cinq ans comme ils
le seraient s'ils étaient restés dans la société, c'est-à-dire
que si la société est civile ou en nom collectif ils seront
tenus personnellement, au premier cas pour le tout, au
second cas pour une part virile, des obligations sociales.
Au contraire, si la société était en commandite ou anonyme, on ne pourrait les poursuivre que pour le montant
de leur commandite ou de leurs actions.

Quant à la durée du délai, on a choisi la période de
cinq ans, parce que c'est le temps de la prescription des
effets de commerce, et par suite, c'est à ce moment seulement que la société pourra être assurée de sa libération
et de l'inutilité de tout recours contre l'ex-sociétaire.
Remarquons que cette prescription de cinq ans s'applique
aussi bien aux sociétés civiles qu'aux sociétés commerciales.

Art. 53. « La société, quelle que soit sa forme, sera va-

lablement représentée en justice par ses administrateurs. »
Cette disposition parfaitement superflue pour les sociétés
commerciales puisqu'elle existait déjà, sera fort utile aux
sociétés civiles, la question devant, pour elles, être
négativement résolue, ou, tout au moins, étant fort
douteuse.

Art. 54. « La société ne sera point dissoute par la
mort, la retraite, l'interdiction, la déconfiture de l'un des
associés ; elle continuera de plein droit entre les autres. »
Nous savons que les sociétés où la considération des personnes est dominante, finissent seules de cette manière.
L'art. 1865 déclarait les sociétés dissoutes ainsi, sauf
stipulation contraire, notre art. 54 déclare qu'elles sub-
sisteront, mais, bien entendu une stipulation reproduisant
l'article du Code civil serait toujours licite et possible.

Voici terminé ce qui concernait chacune des différentes
sortes de sociétés commerciales, nous allons examiner, à
présent, une matière qui les concerne toutes, la publication des actes constitutifs ou autres destinés à porter à
la connaissance des tiers tout ce qu'ils ont intérêt à savoir
relativement à l'être fictif avec lequel ils peuvent être
amenés à traiter.

§ VI. — *Dispositions relatives à la publication des
actes de société.*

La société étant un être de raison, une personne fictive, il faut que les tiers sachent au juste à qui ils ont

affaire, quelles personnes représentent la société et quelles garanties sont offertes à ceux qui traitent avec elle. C'est afin d'y pourvoir que la loi impose à toute société des formalités destinées à faire connaître aux tiers : 1° sa naissance, la manière dont elle est organisée, le capital dont elle dispose, etc.; 2° les changements qui, pendant le cours de son existence, viennent modifier son état primitif, soit en transformant son personnel ou son capital, soit en changeant ou son but ou ses manières d'agir. De là parmi les publications imposées aux sociétés, des formalités de deux sortes : 1° initiales, qui se produisent au début de toute société; 2° accidentelles, qui arrivent de temps en temps, mais dans certaines circonstances seulement.

Ces formalités ne sont exigées que des sociétés commerciales et, sauf quelques points de détail, sont les mêmes pour toutes ces sociétés. Le Code de commerce les ayant réglées d'une manière qui donnait lieu à des plaintes nombreuses, on songea à les refaire en 1867. Mais alors grand embarras, devait-on se borner à modifier l'ancien système contre lequel s'élevaient des objections de toutes sortes, ou créer, de toutes pièces, un système nouveau ? Si l'on s'arrêtait au premier parti, il n'y avait que des changements de détail à faire, au second cas il fallait choisir entre le système anglais et celui que proposait M. Émile Ollivier.

Le premier (le système anglais) consiste dans l'enregistrement des actes de société par un fonctionnaire unique dans le pays, le *Registar* qui est chargé, en outre, d'examiner les statuts et de refuser l'insertion de ceux qui ne sont pas conformes à la loi. De plus, les sociétés sont tenues de délivrer à tout requérant un exemplaire de leurs statuts, moyennant un prix qui ne peut excéder 1 shelling.

M. Émile Ollivier proposait l'enregistrement à la mairie (ou à la maison commune, c'est-à-dire à l'Hôtel-de-Ville s'il y a plusieurs mairies). On pouvait y ajouter l'obligation de délivrer un exemplaire de ses statuts moyennant une somme équivalant aux frais d'impression.

Le gouvernement fit ici ce qu'il avait fait en présence du projet sur la liberté des conventions, il écarta tout système de réforme complète et absolue, pour se borner à des modifications partielles. L'institution d'un *Registar* paraissait illusoire. Une société de Montauban ou de Dunkerque fera donc enregistrer son acte constitutif à Paris? Quelle publicité pour les tiers ! Puis, on s'élevait contre ce droit de contrôle qu'assure au *Registar* la législation anglaise et qui semblait dangereuse et contraire à nos habitudes; c'était donner à un homme le pouvoir d'appréciation qui ne doit appartenir qu'aux tribunaux.

D'autre part, le contre-projet présenté par M. Ollivier parut trop simple à des esprits habitués aux complications anciennes et l'on édifia un système préférable à l'ancien en quelques parties, parfois aussi plus gênant, en somme, édictant des dispositions aussi coûteuses et aussi longues.

Je l'ai dit, ces formalités sont [de deux sortes si l'on veut regarder à l'époque où elles s'accomplissent : initiales et accidentelles, et de deux sortes aussi, si l'on considère leur manière d'être : temporaires ou permanentes.

Formalités originaires 1° *temporaires.* Toute société commerciale doit, aux termes de l'art. 55, déposer, dans le mois de sa constitution, un double de l'acte constitutif s'il est sous seing privé et une expédition s'il est notarié au greffe du tribunal de commerce et de la justice de paix. Pourquoi le dépôt dans deux endroits ? Et surtout pourquoi le dépôt au greffe? Est-ce afin de conserver l'acte ? Il suffit, alors, d'une seule et moins coûteuse formalité : l'enregistrement. Est-ce afin que l'on puisse consulter cet acte ? M. Rouher a déclaré lui-même, en faisant appel à ses souvenirs d'ancien clerc d'avoué, que les greffes étaient *inabordables* pour quiconque y venait chercher des renseignements. Voilà donc un moyen de publicité extrêmement contestable.

Afin que l'insertion soit complète, l'article veut que l'on joigne aux actes constitutifs des sociétés anonymes; 1° une expédition de l'acte notarié constatant la souscription du capital social et le versement du quart; 2° une copie certifiée des délibérations prises par l'assemblée générale au sujet des apports en nature ou avantages particuliers assurés à un associé; 3° la liste nominative des souscripteurs avec le nombre d'actions de chacun d'eux.

Dans le même délai d'un mois, ajoute l'art. 56, un extráit de l'acte constitutif et des pièces annexées est publié dans l'un des journaux désignés pour recevoir les annonces légales. Autrefois c'était dans tous, ce n'est plus, aujourd'hui, que dans un seul; il y a économie pour la société, mais sérieux inconvénient pour les tiers. A moins de lire tous les journaux d'annonces légales, (à Paris il y en a quatre) comment connaîtront-ils des choses que le vœu de la loi est de porter à leur connaissance et qu'ils ont, au surplus, grand intérêt à savoir ? Puisque l'on voulait simplifier les frais, ce qui est bon, il fallait désigner un seul journal pour recevoir ces actes, on n'aurait pas, alors, diminué les garanties des tiers. ce qui est fâcheux.

L'extrait doit contenir :

1° Les noms des sociétaires autres que les commanditaires ou les membres d'une société anonyme.

2° Raison sociale et siége social.

3° Désignation des associés autorisés à gérer, administrer, signer pour la société.

4° Montant des valeurs fournies ou à fournir par les actionnaires ou commanditaires. De plus, l'article suivant (58) exige, que si la société est anonyme, on énonce le montant du capital en numéraire et en autres objets et la quotité à prélever sur les bénéfices pour former le fonds de réserve. Enfin, si la société est à capital variable, l'extrait doit contenir l'énoncé de la somme au dessous de laquelle le capital ne peut être réduit.

Remarquons-le, la société en nom collectif, reste,

comme sous l'empire de la loi ancienne, affranchie de l'obligation de publier le montant de son capital et cela résulte de la nature même de cette société. Les tiers n'ont pas à compter sur un capital quelconque, mais sur des personnes dont le nom doit être publié ; c'est là leur garantie.

5° Époque où la société commence et celle où elle doit finir, avec la date du dépôt fait aux deux greffes.

6° Désignation de la forme adoptée par les sociétaires, c'est-à-dire déclaration que la société est anonyme ou en commandite etc, on indique toujours si elle est à capital variable.

Si, de plus, les sociétaires adoptaient quelque disposition excentrique et peu commune, ils feraient bien, et seraient ainsi dans l'esprit de la loi, de la publier aussi.

Il est justifié de l'insertion par un exemplaire du journal certifié par l'imprimeur, légalisé par le maire et enregistré dans les trois mois de sa date (art. 56). L'article ajoute: ces formalités sont exigées à peine de nullité à l'égard des intéressés (les associés), mais le défaut d'aucune d'elles ne peut être opposé aux tiers par les associés.

L'art. 59 prévoit le cas où la société a plusieurs maisons de commerce situées dans divers arrondissements. Publications et dépôts ont lieu, dans chaque arrondissement. Pour les villes divisées en plusieurs arrondissements, le dépôt est fait aux greffes de l'arrondissement du principal établissement.

L'extrait des actes et pièces déposés est signé (art. 60),
pour les actes publics par le notaire, pour les actes sous
seing privé par les associés en nom collectif, ou par les
gérants par les sociétés en commandite ou par les administrateurs pour les sociétés anonymes.

Voilà pour les formalités originaires temporaires; voici
les formalités originaires permanentes.

Toute personne peut prendre communication des pièce
déposées aux greffes de la justice de paix et du tribunal
de commerce et s'en faire, à ses frais délivrer extrait ou
copie par le greffier ou par le notaire détenteur de la
minute (art. 63). Mais la loi ne donne ce droit que s'il
s'agit d'une société anonyme. Et pourquoi ? On exige le
dépôt aux greffes des actes de toute société, on suppose
que les tiers ont un égal intérêt à les connaître et on res-
treint ce droit de renseignement à une seule société ! A
quoi bon forcer au dépôt les sociétés en commandite
et en nom collectif?

Toute personne, continue l'article, peut se faire délivrer, au siège de la société, une copie certifiée des statuts moyennant une somme qui ne peut excéder 1 franc.
Enfin les pièces déposées doivent être affichées d'une manière permanente dans les bureaux de la société. Excel-
lentes mesures, mais qu'il n'eut pas fallu restreindre aux
seules sociétés anonymes; le bon sens et la logique exigeaient que la même règle fût applicable à toutes.

J'en dirai autant de l'article suivant (64) ainsi conçu:
« Dans tous les actes , factures, annonces, publications et

autres documents imprimés ou autographiés émanés des
sociétés anonymes la dénomination doit toujours être
précédée ou suivie de ces mots : société anonyme au capital de... Si la société est *à capital variable* cette désignation doit être insérée aussi.» On ajoute que toute
contravention à ces règles est punie d'une amende de 50 à
1000 fr. Mais, pourquoi n'exiger la désignation de la
forme de société que sur les actes imprimés ou autographiés? Et si ces actes, les factures par exemple, étaient
faits à la main, la désignation deviendrait-elle inutile?
Évidemment l'intention des législateurs a été celle-ci: il
faut, en matière de société, la publicité la plus large et la
plus grande; des dépôts aux greffes et des publications
dans les journaux feront connaître aux tiers tous les dé-
tails qui leur importent, mais il faut provoquer, solliciter
leur attention, c'est dans ce but qu'a été fait cet article
64. Pour qu'il ait son entier effet et son efficacité
réelle, il faut que la mention se trouve en tête de tous
les actes, annonces, factures etc, énumérés par la loi, que
ces actes, soit imprimés ou écrits à la main, on a énuméré ceux qui s'impriment d'ordinaire, on doit suppléer
à l'insuffisance des termes.

Formalités accidentelles. Elles ont pour but d'apprendre aux tiers toute circonstance de nature à modifier
l'être fictif que leur a fait connaître les premières publications. Comme les formalités originaires, celles-ci sont
ou temporaires ou permanentes, et, l'on peut bien faire
remarquer de suite, que les formalités permanentes sont

aussi, et sans plus de raison, exclusivement réservées aux sociétés anonymes.

Les actes soumis aux formalités de la publication sont: toute délibération ayant pour objet; la modification des statuts, la continuation de la société au delà du terme fixé pour sa durée, la dissolution avant ce terme, et le mode de liquidation; tout changement ou retraite d'associé; tout changement à la raison sociale; toute délibération des membres d'une société anonyme assemblée à l'effet de se prononcer sur la dissolution ou continuation de la société au cas de perte des trois quarts du capital social toute délibération par laquelle une société à capital variable augmente son capital de manière à lui faire excéder la somme de 200,000 fr. ou 400,000 ou 600,000 etc. selon qu'il n'y avait pas encore eu d'augmentation ou qu'il y en avait eu déjà.

Les formalités à remplir consistent dans le dépôt aux greffes avec insertion dans les journaux, toujours dans le délai d'un mois. Ce sont là des formalités temporaires et les seules dont parle la loi; mais il est évident que, par leur nature même, les formalités permanentes se rencontreront aussi. En effet, l'inscription au registre des greffes doit être considérée comme telle, tous ceux qui demanderont copie des statuts les recevront avec les modifications apportées. Il leur sera bien facile ainsi d'avoir copie des changements apportés au contrat primitif. La seule formalité permanente que la loi n'ait pas exigée pour les publications accidentelles, c'est l'affichage dans les bureaux de la société. Lacune moins regrettable toutefois et moins fâcheuse qu'elle ne le paraît au premier abord, car ce ne sont guère que les modifications aux statuts qui doivent être publiées, et, par suite, l'affichage sera forcé, car ce que l'on doit placarder dans les bureaux ce sont les statuts en vigueur et non les statuts passés.

La même amende de 50 à 1,000 fr. est applicable pour omission de ces formalités.

Dernière observation ; le délai d'un mois court, pour les formalités originaires, du jour de la constitution de la société, et, pour les formalités accidentelles, du jour de l'assemblée qui a pris la décision dont la publication est obligatoire.

Telles sont les formalités actuellement en vigueur sur le mode de publication des actes de société.

CHAPITRE III

Quelle peut être et quelle doit être actuellement la forme légale des associations et des sociétés coopératives

Nous connaissons, maintenant, les règles qui constituent chacune des formes de société. Toute agrégation d'individus formée dans un but quelconque et pour une durée même très-courte, doit se conformer aux prescriptions considérées par le législateur comme une indispensable sauvegarde des intérêts des associés et de ceux des tiers. Mais, avant de se réunir, il importe de savoir par quelles règles on sera régi. Le premier soin des sociétaires futurs doit être de s'enquérir quelle est la forme légale de société dont ils auront à suivre les prescriptions, soit qu'à raison de leur but ils doivent forcément adopter telle ou telle forme, soit qu'ils aient, au contraire, la faculté de choisir. Telle est la recherche à laquelle nous allons nous livrer au sujet des associations ouvrières.

Nous connaissons leur but et leurs moyens, voyons donc quelle forme légale elles devront adopter ou seront obligées de subir.

§ 1. — *Associations*

Il n'est pas toujours loisible aux parties de choisir la forme légale qui serait la plus conforme à leur vœu, entre les deux sortes de sociétés; civiles et commerciales, l'option n'est point toujours possible. Doivent être sociétés commerciales, toutes celles qui font acte de commerce, or la loi range sous ce chef (632 Co.) « tout achat de denrées pour les revendre après les avoir travaillées et mises en œuvre » or c'est précisément là le but des associations ouvrières, elles achètent des matières premières pour les revendre après les avoir transformées, elles sont donc sociétés commerciales. Mais, parmi les diverses sortes de sociétés commerciales, elles peuvent choisir celle qui paraît la mieux adaptée au but poursuivi et la plus conforme à leurs besoins.

Trois formes de société sont en présence : l'anonymat, la commandite simple et la société en nom collectif. Il convient de repousser, tout d'abord, l'anonymat moule créé par la loi pour grouper les capitaux et non point les personnes, or les associations ouvrières sont, avant tout, des sociétés de personnes; qu'elles laissent donc l'anonymat aux capitalistes.

La raison qui vient de faire rejeter l'anonymat doit faire écarter aussi la commandite. C'est un genre de société imaginé pour qui veut, sans entrer dans le commerce, faire rapporter à son argent des bénéfices commerciaux. L'essence d'une société pareille est l'inégalité des membres, quelques-uns, ou même un seul, ayant plein pouvoir et les autres devant se borner à un contrôle, que la crainte d'une lourde responsabilité à partager et l'ignorance des barrières qui délimitent nettement ce qui

est permis de ce qui ne l'est pas, rendent souvent inef-
cace. La commandite suppose un négociant ou un industriel agissant à loisir et avec l'argent des sociétaires. Le
seul rôle de ceux-ci, est de fournir des fonds dont ils touchent le produit lors du partage des bénéfices. Un tel
genre de société ne convient donc, en aucune façon, à une
réunion d'ouvriers qui s'associent pour travailler, qui
n'apportent guère que leurs bras ou une faible épargne
antérieurement amassée et qui, par dessus tout, sont
égaux et doivent tous participer à la direction ou au contrôle. La mention que la société est à capital variable ne
ferait disparaître aucun de ces inconvénients, inutile donc
de s'y arrêter.

La troisième forme, celle en nom collectif, est beaucoup
mieux appropriée aux fins que se propose la société. Elle
place tous les membres sur le même rang, assure à tous
mêmes pouvoirs. Du côté de la direction, les conventions
sont parfaitement libres; on peut nommer un gérant
unique ou un conseil, changer la direction comme l'on
voudra et contrôler sans arrières-pensées. L'apport peut
être effectué soit en argent, soit en travail et il n'y a pas
à publier les accroissements ou diminutions du capital:
autre avantage sur la commandite. La responsabilité es
grande il est vrai, puisque chacun est solidairement tenu
de toutes les opérations sociales. mais aussi chacun peut
intervenir dans la conduite des affaires. D'ailleurs, plus
la responsabilité est grande, plus grand aussi est le soin
et la diligence de chacun pour la prospérité commune.

Puis, cette responsabilité n'est pas indifférente aux yeux des tiers, il y a bien plus de garantie dans la possibilité d'une action contre plusieurs personnes, chacune étant poursuivie pour tout son avoir, que dans le recours contre une somme limitée. La société en nom collectif est donc la forme à proposer et celle qui convient véritablement à l'association ouvrière. D'où vient, cependant, qu'elle est peu suivie et que la plupart des associations adoptent la forme en commandite malgré tous ses inconvénients ? (1) C'est que la société en nom, présente deux graves obstacles qui font reculer bien du monde. D'abord, la solidarité. Non pas la solidarité allemande, ou celle des sociétés civiles, chaque sociétaire étant tenu pour une part virile, mais la solidarité absolue. Or, la perspective d'être contraint par la saisie de ses meubles à l'acquit de toutes les dettes de la société effraye à bon droit l'ouvrier. Cette disposition n'a pour lui qu'un sens : l'économe, l'homme de conduite paiera pour le dissipateur. Aussi on accepte, quelquefois, la forme en nom collectif, lorsqu'on est peu nombreux et qu'alors la surveillance est quotidienne et facile, très-rarement, on pourrait presque dire jamais, lorsque le nombre des membres dépasse dix à douze.

(1) Il faut s'attendre, maintenant que la forme anonyme est abordable sans autorisation, à la voir adopter par beaucoup d'associations. Elle présente, en effet, sur la commandite, deux réels avantages : possibilité d'avoir un conseil au lieu d'un gérant unique et désignation de la société par une qualification autre que le nom d'une personne. — La division du capital en action ne sera pas un obstacle, car il y a un apport en argent toujours obligatoire.

Puis, second inconvénient et celui-là résultant des lois fiscales, c'est la manière dont est assise la patente. La société en nom collectif paie : 1° le droit entier comme société ; 2° une somme représentant 1/20 du droit par chaque sociétaire, mais de telle manière, cependant, que jamais on ne paie au delà d'un double droit. La patente étant parfois fort élevée, la quotité à payer n'est pas indifférente et cette raison encore fait incliner vers la commandite.

Bien entendu, je ne conseille que la société en nom collectif ordinaire et non à capital variable, l'adoption de cette forme n'offrant, ainsi que je l'ai dit, une utilité quelconque que dans les sociétés par action.

§ II. — *Sociétés de consommation*

Leur situation étant tout autre que celle des associations, la solution aussi doit être différente. Il n'y a pas, ici, à parler de la forme en nom collectif, les sociétaires ne sont pas liés bien étroitement, c'est leur argent qui opère plutôt qu'eux-mêmes, nul inconvénient donc à prendre les formes employées surtout dans les sociétés de capitaux.

La commandite est bonne, lorsque la société est dirigée par un gérant. La position de fait de ce dernier étant tout autre que celle de ses co-sociétaires, il est tout simple que sa position légale soit aussi différente. De plus, s'il est solvable, il y a là pour les tiers et pour les associés une réelle garantie.

On peut, aussi, adopter l'anonymat; les employés (je prends ce mot dans son sens le plus large, depuis le gérant jusqu'au garçon de magasin) sont surveillés par un conseil que les actionnaires choisissent dans leur sein. On fera bien, si l'on se décide pour l'anonymat, de choisir la forme à capital variable, on y trouvera le double avantage d'avoir des actions à 50 fr., et de n'être tenu que de verser 5 fr. sur chacune de ces actions lors de la fondation de la société.

Tout ceci suppose une société vendant à des tiers, comme le font, d'ailleurs, la plupart. Si les membres ne vendaient qu'à eux-mêmes, il suffirait de faire une société civile, car il n'y a « achat pour revendre » dans le sens légal que quand la revente est faite au public et dans une intention qui est ou peut paraître mercantile. Lorsqu'on achète pour ses propres besoins, il n'y a point commerce, non plus que si les acheteurs partagent entre eux les denrées acquises à frais communs.

§ III. — *Sociétés de crédit mutuel*

Il faut, là aussi, distinguer les sociétés faisant des actes commerciaux de celles qui n'en font point. J'ai exposé plus haut le fonctionnement de ces sociétés et fait voir quelle était leur manière d'agir, or la loi répute actes de commerce (art. 632, § 4 Co.) « toutes opérations de banque, change ou courtage » mais sans définir la valeur de ces expressions. Si la société se borne à recueillir les cotisations de ses membres pour les employer soit en prêt direct, soit en escompte de leur papier, elle ne fait point d'opérations de banque et peut, par conséquent, se contituer sous la forme civile. Si, au contraire, elle reçoit en compte ou en dépôt l'argent des tiers, si elle escompte les effets des non sociétaires, il y a là évidemment actes de banque, elle devra emprunter la forme commerciale. Il est bien difficile, toutefois, de délimiter exactement les actes qui constitueront le commerce. Ainsi le fait de réescompter son papier au dehors est-t-il un acte commercial? Je ne le pense pas, car un particulier ne sera pas regardé comme négociant parce qu'il fera escompter le papier qu'on lui aura remis. Or le même acte ne peut changer de nature par celà seul qu'il émane d'une collection de particuliers et non plus d'une personne unique. L'intention de gain qui constitue la commercialité fait ici totalement défaut et c'est ce qu'il faut surtout examiner quand on veut juger de la nature d'un acte.

Lorsque la société sera civile, point de difficulté, cette forme est la plus simple et la plus commode; qu'on l'adopte quand on le peut. Mais, lorsqu'à raison de son importance ou pour tout autre motif, la société est conduite à faire des actes réputés commerciaux par la loi, quelle est, parmi les formes commerciales, celle qui convient le mieux? La réponse est, je l'avoue, assez difficile. Les trois formes peuvent être employées ici, elles conviennent toutes. Si, cependant, j'avais à me prononcer, j'inclinerais pour la forme en nom collectif comme réalisant le mieux l'égalité entre associés, l'indépendance absolue de gestion est de contrôle que l'on doit chercher avant tout. Puis quelle garantie pour les contractants étrangers! C'est cela même, c'est la solidarité qui a fait la prospérité des banques allemandes; avec une responsabilité pareille, on aurait peu à craindre les retards dans les échéances et les défauts de paiement.

J'ai dit que les autres formes de sociétés étaient convenables et possibles ici. La commandite est bonne, mais seulement s'il s'agit d'une société ayant déjà assez d'importance pour occuper un gérant d'une façon perpétuelle, si la société ne fonctionne que le soir, rien ne justifie cette inégalité de responsabilité qui ne sera point compensée par une inégalité de profit, car les gérants, en pareille circonstance, ne sont d'ordinaire point payés.

La forme anonyme offre un inconvénient qui ne disparaît point même en adoptant la variabilité du capital, c'est l'obligation de verser, de suite, un dixième; le caractère de la société de crédit étant précisément la constitution d'un capital au moyen de très-faibles versements périodiques. En supposant des sociétaires capables d'effectuer ce versement, l'anonymat n'a rien, par lui-même, qui doive le faire repousser. La division du capital en actions n'offre ici aucun inconvénient, car le capital consiste en numéraire; le mode de gestion est avantageux, puisque le conseil peut nommer dans son sein un directeur ou caissier; la surveillance est facile. Si l'on admettait cette

forme, je conseillerai comme toutes fois d'ailleurs que l'on
déclarera le capital variable; de stipuler formellement
dans les statuts (et une clause pareille doit être pu-
bliée) que le capital n'est point susceptible de diminution sans les formalités ordinaires de publication. Il
faut prendre dans la loi de 1867 ce qu'elle offre de bon,
et repousser ce qu'elle a de fâcheux.

§ IV. — *Autres sociétés*

Je ne prétends point examiner la forme qui convien-
drait à chaque sorte de société coopérative, les combinaisons qu'elles peuvent offrir étant infinies. Je
dirai seulement un mot des trois formes de société que
j'ai plus particulièrement signalées.

Les sociétés pour achat de matières premières, peuvent
être civiles si elles sont faites entre non-commerçants,
comme, par exemple, une société entre cultivateurs pour
l'achat des engrais, car on ne fait qu'acheter pour son
propre usage. S'il s'agit, au contraire, d'une société pour
l'achat de fournitures entre commerçants, la société devra
prendre une forme commerciale, attendu que l'on considère comme acte de commerce l'achat, de la part de commerçants ou fabricants, d'objets relatifs à l'exercice de leur
négoce ou de leur industrie. — Les trois formes énumérées plus haut peuvent être alors employées; je préfère-
rais la société en nom collectif, ensuite l'anonymat à capital variable non réductible sans publications et, enfin,

la commandite qui, de toutes les formes, est la moins
convenable, sauf si l'on veut avoir un gérant à demeure.
Ce gérant, alors, sera un véritable employé participant
aux bénéfices et non un industriel comme les autres.

Les mêmes principes et les mêmes solutions s'appliqueront aux sociétés pour la vente en commun de produits
fabriqués individuellement par les sociétaires. S'agit-il
de cultivateurs ? Société civile ; vendre les produits
de sa terre n'est pas un acte de commerce. Est-il
question d'artisans ? Ils sont commerçants, vendre leurs
produits est un acte de commerce, ils devront adopter la
forme commerciale. Quant au choix à faire, je n'ai qu'à
renvoyer à ce qui vient d'être dit, il y a un instant.

Les sociétés entre ouvriers et patrons offrent plus de
difficultés. Si le fabricant se contente de donner à ses
ouvriers une rétribution facultative proportionnelle aux
profits, il y a acte de bienveillance, mais nul droit acquis
pour les ouvriers et, partant, pas de société. Si les ouvriers
ont une part de co-propriété dans l'usine, ils auront ou
des actions, ou des parts inégales ce qui suppose une société anonyme ou en commandite, ces deux formes étant,
en effet, fort convenables ici.

POSITIONS

—

DROIT ROMAIN

I. Le pupille qui a contracté sans autorisation est obligé naturellement même s'il ne s'est pas enrichi.

II. Le *fidejussor indemnitatis* ne peut être obligé de payer qu'après discussion préalable du patrimoine du créancier principal.

III. Ceux qui ont fait un dépôt chez un *Argentarius* ne peuvent réclamer de privilége que si l'on retrouve chez l'*Argentarius* les pièces mêmes qui ont été données en dépôt.

IV. On peut valablement payer à l'*adjectus solutionis gratia* après sa *capitis deminutio*. Dans tous les cas il n'y a pas lieu d'examiner si l'état de l'*adjectus* a été empiré par cette *deminutio capitis*.

DROIT FRANÇAIS CIVIL ET COMMERCIAL

I. Les sociétés civiles constituent-t-elles des personnes morales ? — Non.

II. Une clause léonine insérée dans un acte de société annule-t-elle la société elle-même ? — Oui.

III. Les formalités prescrites par l'art. 1325 s'appliquent-t-elles en matière de sociétés civiles ? — Oui.

IV. Le travail peut-il être admis, comme apport, dans une société anonyme ? — Non.

V. Peut-on constituer une société anonyme sans actions ? — Non.

VI. La souscription d'une commandite constitue-t-elle uu acte de commerce ? — Oui.

VII. Le titre III de la loi du 24 juillet 1867 est-il applicable seulement aux sociétés qui se déclarent à capital variable ? — Oui.

DROIT PÉNAL

I. Les sociétés commerciales tombent-elles sous le coup de l'article 291 ? — Non.

II. La loi du 17 mai 1819 punit-elle la diffamation envers les morts ? — Non.

DROIT DES GENS

I. Les représailles sont-elles contraires au droit naturel? — Oui.

II. La course, abstraction faite des traites, est-elle contraire au droit international actuel ? — Non.

Vu par le Président de la Thèse,

C. PELLAT.

Vu par le doyen,

G. COLMET-DAAGE.

Vu et permis d'imprimer,
le Vice-Recteur de l'Académie de Paris,

A. MOURIER.

310 — Abbeville. — Imp. Briez, C Paillart et Retaux.

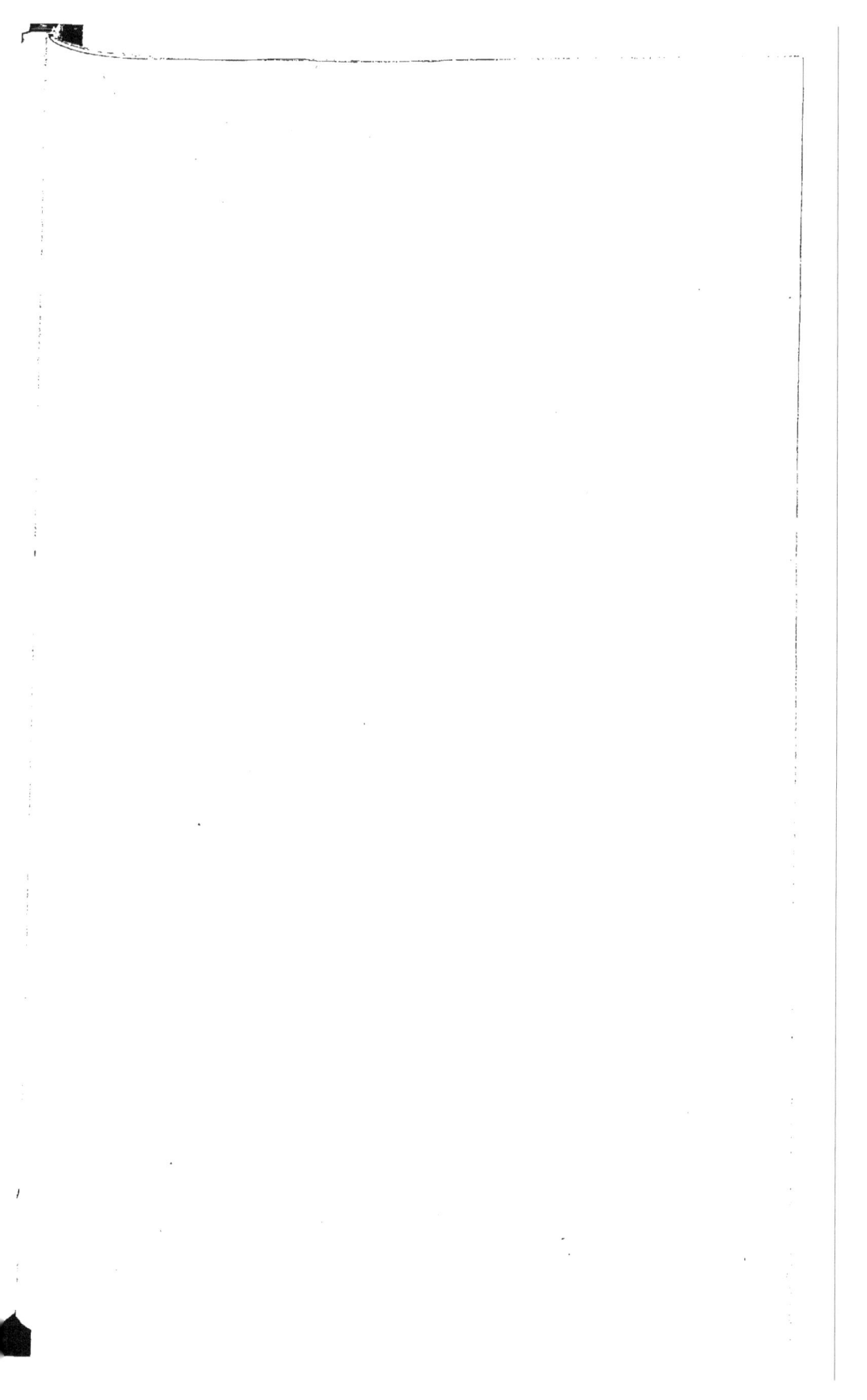

ABBEVILLE. IMP. BRIEZ, C. PAILLART ET RETAUX.

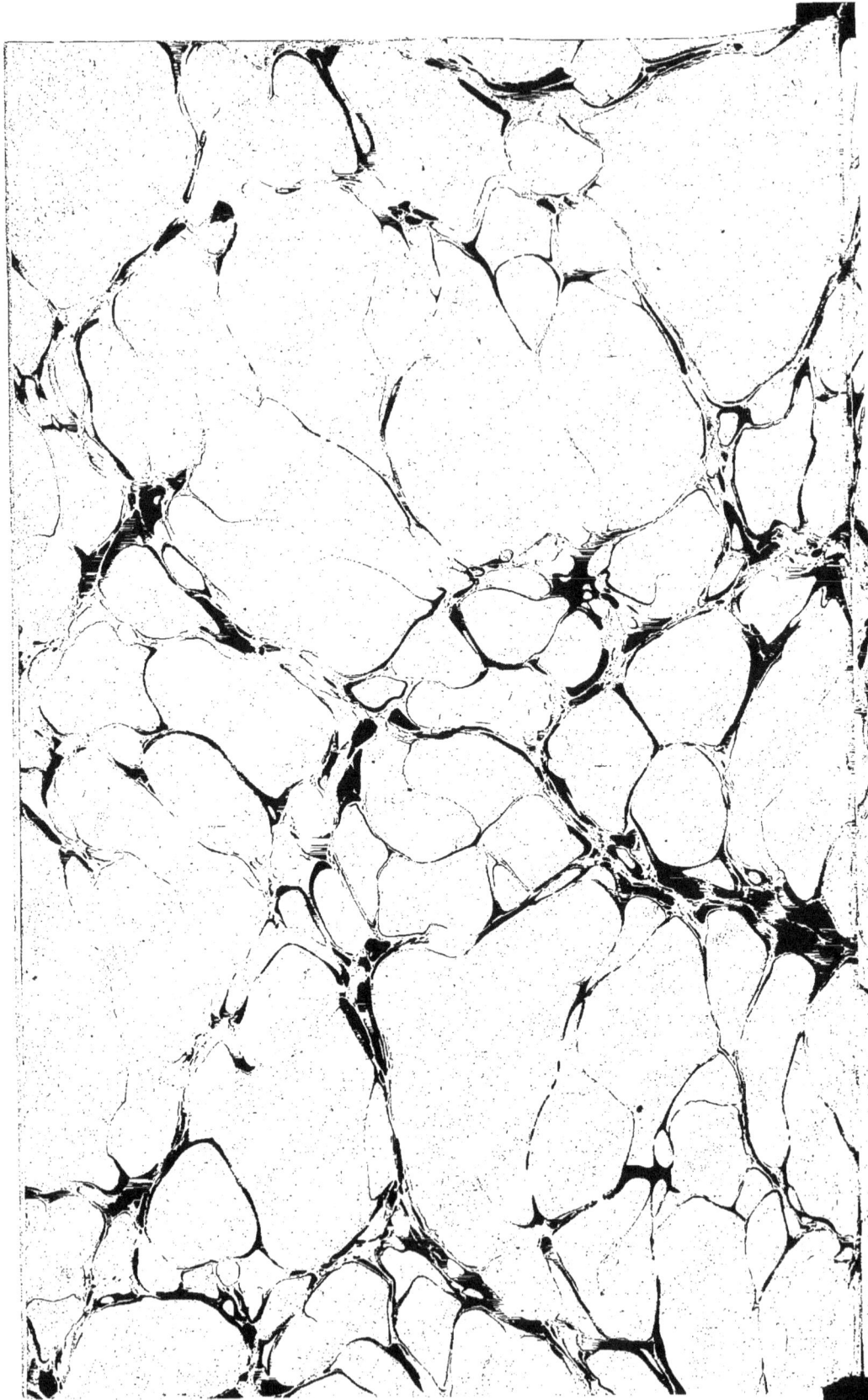

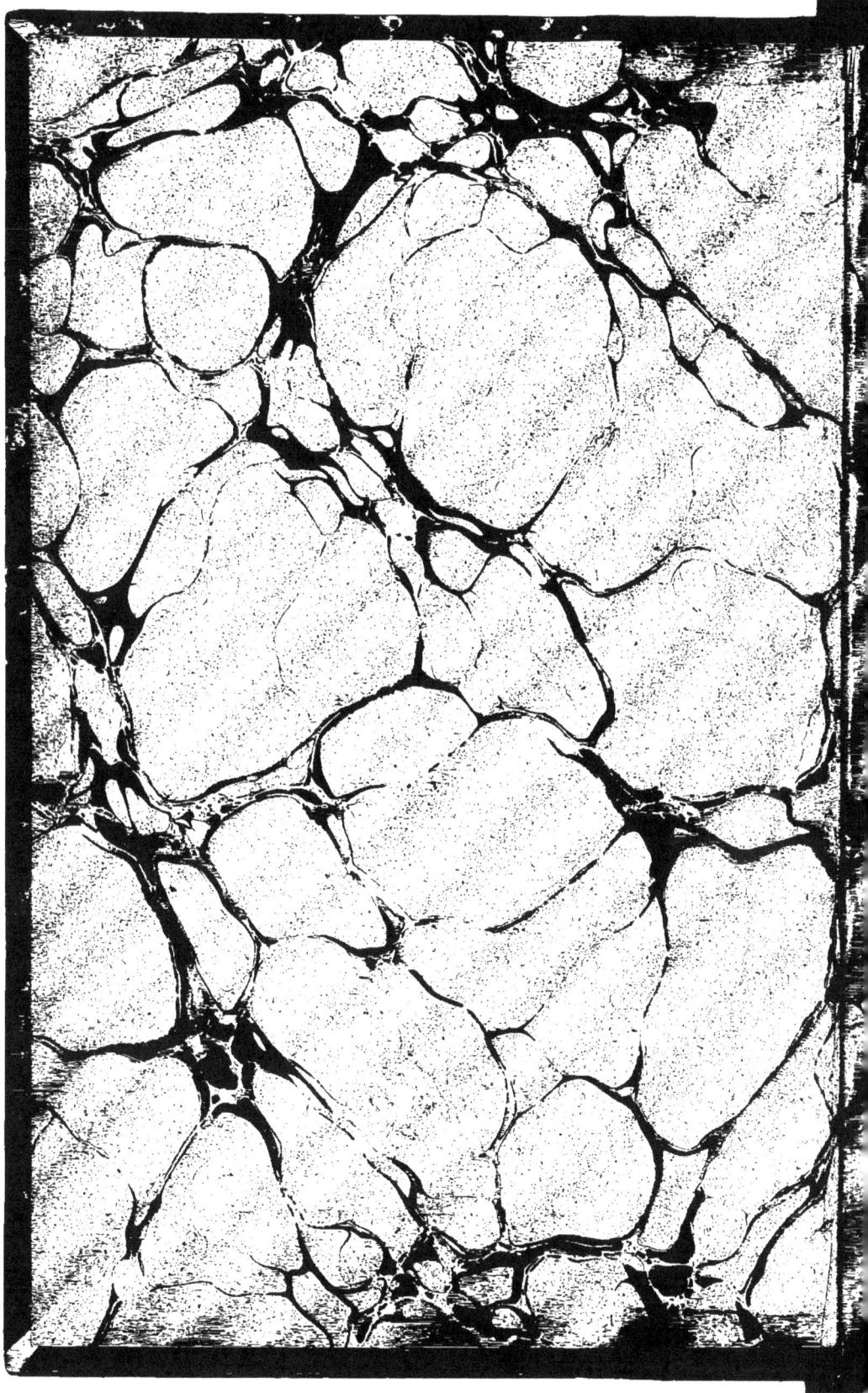